감정을 소모하지 않는 대화법

감정을 소모하지 않는 대화법

임철웅 지음

BOOK∧ER

감정을 덜 쓰고도
마음을 더 잇는 말하기

"야, 너 말 참 잘한다. 사기꾼 같아."

고등학생 시절, 사람들 앞에서 말을 잘했다 싶을 때면 종종 들었던 표현입니다. 저는 이게 칭찬이라고 생각했습니다. '드디어 나도 말을 잘하는 사람이라는 인정을 받는구나.' 싶었죠. 하지만 지금 생각하면 그 말은 칭찬이 아니라 경고였습니다. 말은 잘했지만, 마음은 잇지 못했던 시절이었죠.

돌이켜보면 당시에 말을 잘했단 소리를 듣기는 했어도 처음부터 그랬던 건 아니었군요. 그 시작을 떠올려보면 중학교에 입학하면서 낯선 동네로 이사했던 시절인 것 같습니다. 당시 그 지역 친구들은 이미 오래된 관계망 안에서 잘 어울리고 있었습니다. 그래서 저는 어색한 조용함 속에서 벤치마킹하듯 말을 잘하는 아이들을 흉내 내기 시작했습니다. 어울리고 싶었거든요. 관찰하고 훈련해야 할 필요성이 생긴 거죠. 어설프게 따라 하다가 어느 순간, 우연히 잘 맞아떨어진 한마디로 '말 잘하는 아이'가 될 수 있었습니다. 그리고 그 몇 번의 성공으로 착각이 시작되었습니다. 말만 잘하면 관계는 저절로 따라올 거라는 착각. 다행히 그 생각에서 깨어나는 것은 그리 오랜 시간이 걸리지 않았습니다. 그리고 그 착각의 시간은 제게 많은 걸 가르쳐주었죠.

말로 주목받는 사람은 될 수 있어도,
말로 신뢰받는 사람은 되기 어렵다는 것.

사람들이 웃어준다고 해서,
마음까지 열리는 건 아니라는 것.

그리고 말을 잘한다는 말이,
때로는 이런 뜻일 수 있다는 것.

"네 말은 흥미로워. 하지만 신뢰하고 싶진 않아."

그 이후로 저는 하나씩 다시 배워야 한다는 것을 깨달았습니다. 말이 아니라 대화를, 정보가 아니라 관계를, 기술이 아니라 감정을, 감정을 쏟아내는 것이 아니라 감정을 덜어내는 방식을요.

말을 잘하고 싶은 마음은 누구에게나 있습니다. 하지만 그 안에 감춰진 진짜 욕망은 타인과 잘 지내고 싶다는 것일 겁니다. 그래서 우리는 말을 꺼내기 전에 수없이 망설입니다.

"내가 이 말을 해도 될까?"
"오해하지 않을까?"
"괜히 분위기만 어색해지는 건 아닐까?"

결국은 하지 못한 말들이 쌓이고, 하지 않았어야 할 말들만 기억에 남죠. 이 책은 그런 당신을 위한 책입니다. 말을 너무 많이 해서 지치고, 말을 아껴서 외로운 우리 말이죠. 말을 잘해도 상처받고, 말을 못해도 상처받는 우리 모두에게 필요한 '감정을 덜 소모하는 대화'의 방식을 알려주고자 합니다.

이 책이 다루는 건 단순한 말하기 기술이 아닙니다. 이 책은 관찰하고 훈련해야 할 필요성을 느낀 분들이 시행착오 없이 제대로 방향을 잡고 나아갈 수 있도록, 그 길을 안내하고

자 합니다. 그래서 이 책에는 말이 오가는 리듬, 말에 마음이 열리는 순간의 차이, 말에 따라 서로의 감정이 흐르는 방향 등에 대한 이론과 사례가 충실히 담겨 있습니다. 그래서 단순히 말이 아닌 감정을 다루는 말의 구조와 기법을 배울 수 있습니다. 말의 구조를 깨달으면 상대를 어렵게 설득하려 들지 않아도, 자연스럽게 함께 움직이게 되는 경험을 할 수 있습니다. 말이 전해지는 원리를 알게 되면, 불편한 이야기도 부드럽게 전달할 수 있는 방법과 말의 순서를 이해할 수 있습니다.

우리가 자주 고민하는 질문들이 있죠.

"말은 잘하는데 왜 신뢰를 못 받을까?"
"왜 좋은 의도로 말해도 오해가 생길까?"
"상대가 마음을 닫지 않으려면 어떻게 말해야 할까?"
"불편한 이야기도 관계를 해치지 않고 전할 수는 없을까?"

이 질문들에 대한 해답은 기교가 아니라 감정 설계에 있습니다. 말을 내뱉는 순간보다, 그 말이 어떻게 들릴지를 상상할 수 있다면 이미 좋은 대화의 절반은 성공한 셈이니까요.

이 책은 말을 많이 하고 누군가의 의견을 꺾거나 내 말에 따르게 설득하는 법이 아니라, 말을 줄이고도 마음을 전하는 법, 감정을 덜 쓰고도 신뢰를 쌓는 법, 오래 남는 대화를 만드는 법을 이야기합니다.

기억해주세요. 대화는 잘해야 하는 게 아니라, 이어가고 이어지게 해야 하는 것입니다. 말로 상대를 누르지 않고, 나를 숨기지도 않으면서, 서로의 마음에 닿는 연결을 만들 수 있다면 그것으로 충분합니다. 말이 끝나도 마음이 남는 대화. 이제, 그 대화를 우리 함께 배워가봅시다. 여러분의 감정은행에 상처는 사라지고, 신뢰는 이자로 남는 대화가 차곡차곡 쌓이길 바라며…….

임철웅

Emotion

차례

1부
___

둘이 나누어야
대화입니다

내 말을 듣고
별로라고 생각하면 어쩌지

말하기가 두려운 이유는 '불안'

'어떻게 저 사람은 말을 저렇게 잘할까?'
'어떻게 처음 보는 사람과 편안하게 대화할 수 있을까?'
'어떻게 대화가 끊기지 않고 자연스럽게 이어질 수 있을까?'

말을 잘하는 사람을 보면 누구나 이런 생각을 해보았을 것
입니다. 많은 사람이 말하기를 어려워하고 심지어는 두려워서
피하고 싶다는 생각도 합니다. 말하기를 힘들어하는 사람들
에게 그 이유를 물어보면 다양한 대답을 들을 수 있습니다.

"잘하고 싶은데 그렇지 못하니까요."

"말을 잘하는 사람들 사이에서 초라해질까 봐요."

"어차피 남들이 잘 들어주지 않으니까요."

사람들의 대답을 살펴보면 말하기에 대한 두려움의 원인이 바로 자기 자신이라는 사실을 알 수 있습니다. 말하기도 전에 자신에 대한 다음 세 종류의 불안감을 느끼고, 이로 인해 말하기에 대한 어려움과 부담을 느낍니다.

첫 번째는 '내가 생각하는 나 자신'에 대한 불안입니다. 예를 들어 '나는 왜 이렇게 말을 못할까?' '나는 원래 말을 못하는 사람이야.'라고 생각하는 것입니다. 대개 자신이 생각하는 모습과 실제 자신의 모습이 크게 차이가 나는 것이 두렵거나, 예전에 그로 인해 좌절했던 경험이 있는 경우가 많습니다. 하지만 이런 생각은 마치 올림픽에서 피겨스케이팅을 하는 선수의 모습을 보고 바로 빙판으로 갔다가 좌절하는 것과 같습니다. 머릿속에서는 트리플 악셀도 문제없이 해낼 것 같지만 정작 현실에서는 첫걸음마저 흔들리는 상황에 당황하고 심지어 피겨스케이팅에 거부감을 느낍니다.

두 번째는 '다른 사람이 생각하는 자신'에 대한 불안입니다. '남들이 비웃으면 어떻게 하지?'라는 생각에 입을 떼지도 못하고 걱정만 하다 후회하는 결과를 반복하는 것입니다. 이러한 생각이 이어지면 다른 사람의 눈에 비칠 자신이 두려운 나머지, 그들이 속으로 자신을 비웃고 있다거나 곧 무안을 당할 것이라는 망상에 사로잡히고 맙니다.

세 번째는 '자신과 자신이 생각하는 타인을 비교'하는 데서 오는 불안입니다. 이런 생각이 많은 사람은 "다른 사람들은 다 말을 잘하니까요."라며 말하기를 포기하고 듣기만 해도 충분하다고 답합니다. 이들은 사람 좋다는 평가는 들을 수 있을지 몰라도 존재감이 없을 가능성이 큽니다. 그럼에도 말을 잘하고 싶다는 욕망은 있기 때문에 말을 잘하는 사람과 자신을 비교하고, 상대적으로 자신이 부족하다고 생각합니다. 타인과 비교할 때 두려움을 느끼는 사람은 상대적으로 경청을 잘하는 경우가 많고, 지속적인 벤치마킹을 통해 긍정적으로 변하기도 합니다. 하지만 대부분은 '나도 저 사람처럼' 되고 싶다는 생각만으로 끝나고 말지요.

여기서 기억해야 할 중요한 점은, 앞의 세 가지 불안이 말하기에 대한 두려움의 근원인 동시에 말을 잘하고 싶은 욕망의 근본이라는 사실입니다. 즉, 말을 더 잘하고 싶다는 생각이 두려움과 불안을 만드는 것입니다. 이는 말하기가 우리의 기본적 욕구와 직접적으로 관련이 있기 때문이기도 합니다.

매슬로우의 욕구 단계 이론

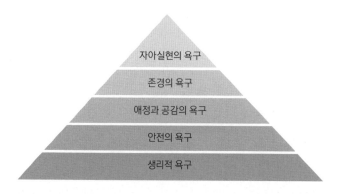

자아실현의 욕구

존경의 욕구

애정과 공감의 욕구

안전의 욕구

생리적 욕구

에이브러햄 매슬로우Abraham Maslow가 1943년 발표한 욕구 단계 이론에 따르면, 다섯 단계의 욕구 중 낮은 단계의 욕구가 충족되면 다음 높은 단계의 욕구를 이루고자 하는 마음이 생긴다고 합니다. 생리적 욕구가 충족되면 안전에 대한 욕구를 충족시키려 한다는 식입니다.

욕구 단계 이론은 사람에게 타고난 욕구를 다섯 단계로 구분하여 설명합니다. 가장 낮은 첫 번째 단계는 먹고 자고 배설하는 등의 생리적 욕구입니다. 의식주를 포함한 생존과 직결된 욕구라고 볼 수 있습니다. 두 번째 단계는 안전하고자 하는 욕구입니다. 예를 들어 배고프면 위험을 무릅쓰고 사냥에 나서야겠지만, 반대로 배가 불러서 더 이상 생리적 욕구가 없을 때는 굳이 위험을 찾아 나서지 않습니다. 세 번째 단계는 애정과 공감의 욕구입니다. 누군가와 소통하며 마음을 나누고 동질감을 얻고자 하는 욕구입니다. 네 번째 단계는 존경의 욕구로서 애정과 공감의 욕구가 실현되어 무리에 속하거나 타인과 마음을 나눈 후에는 그들에게 존경받고 싶은 욕구가 나타납니다. 마지막 다섯 번째 단계는 자아실현의 욕구로 자기 발전에 대한 욕구입니다.

말하기 능력으로 예를 들어보면, 자신의 생각을 누군가에게 잘 전달하고자 하는 욕구는 애정과 공감의 욕구와 관련이 있고, 존재감을 높이고 싶다는 마음은 존경의 욕구라고 볼 수 있습니다. 앞에서 말했듯 욕구에는 우선순위가 존재합니다. 그런 의미에서 생리적 욕구나 안전에 대한 욕구는 비교적 쉽게 해결할 수 있습니다. 그러면 다음 애정과 공감, 존경 등의 사회적 욕구가 생겨나는데, 이런 욕구는 혼자 이룰 수 없고 관계 형성을 통해서 이룰 수 있습니다. 타인과 대화를 나누며 소통하고 친밀해져야, 사회적 관계를 형성하고 더 나아가 존경받을 수 있고, 그를 통해 자아실현을 이룰 수 있습니다. 우리는 이것을 욕망합니다. '말하기'를 잘하고 싶고, 그 과정에서 남들의 시선을 신경 쓰고 타인을 부러워하며 이상적인 자신을 그리는 마음 모두 인간의 타고 난 욕구에 포함됩니다. 그리고 이 책은 말하기에 대한 욕구를 실현 가능한 목표로 바꾸어 이룰 수 있도록 여러분을 도울 것입니다. 이 책을 차근차근 읽다 보면 말하기에 대한 두려움의 이유와 그를 넘어서는 방법에 대해 자연스럽게 배울 수 있을 것입니다.

어린아이가 말을 배울 때처럼

말하기를 걸음걸이에 비교해보겠습니다. 걸음걸이가 멋있는 사람은 있지만 걸음이 이상할까 봐 발을 내딛지 못하는 사람은 없습니다. 대부분이 편하게 걸을 수 있는 자세를 취하고 이를 의식하지 않습니다. 하지만 처음부터 그랬을까요? 우리는 알에서 태어나자마자 처음 보는 동물을 어미로 알고 졸졸 따라 걷는 조류가 아닙니다. 우리는 태어나면서 걷기 위해 필요한 기본 원리를 체득한 후 지금까지 거의 하루도 빠짐없이 걸음걸이를 배우며 훈련해왔습니다. 말하기에도 마찬가지로 기본 원리가 있습니다. 단지 언어를 구사할 수 있는 것만으로 말하기를 다 안다고 생각한다면, 이후로 아무런 노력도 하지 않는다면, 말하기에 대한 두려움을 정복할 수 없습니다.

말을 너무 잘해서 타고난 것처럼 보이는 사람들이 있습니다. 그렇지만 그들은 타고난 천재가 아니라 기본 원리를 알고 그것을 체득한 사람들입니다. 그들에게 재능이 있다면 천재적인 언변이 아니라 습득하려는 자세입니다. 지금 말을 잘 못한다고 말에 대한 재능이 없다고 할 수 없습니다. 말을 잘하기 위한 길을 남보다 천천히 가고 있을 뿐입니다. 지금까지 느리게 왔다고 해서 걱정할 필요 없습니다. 이 책을 통해 여러분이 원하는 것을 얻을 수 있을 테니까요. 재능이 없더라도 시간을 들여 노력하면 이상적인 모습으로 말하고, 말을 잘할 수 있습니다. 이를 위한 첫걸음은 말하기의 기본 원리를 배우는 것입니다. 사실 말하기 능력을 습득하는 데는 크게 두 가지 방법이 있습니다.

첫째, 말을 잘하는 사람을 따라 하는 방법입니다. 이 방법은 목표가 구체적이고 명확하기 때문에 빠르게 말하기 능력을 발전시킬 수 있다는 장점이 있습니다. 다만 자신과 맞지 않는 스타일을 목표로 할 경우 원하는 바를 이루지 못하고 스스로 자괴감에 빠지거나 자신과 대화하는 사람에게 부담을 주는 스타일이 될 수 있습니다. 또한 상대방이 남을 흉내 내는 듯한 어색함을 느낀다면 오히려 말하는 내용이나 그 사람에 대한 신뢰도를 떨어트리는 등 역효과가 날 수도 있습니다.

둘째, 원리를 이해하고 실습하는 방법입니다. 이 방법의 장점은 기본 원리 위에 자신에게 맞는 방향을 스스로 찾고 서서히 자신을 변화시킬 수 있다는 것입니다. 이를 통해 응용력이 생기기 때문에 상황에 대한 대처 능력도 향상됩니다. 다만 타인의 말하기 스타일을 따라 할 때보다 많은 시도와 시간이 필요합니다.

태어나 걸음을 배우는 단계의 아이는 언어의 천재입니다. 생각만으로도 모든 것이 소통되던 어머니의 뱃속에서 세상으로 나와 살아남기 위해 생각을 전하는 데 천재적인 능력을 발휘합니다. 아이에게는 말을 얼마나 잘하는가보다 '전해지지 않는 것'이 더욱 두려운 상태입니다.

당장 말을 전하지 못하면 생명이 위험할 수도 있기 때문입니다. 그래서 어떻게든 말을 배우기 위해 최선을 다하며 두뇌는 모든 잠재력을 발휘하기 위해 준비합니다. 이때의 아이에게는 말을 하는 것이 부끄럽거나 말을 잘못할까 봐 걱정할 여유가 없습니다. 이렇듯 우리 모두 과거에는 적극적으로 말을 하려고 했던 현명한 존재였습니다. 그렇다면 지금은 어떻습니까? 말하기를 두려워하는 지금의 모습과는 많이 달라 보입니다. 이제부터 말하기의 특성에 대해 알아보려 합니다. 여러분의 두려움이 현명함으로 바뀌고, 욕망이 이루어질 수 있는 목표로 변화하는 시작 지점입니다.

말하기의 특징

말하기는 자신의 생각을 상대방이 알아들을 수 있도록 말로 표현하는 일로 정의됩니다. 특히 즉흥적인 상황에서 기록되지 않는 정보를 전달하는 것이지요. 이에 따라 말하기는 다음과 같은 세 가지 특성이 있습니다. 앞으로 이야기할 말의 특성에 따라 기본 원리가 생겨났으므로 말의 특성을 알면 말하기의 기본 원리를 쉽게 익힐 수 있습니다. 그렇기 때문에 여러분은 말을 잘하기 위한 기술을 배우기에 앞서 말하기의 특성을 먼저 이해할 수 있어야 합니다.

① **전달**
② **즉흥**
③ **휘발**

말하기의 첫 번째 특성은 '전달'입니다. 말하는 것은 자신이지만 말하기의 목적을 이루어주는 것은 상대입니다. 머릿속의 생각을 그대로 상대에게 옮길 수 없기 때문에 말하기를 통해 상대에게 생각을 전달합니다. 여기에서 말은 전달을 위한 수단일 뿐이고 중요한 것은 말로 표현한 생각을 상대가 듣고 받아들인다는 점입니다. 말을 잘하는 사람들은 모두 이 전달의 특성을 정확히 이해하고 이용합니다. 말을 잘 못 하는 사람은 이러한 특성을 알고 있어도 제대로 이용하는 방법을 몰라서 상대방을 고려하지 않는 말을 하거나 과한 의사전달로 수다쟁이라는 평을 듣기도 합니다. 전달의 특성을 적용한 말하기의 기본 원리는 '주고받기'입니다. '주고받기'에서는 칭찬과 같은 관계 형성의 기술부터 상대의 이야기를 적극적으로 경청하여 진심을 전달받는 기술까지, 대단히 명쾌하고 단순하지만 다양한 말하기 기술들이 파생됩니다.

두 번째 특성은 '즉흥'입니다. 말하기, 특히 사람들과의 대화가 발표나 강의와 차별되는 중요한 부분입니다. 대화하기 전에 화제로 삼을 만한 키워드나 중요한 몇 문장 정도는 준비할 수 있지만, 준비한 키워드나 문장만으로 대화를 진행할 수는 없습니다. 상대방과 말을 주고받는 대화에서 뜻을 제대로 전달하기 위해서는 그때그때 상대의 반응과 상태를 확인하면서 상황에 맞게 대응해야 하기 때문입니다. 이러한 즉흥성 때문에 말하기를 배우는 것이 어렵다고 느끼거나 즉흥적인 상황에서의 순발력은 타고나는 것 아니냐고 생각할 수 있지만, 오히려 이 점이 말하기를 배워야 하는 이유입니다. 즉흥적인 상황에서 준비된 사람과 그렇지 않은 사람의 차이는 더 벌어집니다. 발표의 경우 그 상황을 위해 반복적으로 연습할 수 있지만, 일반적인 대화에서의 말하기는 그렇지 않습니다. 따라서 준비되어 있어야 합니다. 말하기를 잘하는 체질로 바뀌어야 한다는 말입니다.

또한, 말을 잘하는 사람에게는 또 하나의 공통점이 있습니다. 바로 '자신감'입니다. 그리고 즉흥의 특성에서 파생된 기본 원리입니다. 물론 말하는 센스가 타고난 사람이 간혹 있지만, 그것이 말하기 능력에서 차지하는 비율은 크지 않습니다. 다만, 즉흥적인 말하기에서 준비된 자에게서 은연중 드러나는 '자신감'은 이야기가 다릅니다. 자신감 있는 말하기는 상대방에게도 확신을 심어주며 이를 통해 더 많은 기회를 얻을 수 있습니다. 또한 자신감이 생기면 말하기에 대한 두려움이 사라져 훨씬 더 많은 시간을 훈련할 수 있으므로 말하기에 대한 능력치를 쌓기도 쉽습니다.

여기에서 말하는 자신감은 단순히 심리적인 것만이 아닌 자신감이 있어 보이도록 말하고 행동하는 기술까지도 포함합니다. 여러분은 앞으로 불안감을 제거하고 이미지를 구축하는 기술들을 터득하여 완벽하게 자신감을 다루는 방법을 알게 될 것입니다.

세 번째 특성은 '휘발'입니다. 기록된 글은 변하지 않지만 말은 그렇지 않습니다. 말할 때 상대가 방금 이야기한 문장을 곱씹어보거나 아예 다른 생각을 하면서 잠시 집중하지 못하면, 귀로는 들었더라도 기억에 남지 않는 경우가 많습니다. 집중해서 대화를 나누더라도 시간이 지나면 잊어버리기도 합니다. 이렇게 기억에 빈칸이 생긴 경우 사람들은 자기만의 논리로 그 빈칸을 채웁니다. 이 때문에 기억이 왜곡되는 것입니다. 휘발의 특성에서 말하기의 마지막 기본 원리인 '정보의 활용'이 나옵니다. 정보를 어떻게 수집하고 언제 활용하느냐에 따라 상대에게 남겨지는 인상이 달라집니다. 상대의 기억에 남는 자신의 모습이 긍정적일지 부정적일지는 여러분의 정보 활용 기술에 달려 있습니다.

지금까지 말하기의 특성을 알아보았습니다. 이제 첫걸음을 내딛었습니다. 우리는 일상생활에서 많은 제품을 사용합니다. 각 제품은 다양한 재료로 구성되어 있고, 재료에 따라 다른 기능을 합니다. 이처럼 방금 학습한 말하기의 특성은 사람들과 대화를 나눌 때 쓰이는 말하기의 '재료'가 됩니다. 앞으로는 이 재료로 만든 제품이 어떤 기능을 하며 어떤 목적으로 사용하면 효율적일지, 우리에게 어떤 이득을 줄지 알아보겠습니다.

완벽하게 말하려는 욕심

말하기의 특성인 '전달, 즉흥, 휘발'은 서로 유기적으로 연결되어 있습니다. 이를 이용해 말하기를 배우기에 앞서 세 가지 조언을 드리고자 합니다.

첫 번째, 완벽할 필요가 없습니다. 말하는 내용 중 많은 부분이 휘발되고 기억에서 지워지기 때문에 완벽하려고 애쓰지 않아도 됩니다. 글을 쓸 때는 오타가 있거나 퇴고 흔적이 그대로 남아 있다면 몹시 거슬리겠지만, 말은 뜻만 잘 전달할 수 있다면 약간의 실수와 수정은 용인됩니다. 글에서 같은 문장이 여러 번 나온다면 지루해지겠지만 말에서는 같은 내용을 반복한다고 해도 도에 지나치지 않다면 강조하는 데 아주 효율적인 방법입니다.

완벽하게 말하려는 욕심에 오히려 말을 해야 하는 적절한 때를 놓치는 우를 범하기도 합니다. 즉흥적으로 주고받고 짧은 시간에 휘발되는 말하기에서 '언제' 말하는지는 정말 중요합니다. 말해야 할 타이밍을 놓친 후에 말을 하면 그 주제에 집착하거나 분위기를 못 맞추는 사람이 되고, 완벽하지 않다고 말을 하지 않다가 말을 못하는 상황이 반복되면 결국 말하기에 두려움이 생깁니다.

두 번째, 임팩트를 남겨야 합니다. 말하기를 통해 전달된 내용의 대부분은 휘발되고 상대의 머릿속에서 재구성됩니다. 즉, 아무리 좋은 이야기를 구구절절 늘어놓아도 상대가 받아들이지 않거나 상대의 기억에 남지 않으면, 화자는 단순히 '말이 많은 사람'이라는 이미지만 남게 됩니다. 전달하는 내용의 양에만 치중하면 실속이 없습니다. 오히려 말을 상대적으로 적게 하면서 듣는 이에게 원하는 이미지를 심을 수 있는 사람이 말을 잘하는 사람입니다. 여러분은 이제부터 기술적으로 어떻게 말을 전하고 이미지를 구축하면 좋을지 익히게 될 것입니다.

세 번째, 자신만의 말하기 스타일을 만들어야 합니다. 대화가 이루어지는 상황은 즉흥적일 수밖에 없습니다. 말하기에서의 즉흥성은 다른 소통 방법보다 그 사람의 본바탕이 솔직하게 드러나도록 유도합니다. 대화를 주고받다 보면 자신이 원하는 이미지를 만들어낼 시간이 부족하기 때문입니다. 이러한 말하기의 특성 때문에 우리는 항상 '말할' 준비를 해야 합니다. 여기서 말하는 '준비'는 일어날 모든 상황을 고려하고 해야 할 말을 다 생각해두는 것이 아닙니다. 자신의 스타일을 구축해야 한다는 의미입니다.

친해지고 나면
재미있는 친구라는 평가

대화의 기본은 상호 신뢰

"이 친구가 친해지면 참 재미있어."

소개팅에 나갔는데 주선자가 여러분을 이렇게 소개했다고 가정해봅시다. '친함'과 '재미있음'이라는 긍정적인 단어가 둘이나 포함되었으니 자신에게 플러스가 될 칭찬이라고 생각한다면 큰 오산입니다.

위의 소개에는 문제점이 두 가지 있습니다. 친해지면 재미있다는 말은 친해지기 전인 지금은 재미없다는 뜻을 내포하고 있습니다. 또 하나는 적극성을 발휘해야 자신의 친구에게서 재미를 얻을 수 있다는 대단히 비겁한 내용을 내포하고 있습니다. 의도하지 않았다고 하더라도 이렇게 소개를 받으면 상대에게 나는 적극성이 부족하며 자신에 대해 숨기는 사람으로 비춰집니다.

"그러니까 네가 친해지려고 노력 좀 해봐. 그러면 재미있어질 거야."

이런 말이 숨어 있는 것이나 마찬가지입니다. 제3자를 통해 전달된 정보에는 당신이 먼저 마음을 열어야 한다는 암시가 있습니다. 친해지면 달변까지는 아니어도 대부분 누구나 말을 잘합니다. 친해진다는 것은 상호 신뢰가 쌓였다는 이야기이고, 상담 심리에서는 이를 래포rapport 형성이라고 말합니다. 하지만 서로 신뢰가 쌓이기까지는 노력과 요령이 필요합니다. 위의 예에서는 귀찮고 걱정되는 상호 신뢰 형성의 과정을 다른 사람에게 떠넘기려는 것으로 보입니다.

"왜 내가 먼저 친해지려고 노력해야 해?"

상대는 무의식적으로 반발심이 생기고, 당연히 두 사람의 관계는 열리기 어려운 쪽으로 변해갈 것입니다. 대화도 잘 이루어지기 힘듭니다. 말하기는 처음부터 상대를 원하는 화제로 끌고 와서 이야기하기보다 상대의 수준을 가늠하고 다가가야 합니다. 그래서 말하기의 기본 원리인 '주고받기'를 알아야 합니다. 여기서 주고받는 것은 단순히 언어뿐만이 아니라 말할 기회와 말하고자 하는 마음까지를 포함합니다. 이 세 가지에 대해 자세히 살펴보겠습니다.

한국말이라고 다 같은 말이 아니다

언어를 주고받는다는 것은 말하기에서 당연한 일입니다. 그렇지만 많은 사람이 상대가 들을 수 있는 언어로 말하지 않습니다. 다시 말해, 상대의 귀가 잘 들리는데도 알아듣지 못하는 말을 하고는 합니다. 이런 상황은 크게 두 가지 경우에 일어납니다.

첫 번째는 구사하는 단어가 생소하거나 내용이 어려운 경우입니다. 상대가 모르는 주제로 이야기하는 이유는 아는 것을 뽐내기 위해서, 또는 관심 있는 주제로만 이야기하고 싶어서입니다. 특히 자신이 아는 것을 뽐내기 위해 이야기할 때는 말을 어렵게 하고 상대의 반응을 살피지 않습니다. 오히려 상대방이 어려워하고 이해하지 못하는 것에 쾌감을 느끼는 경우도 있습니다. 하지만 이는 소통 목적이 아니라 상대보다 낫다는 우월감을 얻기 위한 몸부림일 뿐입니다. 이는 오히려 자신의 약점을 드러내는 행동이 될 수 있습니다.

반대로 소통이 목적인 사람은 말을 어렵게 하지 않습니다. 혼자만 아는 주제로 이야기하는 것은 서로가 아는 주제로 이야기하는 것보다 훨씬 더 어렵고 힘듭니다. 상대가 내용을 이해하고 있는지, 흥미 있게 듣고 있는지 살펴야 하기 때문입니다. 상대를 살피지 않는다면 말하기 자체는 쉽겠지만 관계를 망가뜨리는 일일 뿐입니다. 상대에 대한 배려 없이 대화하고 행동한다면, 권위가 없는 사람의 경우 떼쓰는 아이와 같은 취급을 받으며 가치가 하락하고 오히려 무시를 당할 수 있습니다. 반면 권위가 있는 사람이라면 이기적이라는 평가를 받으며 주변의 사람들과 친밀감이 사라지고 불편한 사람이 되어 결국 혼자가 될 것입니다.

두 번째는 말을 주고받는 사람들 사이에 심리적인 장벽이 존재하는 경우입니다. 앞에서도 이야기했듯이 우리는 생각을 말로 표현하고 전달할 뿐이지, 생각 자체를 전달할 수는 없습니다. 따라서 심리적 장벽이 있으면 생각이 제대로 전달되지 않습니다. 상대가 받아들일 준비가 되어 있지 않기 때문에 귀 담아듣지 않거나 의미를 잘못 받아들여 오해를 불러일으킬 수 있습니다. 언어를 통해 생각을 제대로 전하려면 상대의 심리적 장벽을 고려해야 합니다. 심리적 장벽이 전혀 없다면 함축적으로 전해도 되고 언어가 잘 전달되었는지 확인하지 않아도 괜찮지만, 반대로 심리적 장벽이 높다면 여러분의 생각이 제대로 전달되었는지 확인하는 과정이 꼭 필요합니다.

발언할 기회는 균등하게

다음으로 말할 기회를 주고받는 것에 대해 이야기하겠습니다. 말할 기회가 균등하게 주어지지 않으면 심리적인 장벽이 생기기도 합니다. 상대의 말을 자주 가로채거나 원천 봉쇄한다면 누구도 그 사람의 말을 듣고 싶어 하지 않을 것입니다. 상대에게도 말하고자 하는 욕구가 있다는 사실을 잊어서는 안 됩니다. 상대도 말할 수 있도록 지속적으로 기회를 주어야 합니다. 뚜렷한 목적 없이 대화의 점유율이 한쪽으로 쏠리고 있다면 대화가 원활하게 이루어지고 있지 않다는 것입니다.

남의 말을 가로채서 말하는 사람은 상대의 말에 이어서 자신이 말을 했으니 주고받기를 했다고 착각할 수 있습니다. 하지만 가로채는 것과 호응하는 것에는 큰 차이가 있습니다. 호응은 상대의 말을 끝까지 듣고 난 뒤에 상대의 문맥을 이해하고 같은 주제로 대화로 잇는 것입니다. 단어만 같다고 같은 주제라고 오해하면 안 됩니다. 예를 들어 "어제 영화를 봤는데 영화가 김빠진 콜라 같았어."라고 말했을 때 느닷없이 "김빠진 콜라는 청소할 때 쓰면 좋아."라는 식으로 엉뚱하게 대응하는 일은 피해야 합니다. 그리고 만약 부득이하게 상대의 말을 끊고 다른 이야기를 했을 때 상대가 멈추었던 말을 기억하는지 아닌지도 중요한 차이입니다. 말을 가로챘다는 인상을 남기지 않으려면 상대가 끊겼던 말을 기억하고 다시 이어서 이야기해 달라고 부탁하거나 언급해야 합니다.

부득이한 경우가 아닌데도 굳이 타인의 이야기를 가로챈다는 사실을 알지 못하고 말할 기회를 독점하려는 부류의 사람은 크게 세 가지 강박을 가지고 있습니다.

첫째, 아는 단어가 나오면 반드시 아는 척을 해야 하는 강박입니다. 이런 사람은 문맥을 들으려 하지 않고 단어에 집중하다 아는 단어가 나오면 아는 척을 하려고 합니다. 이런 무례함은 대화가 뚝뚝 끊기는 것뿐만 아니라 지적인 한계를 드러낸다는 점에서도 큰 손실입니다. 설령 지적 수준이 높은 사람이라 할지라도 말을 하고자 하는 욕구 때문에 이런 실수를 저지른다면 이 순간 자신의 지적 능력을 표현할 곳이 없었다는 인상을 줍니다. 말을 가로채지 않고 적절하게 말을 주고받으며 이어가기 위해서는 상대가 하는 말의 문맥을 이해하여 상대가 하고자 하는 말을 마치고 나서 이야기해야 합니다.

둘째, 상대에게 도움이 될 이야기라고 단정 짓고 자신이 꼭 설명해야 한다는 강박입니다. 이런 경우 타인을 위한다는 사명감이 있고 스스로 옳다는 확신에 차 있기 때문에 제재하기가 쉽지 않습니다. 하지만 도움이 되는지 여부는 상대가 판단할 부분입니다. 상대가 도움을 요청했다면 얼마든지 설명하고 조언을 해주어도 됩니다. 하지만 그렇지 않을 때는 상대가 이미 아는 내용을 이야기하면 지루해하고, 불필요하거나 모르는 내용이라면 몰입이 되지 않을 것입니다.

셋째, 자신이 선택한 주제가 가치가 있기 때문에 모두 좋아할 것이고 꼭 유지해야 한다고 생각하는 강박입니다. 이런 경우 다른 사람의 주제는 상대적으로 무시하는 경향이 있습니다. 상대의 말을 원천 봉쇄한 채 자신의 주제로만 이야기를 이끌어가며 상대가 원하는 주제에 대해 말할 기회를 주지 않습니다. 또한 다른 주제의 이야기로 발전 혹은 전환이 되어도 다시 원래의 주제로 돌아가려 합니다. 더 나아가 자신이 모르는 주제이거나 원하는 주제가 아니면 노골적으로 불편함을 드러내며 자신의 주제를 주장합니다. 이는 말할 기회뿐만 아니라 말하고자 하는 마음도 뺏는 행위입니다. 이런 대화가 지속되면 어느 순간 말할 기회를 주어도 상대가 말을 즐겁게 하지 않습니다. 이런 식으로 혼자 이야기하다가 나중에 상대가 말할 의지를 잃고 분위기가 조용해지면 왜 다들 말이 없냐는 소리를 하거나, 자신의 이야기에 다들 너무 집중했다고 착각합니다.

만약 상대가 말하는 기회를 빼앗았을 때에는 여러분이 어떤 목적을 가지고 있는가에 따라 다르게 대처해야 합니다. 관계를 형성하고 상대와 친밀감을 높이는 목적이라면 그냥 상대의 말을 충분히 들어주면 됩니다. 타인의 말하는 기회를 빼앗는 사람은 말하고자 하는 욕구가 크기 때문에 그것을 채워주는 것으로 친밀도가 높아집니다. 이런 경우에는 대화의 기회를 굳이 균등하게 하지 않아도 됩니다. 만약 견디기 힘들다면 그 상대와 친밀감을 유지하려는 마음은 욕심입니다. 이와 달리 여러 사람이 말하는 자리이거나 자신의 존재감을 드러내야 하는 상황이라면 말을 끊는 사람에게 단호하게 대처해야 합니다. 명확하게 하고자 하는 주제를 다시 언급하거나 소외된 사람에게 의사를 물어 전체 분위기를 공평하게 이끌어야 합니다.

이렇게 언어와 기회를 주고받는 것은 생각보다 단순하지만 지키지 못하는 사람이 많습니다. 시간은 한정되어 있는데 한 사람이 말하고자 하는 욕심을 놓지 못하면 당연히 다른 사람은 욕구불만 상태가 되고, 결과적으로 그들에게 심리적 장벽이 생깁니다. 한쪽이 말을 많이 할수록 심리적 장벽은 높아집니다. 따라서 말을 잘하려면 말하는 기회를 균등하게 배분하고 상대의 말하고자 하는 욕구를 충분히 해소해주어야 합니다.

반대로 반복해서 기회를 놓치는 경우에도 상대를 지루하게 만듭니다. 긴장을 많이 하면 서로가 하던 이야기를 잊고 계속 새로운 이야기를 한다거나 상대의 말을 듣기만 하려는 수동적인 태도를 취합니다. 이러한 태도는 열렸던 상대의 마음도 닫히게 만듭니다. 즉, 상대는 대화의 기회를 주려고 질문도 하고 정보도 흘리고 있는데, 그것을 알아차리지 못하고 상대가 계속 알아서 말해주기를 바라고 있는 상황인 것입니다. 그러면 당연히 상대는 지쳐갈 것입니다. 이처럼 상대가 주는 기회를 무작정 양보만 하는 행동은 마음을 주고받지 못하는 결과를 가져옵니다.

마음이 없는 대화는 불편하다

마지막으로 언어가 잘 전달이 되고 기회도 균등하다고 해도 상대와 주고받으려는 마음이 없다면 결국 각자 다른 이야기를 하게 되거나 불편한 자리에 있다는 느낌을 얻게 됩니다. 마음을 주고받기 위해서는 상대가 마음을 열고 다가오기를 기다리면 안 됩니다. 먼저 마음을 주고 대화를 시작하되 앞서 언급하였듯이 상대가 쉽게 이해할 수 있는 언어와 내용을 구사하고 상대가 말하고 싶어 할 때 말할 기회를 준다면 상대도 마음을 열게 됩니다. 이것이 관계를 형성하는 방법입니다.

그럼 다시 처음으로 돌아가 봅시다. 앞서 소개팅을 한 친구는 어떻게 되었을까요? 주고받기를 고려하지 않은 소개로 인해 상대의 마음이 약간 닫힌 상태로 만남이 시작되었을 것입니다. 주선자가 자리를 비운 뒤 두 사람은 참 어색한 시간을 보냈을 것이고, 친해지면 재미있다고 했으니 재미있는 사람처럼 보이려고 말을 많이 할 것입니다. 만회하려는 마음으로요. 하지만 상대의 미소는 어색과 정색을 오갑니다. 상대가 복잡한 미소를 보여도, 순간적인 정적이 흘러도 그 의미를 깨닫지 못하고 계속 말을 더 많이 했을 것입니다. 그렇게 미소를 보여놓고 애프터 신청을 받아주지 않는 상대를 이해하지 못합니다.

처음에는 대부분의 사람들이 자신의 부족함을 인정하거나 잘못된 행동을 들추어 후회하는 것이 싫고 힘들어서 묻어두려 합니다. 주고받기도 한번 해보고 안 되면 하던 대로 말하는 게 낫다는 핑계거리를 떠올립니다. 하지만 여러분은 그 마음을 이겨내고자 이 책을 펼쳤으리라 믿습니다.

말을 잘한다는 것은 스스로 말을 잘한다고 생각하는 것이 아니라 상대가 말을 잘한다고 느끼는 것입니다. 단 한마디 말이라도 상황에 적절하고 상대의 마음을 여는 데 도움을 줄 수 있다면 충분합니다. 반대로 상호 신뢰에 도움이 되지 않는 말이라면 차라리 입을 다물고 말하지 않는 편이 낫습니다.

대화는 계속되는 연설이 아닙니다. 대화는 지속적으로 상대를 파악하고 그에 맞게 소통하는 것을 목적으로 합니다. 대화를 통해 자신의 생각을 전달하고, 말의 의미가 제대로 전달되었는지 확인하면서 상대의 상태를 파악하는 과정이 필요합니다.

주고받기는 대화의 센스라고도 볼 수 있습니다. 이는 훈련을 통해 만들어낼 수 있습니다. 간혹 말하기 연습을 했는데도 말솜씨가 늘지 않으니 자신은 센스가 없고 타고나지 않았다며 푸념을 늘어놓는 분이 있습니다. 그 이유는 대화의 기본 원리를 알지 못했기 때문입니다. 말하기 훈련보다 상대를 알려고 하는 노력과 자신의 말이 어떻게 전달될까를 고민하는 일이 더욱 중요합니다. 즉, 제대로 '전달'하는 훈련이 필요합니다.

안달형, 불통형, 붕어형, 소통형

주고받기의 방식에 따라 안달형, 불통형, 붕어형, 소통형까지 크게 네 가지 유형으로 분류할 수 있습니다. 이 책에서 소개하는 '주고받기 유형 테스트'는 여러분이 주고받기를 잘하고 있는지 못하고 있는지, 만약 못하고 있다면 어떤 유형에 속하는지 알아볼 수 있도록 구성한 것입니다. 테스트를 통해 어떤 유형인지 보고, 다음으로는 어떻게 주고받기의 방식을 개선해나갈 수 있는지 확인해봅시다.

주고받기 유형 테스트

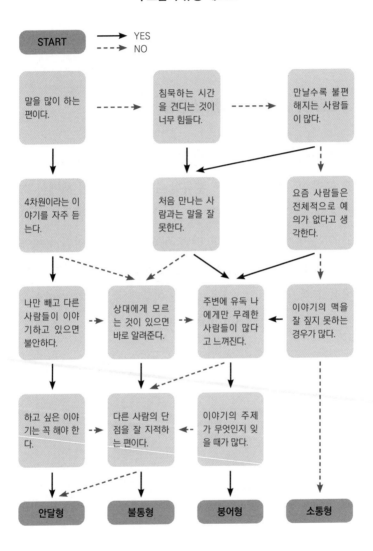

START
→ YES
---→ NO

말을 많이 하는 편이다.

침묵하는 시간을 견디는 것이 너무 힘들다.

만날수록 불편해지는 사람들이 많다.

4차원이라는 이야기를 자주 듣는다.

처음 만나는 사람과는 말을 잘 못한다.

요즘 사람들은 전체적으로 예의가 없다고 생각한다.

나만 빼고 다른 사람들이 이야기하고 있으면 불안하다.

상대에게 모르는 것이 있으면 바로 알려준다.

주변에 유독 나에게만 무례한 사람들이 많다고 느껴진다.

이야기의 맥을 잘 짚지 못하는 경우가 많다.

하고 싶은 이야기는 꼭 해야 한다.

다른 사람의 단점을 잘 지적하는 편이다.

이야기의 주제가 무엇인지 잊을 때가 많다.

안달형

불통형

붕어형

소통형

첫 번째 유형은 안달형입니다. 안달형은 이야기의 맥을 짚지 못하고 단어 하나하나에 집중하여 대화에 끼어드는 타입입니다. 스스로는 여러 주제의 대화를 매끄럽게 이어가는 역할을 하고 있다고 생각하기도 하지만 실제로는 계속 맥을 끊는 타입입니다. 일대일 대화가 이루어지는 상황에서 상대가 말하고자 하는 주제가 나오기도 전에 몇 가지 단어만 듣고 이야기를 가로채버립니다. 상대는 원하는 이야기를 제대로 끝맺지 못한 채 대화가 계속 새로운 주제로 넘어가니 쉽게 지칩니다. 여러 명이 모여 몇 개의 소그룹으로 나뉘어 대화를 나눌 때는 자신이 아는 단어를 기준으로 여기저기 옮겨 다니기도 합니다. 그러다 보면 여러 그룹의 분위기를 계속 해치는 결과를 가져옵니다.

만약 자신이 이런 타입이라면 다음의 세 가지 노력을 기울여야 합니다. 첫째, 단어에만 집중하지 말고 '왜' 상대방이 그 이야기를 하는지에 초점을 두고 말을 들어야 합니다. 큰 그림을 보려는 노력으로 다른 사람의 이야기에 귀를 기울여야 합니다. 둘째, 상대의 말이 끝났는지 확인합니다. 이를 위해 굳이 말이 끝났는지 물어볼 필요는 없습니다. 고개를 끄덕이며 상대의 말이 이어지기를 잠시 기다려주는 것만으로도 충분합니다. 셋째, 아는 내용이 나오더라도 질문을 받은 사람이 따로 있다면 그 사람이 대답하도록 양보합니다. 질문의 목적은 꼭 정보를 얻기 위한 것에만 있지는 않습니다. 소외된 사람을 끌어들이거나 다른 의견이 있는 사람의 추가 의견을 끌어내기도 합니다. 따라서 자신에게 주어진 질문이 아니라면 자신이 활약할 다음 기회를 기다리는 인내심이 필요합니다.

두 번째 유형은 붕어형입니다. 붕어형은 대화가 끊기면 무슨 말을 했었는지 금방 잊고 침묵하거나 상대의 말에 끌려가는 유형입니다. 이렇게 되는 이유는 크게 긴장과 무관심 때문이라고 할 수 있습니다. 긴장하면 상대의 말이 기억에 많이 남지 않습니다. 무슨 말을 할지 고민하다가 침묵이 찾아오면 어찌할 바를 모르게 됩니다. 무관심은 일부러 상대에게 관심을 끊는다기보다 상대 입장에서 생각하지 않고 자신이 할 말만 생각하는 것입니다. 이 유형의 경우 분위기에 맞춰 말을 많이 하려다가 본의 아니게 맥을 계속 끊는 경우가 있습니다. 이 유형의 사람들은 다음과 같은 노력을 기울여야 합니다.

첫째, 경청하는 자세를 유지해야 합니다. 상대의 말에 집중하고 있다는 것을 표현하는 보디랭귀지를 기본으로 하고, 적극적 경청을 하도록 합니다. 특히 적극적 경청은 상대의 말에 끌려가지 않으면서 상대의 말에 집중하며 대화를 이어가는 기술입니다. 둘째, 상대가 했던 말 중 중요한 키워드들을 머릿속으로 생각하면서 경청합니다. 미국의 심리학자인 조지 밀러George Miller는 1956년 〈매직넘버 7±2〉라는 논문을 발표하며, 사람은 대략 5개에서 9개 정도의 정보를 즉시 기억할 수 있다고 하였습니다. 이를 일반적으로 '매직넘버 7'이라고 부릅니다. 이후 새로운 연구에서는 젊은 사람의 경우 3~5개 정도라고 발표되기도 했습니다. 상대의 말을 듣고 다시 말을 하기 전까지 4개 정도의 키워드만 기억해도 충분히 상대의 말을 재구성할 수 있습니다. 모든 내용을 완벽하게 기억할 필요는 없습니다. 셋째, 과도하게 긴장하는 것을 줄여야 합니다. 이것은 습관과도 같기 때문에 하루아침에 바꾸기는 어렵습니다. 따라서 앞의 두 방법을 염두에 두고 사람을 많이 만나며 훈련을 지속하다 보면 나아질 수 있습니다.

세 번째 유형은 불통형입니다. 불통형은 남의 이야기를 듣지 못하고 자신의 할 말만 계속하는 유형입니다. 이 유형은 스스로에 대한 확신이 강하기 때문에 상대적으로 자신을 객관적으로 바라보는 것이 힘듭니다. 상대의 단점이 많이 보인다는 이유로 자신이 옳고 상대는 틀렸다고 재단해버리는 경우도 있습니다. 하지만 다른 사람의 단점이 많이 보이는 이유는 자신의 생각이 편협하기 때문일 수도 있음을 인정해야 합니다. 또한 상대의 감정을 이해하지 않고 단지 자신의 이야기만 쏟아내면 이야기가 제대로 전달되지 않습니다. 이 유형의 사람들은 다음과 같은 노력을 기울여야 합니다.

첫째, 상대의 감정을 이해하려고 애써야 합니다. 이것은 상대의 말도 옳다는 사실을 인정하는 데서 출발합니다. 아무리 좋은 이야기도 상대의 감정에 따라 받아들여지지 않을 수 있습니다. 자신은 좋은 말을 했는데 상대가 듣기 싫어하는 태도를 취한다고 원망하는 것은 인간관계에 대한 이해가 부족하다는 것을 보여줍니다. 나에게 옳다고 해서 상대에게도 옳은 일일 수 없고, 지금 틀렸다고 해서 내일도 틀린 일이라고 장담할 수 없습니다. 둘째, 원하지 않는 상대에게 조언과 설명을 하지 않도록 합니다. 각자 상황이 다르므로 자신에게 가치가 있다고 해서 상대에게 필요한 것이라는 보장은 없습니다. 심지어 상대 입장에서는 이미 많이 들어서 진부한 이야기일 수도 있습니다. 명언도 그 말을 한 위인의 삶이 뒷받침되기 때문에 가치가 있습니다. 그런 문구를 많이 알고 있는 것보다 평소 자신이 그에 맞는 삶을 살고 있는지를 먼저 생각해봅시다. 자신이 그에 맞는 삶을 살고 있다면 주변에서 알아서 조언과 설명을 부탁하러 찾아올 것입니다. 셋째, 소통을 위한 질문을 하려는 노력이 필요합니다. 이 유형이 주로 하는 질문은 자신의 말을 잘 알아들었는지 확인하기 위함입니다. 그것은 소통이 아닌 확인을 위한 질문입니다. 이보다도 상대의 의견이나 입장을 묻는 질문을 하고 상대방이 대답할 수 있는 시간을 줘야 합니다. 그것이 소통입니다.

마지막 유형은 소통형입니다. 위에 소개한 세 가지의 유형과는 다르게 타인과 균형 잡힌 소통을 하고 있는 유형입니다. 만약 앞의 테스트에서 이 유형으로 나왔다면 둘 중 하나입니다. 하나는 주고받기를 잘 활용하여 타인과 무리 없이 소통을 잘하고 있는 경우이고, 다른 하나는 자기 객관화가 부족해서 주변의 평가와는 달리 스스로 소통하고 있다고 믿고 있는 경우입니다.

주고받기를 잘하고 있다면 다음 장으로 넘어가 새로운 기술을 익히고 타인을 대하는 훈련을 하며 말하기 능력을 계속 키워갈 수 있을 것입니다. 하지만 자기 객관화가 되지 않았다면 학습의 첫걸음을 떼지 못한 것이니 차분하게 스스로를 돌아볼 필요가 있습니다. 스스로 객관적으로 바라보고 있는지 아닌지 헷갈릴 때는 가까운 주변 사람에게 앞의 테스트 항목을 확인해가며 여러분이 어떤 유형인지 알아보는 방법도 있습니다. 물론 평소 소통을 제대로 해오지 않았다면 주변에서 솔직하게 평가해줄 수 없기 때문에 한계는 있습니다. 그렇더라도 말하기의 원리와 기술이 담긴 다음의 내용을 계속 이해

하고 훈련하다 보면 여러분에게 필요한 것이 무엇인지 알 수
있을 것입니다.

선 넘지 않으면서
개인적 이야기를 꺼내는 법

통찰력이 대화 지능을 결정한다

말을 잘하기 위해 필요한 능력 중 하나는 통찰력입니다. 통찰력은 사물이나 현상을 예리하게 관찰하고 그 근본을 꿰뚫어보는 능력이라고 정의할 수 있습니다. 그런 의미에서 통찰력은 사람의 마음을 읽거나 보지 않은 것을 맞추는 초능력 같은 능력은 아닙니다. 자세히 여러 면을 관찰하고 그것을 정보로 활용하는 능력입니다. 따라서 관찰하려는 노력만 있으면 시간을 투자하는 만큼 정보를 얻을 수 있습니다. 다만 이 과정이 능동적으로 이루어져야 합니다. 수동적인 관찰과 정보화는 오히려 통찰력을 낮추는 결과를 가져올 수 있습니다. 예를 들어 바라보는 것만으로 정보가 되는 텔레비전보다 책을 펼치고 글을 읽는 독서가 더 능동적이기 때문에 통찰력 발달에 더 도움이 됩니다. 독서는 단지 책을 통해 활자를 읽는 행위가 아니라 활자를 이미지로 바꾸어 생각과 정보를 받아들이는 과정이므로 계속하여 상상하고 생각하며 자신의 생각을 정리하는 과정이 이루어지기 때문입니다. 물론 독서하지 않아도 일상적으로 정보를 수집하는 훈련을 하는 사람들은 통찰력이 뛰어납니다.

말을 잘하는 사람들 중 화려한 언변으로 이성에게 인기가 많은 사람들의 공통점으로 첫째는 상대가 원하는 칭찬을 하고, 둘째는 상대가 미처 생각하지 못했던 새로운 시각에서 상대를 바라보고 그의 장점이나 매력을 이야기해줍니다. 칭찬으로 마음의 장벽이 허물어지고, 자신을 특별하게 바라봐준 상대에게 마음이 끌리는 것은 당연한 일입니다. 여기서 보여준 두 가지 행동 모두 통찰력이 높기 때문에 가능한 일입니다.

사람들은 통찰력의 수준에 따라 다른 이야기를 합니다. 어떤 이야기를 하는지 세 그룹으로 나누어서 말해보겠습니다.

첫째는 통찰력이 평균보다 낮은 사람들입니다. 이들은 대부분의 사람들이 보는 것을 보지 못합니다. 관찰하려는 노력

없이 의식의 흐름대로 말을 하는 경우가 많아서 '산만하다'는 부정적인 의미로 4차원이라는 평가를 받습니다. 성격이 이타적이라고 해도 사고하는 방식이 자기 위주이기 때문에, 재미있는 사람은 될 수 있을지 몰라도 말을 잘하는 사람은 될 수 없습니다. 다른 사람을 살피려고 노력하지 않고 자신이 편한 대로만 말하기 때문입니다. 이 부류의 사람들과 대화를 해보면 가끔 황당하다는 느낌을 받게 됩니다. 통찰력이 낮은 사람들은 대화 중에 수집하는 정보의 양이 적고, 이를 메우기 위해 자신의 생각을 소재로 삼기 때문입니다. 상대와 현재 상황에 대한 정보가 부족하다 보니 머릿속에 떠오르는 아무 말이나 내뱉게 되고, 결과적으로 주변 사람에게 뜬금없다는 평가를 들을 수밖에 없는 것입니다.

둘째는 평범한 통찰력을 가진 사람들입니다. 이들은 비슷한 것을 보고 비슷하게 이야기합니다. 무리에 섞이는 데 큰 무리가 없습니다. 이들은 다른 사람과 어울리는 데는 큰 문제가 없지만 빛나는 존재로 어필하기에는 부족합니다. 어디서 들어본 듯한 이야기를 주로 하므로 상대에게 평범하다는 이야기를 듣는 경우가 많습니다.

셋째는 통찰력이 높은 사람들입니다. 이들은 평범한 사람들이 놓치는 부분까지 보기 때문에 대화하는 상대에게 새로운 정보나 자극을 줄 수 있습니다. 칭찬할 때도 처음 듣는 칭찬을 해주니 상대방에게 자신에 대해 많이 알고 있다는 인상을 주면서 쉽게 감동을 줄 수 있습니다. 조언할 때도 새로운 사고에 따라 조언하기 때문에 호기심을 불러일으킵니다. 여러 가지 상황에서 신선한 감동을 주는 사람들입니다.

말을 많이 하지 않아도 관찰의 노력을 통해 얻은 높은 통찰력이 있다면 한두 마디의 말만으로도 상대의 마음을 사로잡을 수 있습니다. 상대가 원하는 것을 빠르게 찾을 수 있고 그것을 상대가 새롭게 느끼도록 전달할 수 있기 때문입니다.

이 세 부류의 사람들이 화려한 옷을 입고 나온 상대를 만났다고 해봅시다. 통찰력이 낮은 사람은 상대의 옷에 대해서는 아무 생각이 없고, 오히려 자신이 새로 산 옷을 자랑합니다. 통찰력이 보통인 사람은 화려한 옷을 칭찬합니다. 통찰력이 높은 사람은 화려한 옷을 입은 이유를 찾아냅니다. 화려한 옷을 입은, 평소보다 약간 우울해 보이는 상대의 모습을 발견하고 그에 대한 이야기를 들어주려 합니다. 여러분이 만약 좀 우울한 기분을 이겨보려고 화려한 옷을 입고 나갔다면 세 사람 중 누구에게 호감을 느끼시겠습니까? 하지만 어설프게 상대의 마음을 얻으려고 아는 척을 했다가는 낭패를 볼 수도 있습니다. 그러니 항상 먼저 훈련하고 정보를 차근차근 모으는 습관을 들여야 합니다.

통찰력이 부족한 사람의 공통점은 겉으로 보이는 것에 집중하고 결론을 내린다는 것입니다. 게다가 깊이 있게 보지 않고 그런 능력을 키울 의지도 없이 나는 센스가 없다며 한탄만 합니다. 그리고 다른 사람이 정한 정보나 편견을 의심 없이 받아들입니다. 예를 들어 혈액형으로 모든 것을 알 수 있다고 맹신하거나, 어느 지역 출신은 이렇게 행동한다고 확신하는 경우입니다. 또 어떠한 외모의 사람은 이러이러한 성격일 것이라 추측하기도 합니다. 하지만 이는 모두 부족한 통찰력을 메우기 위해 널리 퍼진 속설을 무비판적으로 수용한 것일 뿐입니다. 통찰력이 높은 사람들은 오히려 섣불리 상대를 재단하지 않습니다. 처음 보여준 이미지와 불일치하는 지점을 찾으려고 애를 쓰면서 상대가 흘리는 정보를 하나둘 차곡차곡 쌓아서 자신이 느낀 상대방의 이미지를 구축합니다.

지금 자신의 통찰력이 높지 않다고 실망할 필요 없습니다. 통찰력은 올바른 방향으로 시간을 투자하여 훈련하면 반드시 높아집니다. 이제 여러분은 통찰력을 키우기 위해 우선 정보를 수집하고 활용하는 방법을 익힐 것입니다. 상대의 정보를 얼마나 잘 활용하느냐에 따라 통찰력과 말하기의 센스가 결정됩니다.

정보 수집

　말하기에서 정보의 활용이 얼마나 중요한지 우리는 잘 알고 있습니다. 그러면 정보를 수집하고 활용하는 목적은 무엇일까요? 여러분의 이해를 돕기 위해 크게 세 가지로 나누어 알아보겠습니다. 세 가지 목적은 '침묵을 피하기' '상대에게 기회 주기' '상호 신뢰 쌓기'입니다.

　첫째, 침묵을 피하기 위해 정보를 수집하고 사용하는 경우입니다. 많은 사람이 침묵을 두려워합니다. 침묵은 소통이 없는 단절의 시간이기 때문입니다. 손을 잡고 걷거나 함께 전시회를 볼 때는 침묵이 흘러도 괜찮습니다. 말하지 않아도 단절되지 않은 상태이기 때문입니다. 단절에 대한 두려움 없이 상호 신뢰가 있는 관계에서 침묵은 두려움의 대상이 아닙니다. 하지만 서로를 온전히 알지 못하는 상태에서 침묵이 흐르면 관계가 단절되거나 거리가 먼 사이로 규정될까 봐 두려워합니다. 이 두려움 때문에 정보를 수집하자마자 활용하는 사람들이 많습니다. 물론 정보를 수집하고 이용하여 끊임없이 대화를 이어가는 일도 중요하지만, 단지 잠깐이라도 대화가 중단되지 않게 하기 위한 목적으로 정보를 수집하고 활용하는 일은 관계 형성과 유지에는 비효율적입니다. 수집된 정보를 정말로 필요한 침묵의 상황에서 활용할 수 없어 대화의 수준이 낮아질 수도 있습니다.

침묵을 피하기 위한 정보 수집은 가장 낮은 단계의 정보 수집이라고 볼 수 있습니다. 상대의 말, 행동, 외모 등 모든 것이 소재가 될 수 있습니다. 만약 이렇게 다양한 소재를 수집하여 대화할 소재가 많이 있는데도 침묵이 흐른다면, 이는 정보를 활용하는 타이밍이 잘못되었기 때문입니다. 침묵의 상황에서는 정보를 활용해야 합니다. 많은 사람이 정보를 얻은 뒤 바로 활용해버리는데, 이렇게 얻은 정보를 바로 써 버리면 정보가 단순하고 평범한 것이 됩니다. 또한 상대가 말할 기회를 빼앗거나 마음을 없애는 상황이 발생합니다. 상대에게 말을 많이 하도록 배려하라는 이유 중 하나는 더 많은 정보를 수집하기 위함입니다. 상대가 말을 편안하게 이어나가는 도중에는 굳이 방금 얻은 정보를 사용하면서까지 이야기할 필요가 없습니다. 침묵이 흐르기 전까지 상대에게 최대한 말할 기회를 많이 주고 신뢰를 쌓아야 합니다. 그렇기 때문에 정보 수집을 할 때는 '상대에게 기회 주기' '신뢰 쌓기'를 함께 생각하며 진행해야 합니다.

둘째, 상대에게 기회를 주기 위해 정보를 수집하고 사용하는 경우입니다. 단지 침묵을 피하기 위해 정보를 수집하고 활용할 때보다 능동적인 정보 수집의 단계입니다. 그리고 여기서 말하는 '기회'는 말할 기회와 말하고자 하는 마음을 포함합니다. 상대가 말하고 싶게 만들려면 상대가 무엇을 말하고 싶어 하는지를 먼저 파악해야 하는데, 이는 가장 고급 단계의 정보 수집입니다. 상대가 편안하게 말할 수 있도록 이끌고 정보를 수집하는 방법입니다. 상대가 무슨 말을 하고 싶어 하는지는 상대가 어떤 단어에 반응을 보이는지, 어떤 단어를 반복해서 사용하는지, 대화의 흐름과 어긋나더라도 언급하는 단어가 있는지 지속적으로 체크하여 대화를 이어나가는 방법입니다. 상대에게 기회를 주기 위해 정보를 활용하는 것은 정보를 수집하는 것보다 수월합니다. 상대가 무엇을 이야기하고 싶어 하는지 찾았다면 언제든 그 정보를 활용할 수 있습니다. 질문을 통해 해당 정보를 언급하고, 상대가 그 부분에 대한 대답을 하면서 스스로 이야기에 빠져들도록 만들어주면 됩니다. 만약 상대가 신나서 무언가를 이야기하고 있다면 여러분은 성공한 것입니다.

셋째, 상호 간에 신뢰를 쌓기 위해 정보를 수집하고 사용하는 경우입니다. 이때의 정보 수집은 다른 경우의 정보 수집보다 수월합니다. 하지만 대부분의 사람들이 하지 않거나, 반대로 너무 많이 해서 상대에게 부담을 줍니다. 그 방법은 간단합니다. 바로 직전에 상대가 말한 대화의 소재가 정보 수집의 대상입니다. 침묵을 깨기 위해 전방위적인 정보를 수집하는 것과는 달리 상대의 입장과 의견을 주로 수집합니다. 이렇게 수집한 정보는 다른 정보와 달리 가능하면 바로 사용하는 편이 좋습니다. 상대의 말에 집중하고 같은 관심사를 가지고 있다는 것을 표현하기 위한 방법입니다. 단, 바로 정보를 활용하는 만큼 똑같은 언어로 돌려주기보다 같은 의견을 나타낼 수 있는 다른 문장으로 재구성하여 활용할 필요가 있습니다.

정보를 잘 활용하는 것은 말을 잘하는 것과 직결됩니다. 이는 단순히 달변인가 아닌가의 문제가 아니라 상대의 마음을 움직일 수 있느냐 없느냐의 문제입니다. 말을 많이 하지 않아도 정보를 적절하게 수집하여 사용할 수 있다면, 어디서든 빛나는 사람이라는 평가를 들을 수 있습니다.

정보 활용

상대가 다음과 같은 말을 했다면 여러분은 그 상대에게서 어떤 정보를 얻을 수 있을지 생각해보시기 바랍니다.

"컴퓨터를 너무 오래 들여다보고 있었나 봐요. 여기 프레임이 있는 것처럼 보이네요."
"여러 학생을 상대하다가 한 분만 마주하니 오히려 더 힘드네요."
"귀국한 지 얼마 되지 않아서 걱정을 좀 했어요."

첫 문장을 말한 사람은 IT 분야의 일을 하는 사람일 가능성이 크겠지요? 방금까지 일을 했었고 또한 현재 일이 힘든 시기임을 느낄 수 있습니다. 나머지 문장에 대해서도 어떤 정보를 얻을 수 있을지 생각해 보고 자신의 정보를 흘릴 수 있는 문장을 만들어봅시다. 결정적인 순간에 도움이 됩니다.

이와 같이 정보를 흘리고 읽으며 대화하면 대화의 즐거움이 매우 커집니다. 계속해서 자신의 이야기만 한다면 상대는 대화의 참여자가 아니라 단순한 청자가 되어 지루함을 느낄 수 있겠지요. 적당히 정보를 흘려서 상대가 진짜 정보를 물어보도록 만들어야 합니다.

아무 정보도 주지 않고 상대가 계속 질문하게 한다면 상대는 점점 할 말이 없어 지치고, 질문을 받는 자신은 취조받는 느낌이 들어 서로 서먹해질 것입니다. 반대로 자신에 대한 이야기만으로 대화를 지속한다면 상대는 지루하고 불편할 것이고, 상대를 잘난 척하고 싶어 하는 사람으로 기억할 것입니다. 그러니 자신에 대한 이야기만 구구절절 늘어놓는 대화는 당연히 하지 않는 편이 좋겠지요.

이렇게 적절히 대화에서 정보를 흘리고 질문하며 서로 주고받는 대화의 요령을 4단계로 간단히 설명하겠습니다. 이를 '자기 개방의 4단계'라고 말합니다.

첫째, 정보 수집의 단계입니다. 거부감이 들지 않을 정도로 적당히 자신의 정보를 흘리고, 그에 대해 상대가 질문하면 그에 대한 대답으로 대화를 이어가면서 또 다른 정보를 제공하는 단계입니다. 둘째, 정보 활용의 단계입니다. 상대에 대해 수집한 정보를 활용하여 공통의 화젯거리와 유사성을 주제로 대화합니다. 셋째, 개방 유도의 단계입니다. 상대방과 함께 공유할 만한 약간의 비밀을 이야기하며 유쾌하게 공범이 되는 분위기를 만듭니다. 넷째, 완전 개방의 단계입니다. 자신의 단점이나 우스운 실패담을 이야기하며 상대를 웃게 만들 수 있습니다. 혹은 상대가 웃지 않더라도 자신의 소소한 단점이나 실수를 이야기하는 정도로 상대에게 자신의 마음이 열려 있음을 보여주면 됩니다.

상대의 마음을 여는 최고의 방법은 자신을 드러내는 것입니다. 다만 처음부터 끝까지 설명하려 하지 말고 상대가 궁금하게 만들어야 합니다. 예를 들어 강의나 발표를 들을 때 사람들은 아무것도 모르면 질문하지 않습니다. 반대로 모든 것을 알아도 질문하지 않습니다. 이처럼 대화를 할 때 서로 정보를 흘리고 질문하며 대화를 계속 이어가다 보면 그전에는 경험하지 못한 대화의 즐거움을 느낄 수 있을 것입니다.

잘못하면 경계심을 높이는 습관

기본적으로 우리는 대화 중에 우연하게 정보를 얻습니다. 하지만 그렇게 얻은 정보는 우연히 활용되지 않습니다. 여러분의 의지에 따라 원할 때 활용할 수 있습니다. 적절한 타이밍에 정보를 사용하고, 기존에 얻었던 정보를 기반으로 새로운 정보를 해석하는 능력이 곧 말하기의 센스입니다. 앞에서도 강조했듯 말하는 센스는 타고나는 것이라 관찰에 의한 정보 수집과 활용을 어떻게 하느냐에 따라 훈련으로 얼마든지 개선할 수 있습니다. 또한 정보를 많이 얻으면 얻을수록 상대의 이야기에 파고들 기회도 많아지고 상대의 약점이나 내용의 불일치를 알아채기도 쉬워집니다. 만약 상대가 거짓말을 하고 있다면 간파할 확률이 더 높아지겠지요.

그럼 정보를 활용하는 방법에 대해 자세히 알아보겠습니다. 대화하다 보면 많은 정보가 쌓입니다. 상대가 하는 말이 전부는 아닙니다. 억양과 행동, 소품과 제스처 등 여러 유형의 정보가 많은 곳에서 수집됩니다. 어디서부터 정보를 수집해야 할지 모르겠을 때는 소품, 외모, 행동의 순서로 생각해보세요. 만약 상대의 세 가지 항목에서 찾을 수 있는 것이 없을 때는 상대, 상황, 자신의 순서로 대상을 넓혀봅니다. 하지만 자신에 대한 정보로 대화를 이어가는 것은 최후의 보루로 남겨두어야 합니다. 만약 굳이 자신에 대한 정보를 꺼내야 한다면 최대한 겸손하고 간결하게 시작해야 합니다.

소품은 가방이나 장신구같이 눈에 띄는 것들이 주로 포함됩니다. 소품에 새겨진 문구나 색상 자체로도 이야기를 끌어낼 수 있겠지요. 외모에 대해 이야기할 때는 얼굴뿐만 아니라 상대, 장소, 소품 등에 대한 상대방의 반응도 대화의 소재로 활용할 수 있습니다. "아까 케이크 얘기하니까 기분 좋아 보이던데 어떤 케이크 좋아해?"와 같이 질문할 수 있겠지요. 행동 정보를 수집하려고 할 때는 행동 그 자체와 더불어 상대의 동작과 태도도 정보로 수집해두는 것이 좋습니다.

상황에 대해 이야기하고자 할 경우 소품으로는 해당 공간에 비치된 잡지나 음료 등이 포함되고 외모는 그곳의 인테리어나 그날의 날씨 등을 예로 들 수 있습니다. 행동은 당시에 함께 겪고 있는 상황을 떠올리면 됩니다.

이렇게 수집한 정보들은 언제 활용하는 것이 좋을까요? 정보를 얻고 바로 사용할 수도 있겠지만, 이는 좋은 선택이 아닙니다. 대화하는 상황을 살피지 않고 정보를 바로 사용하면 말하고 싶어 안달난 사람처럼 보일 수 있기 때문이죠. 즉, 대화가 아니라 입을 열기 위해(말이 없는 어색한 상황을 무마하기 위해) 방금 찾아낸 것을 자랑하는 모습으로 비칠 우려가 있습니다. 또한 상대의 말을 막을 가능성이 있습니다. 즉, 상대와의 대화를 통해 더 많은 정보를 수집할 기회를 잃는 것입니다. 이런 일이 반복되면 상대는 점점 더 자신을 드러낼 필요성을 느끼지 못하거나 감추려 하겠지요.

마지막으로 정보를 입체적으로 활용할 기회를 잃게 됩니다. 정보를 입체적으로 활용한다는 것은, 정보에 특별함을 부여한다는 의미입니다. 하나의 정보는 점과 같아서 상대의 특별함을 나타내기 어렵습니다. 하지만 두세 개의 정보가 모이면 정보가 입체적이 되어 상대만의 특별한 점을 나타낼 수 있습니다. 예를 들어 단순히 '반지'라는 정보는 하나의 점입니다. 하지만 더 많은 정보가 조합되어 '헤어졌지만 아직 그 상대를 잊지 못해서 차마 버리지 못하는 반지'라면 상대의 좀 더 특별한 정보가 됩니다. '지갑'이라는 정보를 '셜록 홈즈를 너무 좋아해서 영국에 여행까지 갔다가 새로 산 지갑'이라는 정보로 입체화할 수 있다면, 상대의 마음을 더 깊이 들여다볼 수 있고 상대는 자기도 모르게 편하게 자신을 오픈할 것입니다.

그러면 정보를 활용하기에 좋은 시점은 언제일까요? 대화가 자연스럽게 이어지도록 만들어주는 시점으로서 다음의 세 가지 조건을 만족해야 합니다.

첫째, 대화가 막히는 순간입니다. 이것은 서로가 암묵적으로 동의한 순간이라고 볼 수 있습니다. 대화가 부드럽게 이어지고 있을 때에는 굳이 정보를 활용하려고 고민할 필요가 없습니다. 이때는 자연스럽게 흘러들어오는 정보를 모아야 합니다. 대화가 막히는 순간에 정보를 활용하여 대화를 이어가면 상대의 거부감을 줄일 수 있습니다. 상대도 대화가 막히는 것을 좋아할 리가 없기 때문입니다. 다만 상대의 거짓말을 간파하거나 상대를 굴복시키기 위한 목적이라면 대화가 막힌 순간에 얻은 정보를 활용하지 않고 상대가 더 많은 모순을 드러내기를 기다릴 수도 있습니다.

둘째, 정보의 입체적인 활용이 가능한 순간입니다. 상대의 정보를 충분히 수집하여 각각의 정보를 조합하고, 특별한 것으로 만들어 대화를 이어가면 상대는 더 깊은 친밀감을 느끼게 됩니다. 하지만 정보를 입체적으로 활용하기 위해 계속해서 기다리는 것만이 능사는 아닙니다. 대화의 목적은 관계 형성이기 때문에 서로 유사한 것을 발견하고 친밀감을 높이는데 정보를 이용할 수 있다면, 언제든 적절하다고 생각되는 때에 사용하는 것이 좋습니다.

셋째, 상대가 정보를 활용해주기를 바랄 때입니다. 원래 정보는 얻자마자 바로 활용하면 입체적으로 구성할 수가 없기 때문에 좋지 않지만, 상대가 말하고자 하는 바를 비치거나 눈에 띄는 무언가를 보일 때에는 그것을 바로 정보로 활용하여 질문하는 편이 좋습니다. 이렇게 하면 상대가 알아서 입체적으로 활용할 수 있는 추가 정보를 흘려줄 것입니다.

말하기에서 많은 사람들이 어려워하는 순간은 대화를 시작하는 순간입니다. 이것은 대화가 막히는 순간과 비슷합니다. 이 순간의 대화가 어려운 이유는 상호 신뢰가 쌓이지 않았기 때문이며, 서로 정보가 없어 대화를 어떻게 풀어나가야 할지 어렵게 느껴지기 때문이기도 합니다. 하지만 그 순간에도 외모부터 복장과 소품, 신체적 특징, 행동, 억양 등 아주 많은 정보를 수집할 수 있습니다. 이때 최대한 정보를 활용하여 대화를 진행하면서 또 다음 대화가 막히는 순간을 위해 계속 해서 정보를 수집해두어야 합니다.

직진하지 않고 돌려서 표현하는 센스

"와, 반지가 참 예쁜 것을 보니 남자친구 센스가 보통이 아니군요."

이런 칭찬은 왜 할까요? 정말 반지가 아름다워서? 상대의 남자친구가 부러워서? 진짜 이유는 (눈치를 채셨겠지만) 상대에게 남자친구가 있는지 확인하기 위해서입니다. 그렇다면 남자친구가 있는지 직접 묻는 것과는 어떤 차이점이 있을까요? 우선 남자친구에 대한 직접적인 질문은 이성 간의 대화에서 두 사람의 관계를 연애로 한정 지어버립니다. 애인이 있냐는 질문에 대한 대답이 "예스"라면 두 사람의 관계는 그걸로 끝입니다. 만약 "노"라 할지라도 상대에게 부담을 줍니다. 그러면 반지를 통해 남자친구 여부를 확인하고자 하는 예시의 문장은 어떤가요? 우선 반지가 있다는 것은 정보 수집의 결과입니다. 이것을 남자친구가 있을 수 있다고 해석했습니다. 덤으로 남자친구의 센스에 대한 칭찬은 남자친구가 있다면 문장 그대로 칭찬이 되고, 없다면 상대 여성을 직접 칭찬한 것이 됩니다. 심지어 상대 여성이 직접 골랐다는 사실도 몰랐으니 진심 어린 칭찬으로 받아들일 확률이 더 커집니다. 이 과정에서 당연히 상대의 마음은 더 열리겠지요.

그렇다면 이 문장을 들은 여성은 어떻게 대답할까요? 직접적으로 질문했을 때보다 더 많은 경우의 수가 존재합니다. 하지만 쉽게 예상할 수 있는 대표적인 답변을 두 가지로 구분해 보았습니다.

① 남자친구는요, 무슨. 홍대 앞에 지나가다가 그냥 예뻐서 샀어요.
② 아, 네. 감사합니다.

상대 여성의 반응은 가장 먼저 질문을 통해 정보를 수집하는 것부터 출발합니다. 그녀는 우선 상대가 자신을 솔로가 아니라고 판단하고 있다는 정보를 얻었습니다. 이 정보에 대한 반응을 통해 여성의 마음과 현재 상황을 확인할 수 있습니다.

①과 같은 답변이 돌아온다면 희망를 가져도 될 것 같군요. 남자친구가 없다는 상황을 먼저 적극적으로 이야기한 후 반지에 대해 설명하는 여성의 태도를 보면 이 여성이 질문자의

잘못된 정보를 빨리 수정하고 싶어 한다는 사실을 알 수 있습니다. 물론 이것만으로 두 사람이 잘되리라는 보장은 없지만 최소한 여성이 이성에 대한 마음을 열어두고 있음을 확인할 수 있습니다. 또한 이 여성은 자신이 가끔 홍대 쪽에 간다는 정보까지 주고 있습니다. 참 센스 있고 친절한 여성이군요.

②의 경우는 남자친구에 대한 어떤 정보도 담고 있지 않습니다. 그러면 질문자의 의도는 실패한 것일까요? 아닙니다. 이러한 대답에도 정보가 담겨 있습니다. 이 대답을 한 여성은 남자친구가 있다고 판단한 상대의 정보를 수정할 생각이 없습니다. 남자친구 유무에 대한 명확한 정보는 얻을 수 없지만 현재 여성의 마음 상태에 대한 정보를 얻을 수 있습니다. 아직은 거리를 두고 싶거나 부담스러워하고 있음을 알 수 있습니다. 어쩌면 단순히 말을 적게 하는 분일 수도 있습니다. 이런 부분은 대화를 통해 더 확인할 수도 있지만, 먼저 상대의 마음의 벽을 허무는 데 집중해야 할 것으로 보이는군요.

이처럼 정보를 수집하고 해석한 문장을 통해 단도직입적인 질문보다 유용한 정보를 더 많이 얻을 수 있습니다.

① **혹시 귀걸이 수제인가요? 패션에 대해 관심이 많으신가 봐요.**

② 아까 듣기로 홍대 쪽에 가끔 가시는 것 같던데, 그 귀걸이도 홍대에서 사셨나요? 수제인지 예술품 같네요. 패션에 대해 관심이 많으신가 봐요.

두 문장 모두 특별한 귀걸이라는 정보를 활용했습니다. 첫 번째 문장도 정보를 활용하여 특별한 귀걸이를 보이고 싶다는 욕구를 채워준 좋은 대화법이지만, 두 번째 문장은 홍대 쪽에 가끔 간다는, 예전에 미리 수집해두었던 정보를 함께 사용하여 훨씬 더 입체적인 문장을 만들어냈습니다. 이런 식으로 다양한 방법으로 수집했던 정보를 활용하여 말에 입체감을 주면 상대는 자신에게 관심을 갖는 것에 대해 호감이 생기고 대화는 한결 수월해집니다. 정보 중에는 상대가 드러내고 싶어 하는 것이 분명히 있습니다. 이런 부분을 중심으로 대화를 풀어나가면 좋습니다.

수집된 정보들을 조합하고 해석하여 대화에 활용할 때 사실과 다를까 봐 두려워할 필요는 없습니다. 왜냐하면 틀려도 이미 목적을 달성했기 때문입니다. 앞의 예시에서 귀걸이가 수제가 아니면 어떻습니까? 괜찮습니다. 상대가 평소보다 신경 썼거나 좋아하는 것을 화두로 던졌다는 것 자체로 의미가 있습니다. 만약 상대가 귀걸이에 신경 쓰지 않았는데 우연히 귀걸이가 눈에 띈 것이라 하더라도, 조그마한 소품까지 신경 써서 칭찬해준 사실만으로도 대화를 이어가는 데 도움이 될 것입니다. 그러니 절대로 걱정할 필요 없습니다. 자신감을 가지고 정보를 활용하세요.

정보를 수집하여 해석하고 대화에 활용한 예를 몇 가지 들어보겠습니다. 상대가 낀 반지는 가장 쉽게 수집할 수 있는 정보 중 하나입니다. 왼쪽 네 번째 손가락에 반지가 없는 경우 미혼이거나 애인이 없을 가능성이 크겠지요? 이 외에 상대가 주로 쓰는 어휘나 버릇으로도 추정할 수 있는 것이 많습니다. 해당 분야에 관련 지식이 있다면 더 다양하게 해석할 수 있습니다. 예를 들어서 상대가 'DB' 같은 컴퓨터 관련 용어를 쓰면서 매번 불려나간다는 불평을 했다면 서버 관리에 관련한 일을 할 가능성이 큽니다. 다른 IT 관계자는 그냥 퇴근을 못 하는 경우가 더 많으니까요. 남성적인 말투를 쓰는 30대의 여성인데 군인과 같은 강한 느낌이 아니라면 커리어우먼이고 관리직일 가능성이 있겠죠.

소품을 예로 들어볼까요? 상대가 쓰고 있는 펜이 만년필이라면 앤티크한 소품을 좋아하거나 오래된 것을 소중히 할 줄 아는 사람일 것입니다. 이런 경우에는 집에 타자기가 있거나 그런 물건에 관심이 있을 가능성이 큽니다. 그리고 노트를 꺼냈는데 '인내' '긍정'이라고 쓰여 있다면 열정적인 사람이라고 볼 수도 있지만 스트레스가 심한 상황에서 스스로를 다잡는 상태라고 추정해볼 수도 있겠군요.

만약 상대가 남성인데 차고 있는 시계가 연인의 선물이라는 정보를 얻었다면 두 사람의 관계를 유추해볼 수 있겠지요. 고가의 선물이니 연인이 직장인이고 사귄 기간은 짧지 않을 것이라고 생각해볼 수 있습니다. 연인의 선물이라고 말하는 상황에서 상대의 말투나 억양에 따라 두 사람의 현재 관계를 가늠해볼 수도 있겠습니다.

실제 상황이라면 훨씬 더 여러 곳에서 다양한 형태로 정보를 얻을 수 있습니다. 만약 정보를 수집하는 것이 너무 힘들거나 불가능하다면 일반적인 인상만으로 대화를 풀어나갈 수도 있습니다.

"요즘 야위어 보이는데 무슨 일 있어?"

이러한 질문으로 상대의 주의를 환기시킬 수 있습니다. 아무 일도 없다면 단지 오늘 더 날씬해 보였다는 말로 전환하여 칭찬할 수 있고, 정말로 무슨 일이 있다면 그 일에 대해 이야기를 나눌 수 있습니다. 친한 사이라면 다음처럼 대화를 시작할 수도 있습니다.

"오늘 화장 스타일이 좀 바뀐 것 같은데 신경 좀 썼네?"

만약 대화가 막힌 상황에서 상대가 "이번 학기에는 친구도 없으니 공부만 해야지."라고 말했다면 어떻게 이 정보를 활용할 수 있을까요? 우선 다음과 같이 기존의 정보를 해석하여 현재 상대의 상황과 마음을 파악해볼 수 있습니다. 먼저 친구가 없고 공부만 하겠다고 한 말에는 역설적으로 상대의 심리가 담겨 있습니다. 친구가 없으면 공부만 한다는 것은 친구가 있어야 공부 이외의 것을 할 수 있다는 의미이므로, 화자는 친구에게 의존도가 높은 성향이며 현재 친구가 없어서 외로운 상황임을 드러내고 있습니다. 휴학 혹은 다른 이유로 현재의 인간관계가 만족스럽지 않은 상태이며 마음속에 후회하는 마음이 있을지도 모른다고 추측할 수 있습니다.

"휴학했었나보네. 쉬는 동안 보람된 일 있었어?"

앞에서 얻은 정보를 이용해 위처럼 말해볼 수 있습니다. 물론 이런 말을 하기 위해 이미 수집해놓은 다른 정보들이 필요합니다. 일단 신입생은 아닌 대학생이라는 정보를 알고 있어야 하겠네요. 위의 대화에서 상대가 휴학하지 않았다면 어쩌죠? 당연히 아무 문제도 없습니다. 상대는 휴학하지는 않았지만 휴학하고 싶거나 휴학하지 못하는 이유에 대해 이야기해줄 것입니다. 또한 휴학했을 때의 보람을 물어보면 설사 휴학을 하지 않았더라도 그에 대한 많은 이야기를 들을 수 있습니다.

이처럼 말하기에서 정보의 활용은 대화가 부드럽게 이어지도록 도움을 줍니다. 이를 위해서는 상대를 관찰하고 정보를 수집하려는 노력이 필요합니다. 이렇게 해서 정보를 입체적으로 활용하며 대화를 능숙하게 이어간다면 상대에게 당연히 통찰력과 센스가 있다는 평가를 받을 것입니다.

점술가는 어떻게 과거를 척척 맞힐까

점술가가 고객의 정보를 예측 혹은 추측하는 기술은 크게 두 가지로 핫 리딩hot reading과 콜드 리딩cold reading이라고 합니다. 두 기술의 차이점은 간단히 말하자면 기초 정보의 유무입니다.

핫 리딩은 상대의 정보를 완벽히 알고 있는 상태로 상대를 현혹하는 방법입니다. 예를 들어 고객 몰래 고객의 SNS를 검색해서 그 정보를 읊는다면 핫 리딩인 셈입니다. 반면 콜드 리딩은 정보가 없는 상태에서 상대를 읽는 것입니다. 대단히 어려운 기술인 것처럼 들리지만, 실은 위에서 예로 들었던 정보를 읽고 해석하여 돌려주는 기술이 일종의 콜드 리딩이라고 볼 수 있습니다.

점술가들은 예측이 틀리는 것에 대한 리스크가 큽니다. 하지만 상대가 점을 보러왔다는 자체가 유리한 고지에 있다고 할 수 있습니다.

"어렸을 때 큰 사고 난 적 있지?"

만약 점술가가 위와 같이 질문했을 때, 있다고 하면 그때부터 무언가가 있었다는 말로 예측이 맞아떨어진 상황이 됩니다. 설사 없다고 해도 그때 나야 할 사고가 안 나서 지금까지 액땜이 안 되었다는 식으로 예측 성공 상황을 만들 수 있습니다. 실제로 분위기 연출과 당사자의 심리 상태 등이 맞물리면 점술가의 말이 더 큰 힘을 얻어 고객이 믿게끔 합니다.

예전에 우연히 손금을 잘 본다고 사람들에게 알려져서 정말 많은 사람의 손을 본 적이 있습니다. 그런데 실제로는 손금을 잘 보지도 못할뿐더러 배운 적도 없었습니다. 하지만 저에게는 한 가지 묘수가 있었습니다. 먼저 손금을 보러 온 사람에게 이렇게 질문했습니다.

"손금으로는 크게 네 가지를 알려줄 수 있어. 시간이 많지 않으니 우선 하나를 골라봐. 건강, 애정, 금전, 사회적 성공, 어떤 것을 알려줄까?"

눈치채셨지요? 이 질문은 상대가 어떤 고민을 가지고 있는지, 현재 어떤 상황인지 가늠하고자 하는 질문입니다. 나이나 표정 등으로 알 수 있는 외향적인 정보를 통해 더욱 입체적으로 해석할 수 있습니다. 상대에게 입체적으로 해석한 정보를 한 번 흘려보내면, 상대는 더 많은 정보를 쏟아냅니다. 만약 건강을 선택했다면 그에게는 전에 크게 아팠던 적이 있거나 부모님의 건강이 좋지 않을 가능성이 높으니, 그와 관련된 이야기를 하는 것이 효과적입니다. 만약 둘 다 아니라 하더라도 최소한 건강에 관심이 있는 상태이니 얼마든지 건강에 관한 주제로 이야기를 이끌어나갈 수 있습니다.

점술가와 고객의 관계에서는 해석을 기반으로 한 추측이 계속해서 틀릴 경우 고객이 실망하고 환불을 요구할지도 모릅니다. 반면 일반적인 대화에서의 콜드 리딩은 이보다 더 효과가 좋고 리스크는 적습니다. 일반인의 경우 정보의 해석이나 추측이 틀린다고 해서 상대가 실망하지 않기 때문입니다. 돈을 받은 것도 아니고 맞춰야 할 의무도 없습니다. 오히려 관심을 기울여준 데에 고마워하고 사실과 다른 부분이 있다면 수정해주고 싶을 것입니다. 상대가 대화에 주체성을 가지고 참여하도록 만드는 기회가 될 수도 있습니다. 물론 예의가 없는 추측을 한다거나 계속 틀린 해석만 늘어놓으면 다시 보기 힘든 사람이라는 평가를 받겠지요.

대화를 하면서 정보를 모으고 그것을 입체적으로 활용하다보면 자연스럽게 핫 리딩과 콜드 리딩을 함께 사용하게 됩니다. 경청을 통해 기존에 상대가 했던 말을 기억해두고 활용하는 것을 핫 리딩으로 볼 수 있겠지요.

소개팅과 같은 만남의 순간을 예로 들어봅시다. 상대의 SNS 사진이나 대화를 통해 상대가 아이스크림을 좋아한다는 것을 알게 되었습니다. 이 정보를 바로 활용해서 "아이스크림 좋아하시죠?"라고 물어보는 것도 물론 나쁘지 않은 선택이지만, 사는 지역과 활동 반경에 대한 정보를 입체적으로 구성한 뒤 단골집을 예측해서 소개해준다거나 공통점을 만들어서 돌려주면 상대의 마음을 여는 데 더 큰 힘을 발휘할 것입니다. 자신이 이미 했던 말이라는 사실은 잊고 대화가 잘 통한다거나 공통점이 많다는 좋은 착각을 하게 만들 테니까요.

말버릇에서
드러나는 잠재의식

자신감을 연기하다

말을 잘하기 위해서는 말재주가 뛰어난 사람을 많이 접해 볼 필요가 있습니다. 그들의 능력을 직접 보고 간접적으로 배우면서 말하는 실력을 키울 수 있습니다. 하지만 보고 듣는 것만으로는 쉽게 배울 수 없는 말을 잘하는 그들만의 공통점이 있습니다. 그것은 바로 자신감입니다.

말을 잘하는 사람은 모두 자신감이 있어 보입니다. 억양이나 말의 내용, 제스처 등 말하는 기술은 따라 할 수 있어도 자신감을 갖기는 참으로 어렵게 느껴집니다. 자신감은 마음속 깊은 곳에 이미 정해진 어떤 것이라고 생각하기 때문입니다. 하지만 자신감도 억양이나 제스처처럼 따라 하며 익힐 수 있습니다. 왜냐하면 자신감에 가득 차 말을 잘하는 사람도 사실은 자신감에 찬 모습을 '연기'하는 것이기 때문입니다.

물론 실제로 자신감에 찬 능력자도 일부 있겠지만 그들도 처음부터 항상 자신감이 충만하지는 않았습니다. 만약 항상 자신감에 차 있었다면 그런 모습을 연기하고 있다는 사실조차 잊을 정도로 연기에 몰입했기 때문입니다. 자신감이 있는 사람을 벤치마킹할 때는 그 사람의 강한 마음을 동경할 것이 아니라 저렇게 완벽에 가깝게 연기하려고 노력하는 모습과 태도를 동경해야 합니다.

사실 자신감은 능력보다는 감정과 같습니다. 기복이 생길 수밖에 없고 가끔은 아예 사라져버릴 때도 있습니다. 하지만 능력은 기복 없이 언제든 사용할 수 있습니다. 따라서 능력으로서 자신감을 장착하고 싶다면, 자신감이라는 감정을 얻기 위해 노력하기보다 감정을 컨트롤하는 연습을 하는 것이 더욱 효과적입니다. 즉, 말을 잘하는 데는 자신감이 아니라 자신감이 '있어 보이는 것'이 필요합니다.

자는 사람은 깨울 수 있어도 자는 척하는 사람은 깨울 수 없다는 말이 있습니다. 자신감이 있는 사람이 어떠한 계기로 불안에 휩싸여 자신감이 없어졌다면, 그로 인해 그 사람의 부족한 모습이 그대로 드러날 것입니다. 반면에 불안을 이해하고 자신감이 있는 모습으로 보이기 위해 노력한다면 불안에 휩싸이더라도 자기 중심을 지키며 당당한 태도로 말할 수 있을 것입니다. 이처럼 자신감을 다루기 위해서는 먼저 자신감을 저해하는 요소에 대해 이해할 필요가 있습니다. 자신감을 저해하는 요소에는 불안, 자만, 좌절이 있습니다. 자신감을 연기하는 훌륭한 배우가 되기 위해서는 이들을 이겨내야 합니다. 자신감을 떨어뜨리는 요소를 잘 다루어 없앨 수 있다면, 여러분은 훌륭한 배우, 나아가 정말 자신감이 있는 사람이 될 수 있습니다. 이제부터 불안과 더불어 불안의 감정을 일으키는 자만, 좌절과 같은 감정을 어떻게 이해하고 다룰 수 있는지 알려드리겠습니다.

자신을 한계에 가두는 생각

우리는 살면서 수많은 선택의 기로에 서게 됩니다. 순간적으로 판단하여 선택해야 하는 상황도 있고, 몇 년 동안 고민해야 하는 경우도 있습니다. 말하기는 순간적인 판단으로 선택을 하는 과정의 연속입니다. 그런데 모든 '선택'에는 후회가 잠재되어 있습니다. 선택하지 않은 것이 있기 때문입니다. 우리는 많은 후회를 경험해보았기 때문에 선택을 하기 전에 불안을 느낍니다. 또한 상황이 바뀌거나 낯선 상황에서도 불안을 느끼기는 마찬가지입니다. 새로운 사람을 만나거나 여럿이 모인 자리에 자신을 드러내거나 심지어 사랑이 시작되는 순간에도 우리는 불안합니다. 새롭거나 낯선 상황에서의 선택은 더 확신이 없기 때문입니다. '수없이 많은 상황에서 과연 나는 최선을 선택할 수 있을까?' 이런 걱정을 무의식적으로라도 하게 되지요.

하지만 선택에 대한 두려움이 불안으로 마음속 깊이 자리 잡으면 앞으로 나아갈 수 없습니다. 자신이 한 선택의 결과가 실망스럽더라도, 최선이었다고 생각하고 다시 새로운 선택의 순간을 마주하면 됩니다. 도망치려 하기 때문에 불안해지는 것입니다. 선택을 두려워하지 마세요. 기회는 계속 주어질 것이고 선택과 시도에 대한 두려움만 없다면 계속 나아질 것입니다.

우리에게 불안을 일으키는 버릇이 세 가지 있습니다. 그것들은 선택을 주저하게 만들고 자신감을 저하시키는 해로운 습관입니다. 그 세 가지의 버릇은 성급한 단정, 너무 큰 기대,

부정적인 상상입니다.

첫 번째, '성급한 단정'은 과거의 자신에게 발목이 잡힌 사람들이 하는 변명입니다. 승부에서 졌다고 패배자가 아닙니다. 다시 도전하면 되니까요. 하지만 스스로 패배자라고 생각하면 정말로 패배자가 됩니다. 자신의 한계를 규정해버리면 더 이상 나아갈 수 없습니다.

'나는 내성적인 사람이야. 그래서 원래 남 앞에 나설 수 없어.'
'나는 워낙 솔직해서 가끔 말실수를 해.'
'나는 원래 말을 잘하는데 처음 만나는 사람과는 말을 잘 못하겠어.'

혹시 이런 생각으로 자신을 재단해버린 것은 아닙니까? 불안한 마음에 자신을 어떤 사람이라고 규정지어버리면 그 이상의 일을 하기 어려워집니다. 그러면 다시 불안한 마음이 커지는 악순환이 시작됩니다.

처음부터 모든 것을 잘하는 사람은 없습니다. 자신만 부족한 부분이 있다면 그에 대한 자신의 노력이나 관심이 적었다고 생각해야 합니다. 욕망이 있지만 거기에서 그치는 사람과 그 욕망을 위해 노력하는 사람은 분명히 다릅니다. 물론 더 효율적인 길이 있겠지만, 가장 먼저 자신에게 붙은 꼬리표를 다 떼고 자신을 편견 없이 바라봐야 합니다.

몇몇 사람은 자신을 한정 짓고 타인을 재단하는 데 혈액형 이론을 이용합니다. 1948년 미국의 심리학자인 버트럼 포러 Bertram Forer가 이 혈액형에 대해 재미있는 실험을 했습니다. 혈액형별로 자신의 성격을 설명한 자료라고 나누어주고 얼마나 자신을 잘 설명했는지 물어봤습니 다. 각 혈액형에 해당하는 참가자는 대부분 잘 설명되어 있다고 대답했습니다. 하지만 그 자료는 모든 혈액형이 동일한 내용으로 작성된 것이었습니다. 이것은 혈액형뿐만 아니라 다른 성격테스트에서도 동일하게 적용됩니다. 그 이후로도 많은 유사 실험에서 이와 같은 결과가 나왔습니다. 이렇게 사람들이 보편적으로 가지고 있는 심리적 특징을 자신만의 특성으로 여기는 심리를 포러 효과Forer effect 또는 바넘 효과Barnum effect라고 합니다. 이제껏 누구나 보편적으로 지니고 있는 불안이나 두려움을 자신만이 느끼는 것이라고 생각하고 자신의 한계를 규정지었다면, 이제는 그런 것들을 바꿔나가야 합니다.

'성급한 단정'은 대화하는 상대가 어떤 사람일 것이라고 지레짐작하여 대화의 수준과 패턴을 미리 정하는 등 여러 부정적인 영향을 미치기도 합니다. 그러면서 확인 과정을 거치지 않았음에도 상대에게 자신의 생각이 잘 전달되고 있다고 착각합니다. 우연히 대화의 수준이 맞거나 대화가 통했다면 괜찮겠지만, 그럴 확률은 낮습니다.

이보다 더 큰 문제는 상대를 잘못 판단했을 때 그것을 돌이키기가 어렵다는 데 있습니다. 예를 들어 근거가 미약한 자신의 성급한 판단으로 친구가 될 수도 있었던 사람과 거리가 생기고, 반대로 사기꾼을 철석같이 믿는 일도 생겨날 수 있습니다. 사기를 칠 정도의 사람이라면 오히려 그런 일반화의 요소들을 잘 알고 있기 때문에, 지레짐작하는 사람들의 마음에 쏙 들도록 행동할 수 있습니다. 반대로 진실한 사람인데 지레짐작으로 인해 오해를 받을 수도 있습니다.

이처럼 겉모습이나 혈액형 같은 일부 정보로 상대를 모두 파악할 수 있다는 생각은 대개 상대를 파악하려는 노력이 힘들거나 또는 그럴 능력이 안 되거나 모르는 상대를 대하는 상황에 두려움을 느끼는 사람이 가진 환상일 뿐입니다.

두 번째, '너무 큰 기대'는 자신과 주변 사람 모두를 지치게 만드는 기준입니다. 자신만의 기준을 세워 지키는 것은 좋은 일입니다. 하지만 그것이 과하면 문제가 됩니다. 기대가 너무 크면 그에 따라 기준도 높아집니다. 스스로 만든 기준에 얽매여 해야 하는 것과 하지 말아야 할 것이 늘어나고, 이는 유연한 사고가 필요한 말하기에서 치명적인 단점이 됩니다.

대화는 매 순간 변화하는 상황과 상대의 마음을 확인하고 대처하며 관계를 이어가는 수준 높은 활동입니다. 당연히 기대하는 대로 흘러가지 않습니다. 그래서 자신에게 너무 큰 기대를 하면 사고가 경직될 수 있습니다. 기대가 높을수록 사고는 경직되고, 변화하는 상황에 따라 빠르게 대처하지 못합니다. 그러면 불안해집니다. 반대로 자신이 아니라 타인에게 너무 큰 기대를 하는 것도 말하기에 있어서 더 큰 단점으로 작용합니다. 타인에게 완벽을 기대하면 결국 혼자가 됩니다. 자신만의 기준을 세워 상대에게 일방적으로 기대하거나 평가한다면, 상대를 불안하게 만들고 이로 인해 주변에 말할 대상이 없어지게 됩니다.

세 번째, '부정적인 상상'은 서서히 자신과 주변을 옭아매는 독이 됩니다. 말을 하다 보면 몇 번 실수할 수도 있습니다. 닥칠 일을 대비한다는 의미에서 위험 요소를 고려하는 것은 안전을 위해 필요한 일입니다. 하지만 안 될 일부터 생각하면 움직일 수 없습니다. 이런 행위는 스스로 불안을 불러일으킵니다. 이보다 더 최악일 수 없다고 생각되는 상황이 와도 인생이 끝장나지는 않습니다. 언제든 새로운 기회가 있고 실수를 했더라도 그것을 통해 얻는 것이 있습니다. 근거 없이 계속 부정적으로만 생각하다 보면 버릇이 되어버리니, 만약 이런 생각이 머릿속에 자리 잡고 있다면 지금 당장 바꾸려고 애써야 합니다. 부정적인 생각으로 불안해하는 동안 주변 사람들은 그런 당신에게 지쳐 등을 돌릴지도 모릅니다.

불안을 일으키는 세 가지는 모두 현실적이지 않은 것들입니다. 머릿속에 불안이 가득 찼을 때에는 상상이 당장 눈앞에 벌어질 것처럼 느껴지지만, 잠시만 생각해보면 아무것도 일어나지 않았다는 사실을 알 수 있습니다. 상대나 자신을 규정하지 말고 눈앞의 현실을 있는 그대로 받아들인다면 불안감을 충분히 이겨낼 수 있습니다.

'할 수 있다'고 반복하라

기억은 과거의 일에 대한 것이지만 여러 가지 모습으로 현재의 나에게 영향을 미칩니다. 행복감을 주기도 하고 낯선 상황에 처했을 때 행동할 기준을 마련해주기도 합니다. 그러나 일부 기억은 마음에 큰 상처로 남아 우리를 괴롭히며 새로운 상황에서 더 쉽게 좌절하게 만들고는 합니다. 다시 상처받을지 모른다는 두려움이 존재하기 때문입니다. 그래서 쉽게 좌절하는 사람을 살펴보면 불안해서 부정적인 결과를 합리화하는 경향을 보이는 경우가 많습니다.

"어차피 안 될 일이었어. 차라리 시간 아끼고 잘됐지."

과거에 비슷한 노력을 했는데 이루지 못했던 기억 때문에 현실에서도 좌절한 경우에 이런 말을 하곤 합니다. 좌절감을 감추기 위해 스스로 위안하고 있지만, 실은 상처를 묵혀두는 것과 같습니다. 좌절을 합리화해버리는 경우입니다.

"부모님이 날 너무 숨 막히게 했어. 내가 원하던 삶은 이게 아니야."

혹시라도 이런 생각을 하고 있다면 당장 삶의 중심을 자신에게로 가져와야 합니다. 부모님을 포함하여 자신이 아닌 다른 존재가 본인이 좌절했던 기억에 핑계를 대기 위한 대상이 된다면 발전하기 어렵습니다. 그들로 인해 힘들고 어려운 시기를 겪었던 경험이 있더라도 결과적으로 자신의 삶의 주체는 자신입니다. 과거에 어떤 일이 있었더라도 그것을 현재까지 끌어들여 계속 자신을 괴롭히게 놔두어서는 안 됩니다.

"그렇게까지 해야 해? 안 하고 말지."

무언가 도전했다가 실패하고 다시 도전하려고 할 때 같은 실패를 맛볼까 봐 두려워합니다. 위의 말을 어떤 상황에서 했는지 모르지만, 대개는 '그렇게까지' 해야 합니다. 시작을 하지 않았다면 몰라도 결과를 내려면 과거에 실패했던 기억을 딛고 일어나야 합니다. 실패를 두려워하면 안 됩니다.

"나는 할 만큼 했어."

위의 말도 비슷합니다. 스스로 만족한 것처럼 포장하지만 실은 도망가려는 태도를 보여줍니다.

이제까지 좌절하는 이유를 살펴보면 과거의 기억이 가장 큰 부분을 차지합니다. 귀찮다거나 스스로를 합리화하거나 또는 핑계로 포장하려고 해도, 과거의 기억으로 인한 두려움이 근본적 원인이라는 사실을 알 수 있습니다. 과거에 겪었던 좌절이 반복될까 봐, 지금 나의 노력이 빛을 보지 못할까 봐, 자신의 잘못을 인정하게 될까 봐 등의 두려움이 있더라도, 이를 인정하고 떨쳐내야 합니다. 이런 좌절감을 가진 사람들은 얼핏 보면 멋져 보일 수도 있습니다. 스스로를 객관적으로 평가해, 할 수 있는 일과 할 수 없는 일을 구분하니 효율적으로 보일 수도 있습니다. 하지만 이런 사람들과는 관계를 오래 유지하기 힘듭니다. 또한 두려움을 감추는 것을 (심지어 자신에게까지) 많이 해왔기 때문에 자신을 쉽게 오픈하지 못합니다. 그것은 상대를 읽는 데 서툴다는 이야기가 됩니다. 그리고 고쳐서 쓰려는 노력은 하지 않고 망가진 것을 보면 도망가려는 성향이 있습니다. 스스로 발전할 기회도 잃습니다. 마지막 한 번 더 시도하면 분명히 성장할 수 있는데 항상 그 전에 멈춰버립니다. 그리고 또 자신을 합리화합니다. 이제는 그런 합리화 대신 다음과 같이 생각해보시기 바랍니다.

"나를 좌절시켰던 것이 나에게는 큰 고통이었지만 누구라도 겪을 수 있는 일이었다. 그리고 이겨낼 수 있는 일이다."
"나는 과거의 내가 아니다."
"한 번 겪어봤으니 이번에는 다르다. 이번에 실패하더라도 다음에 더 잘하려면 끝까지 해보자."

스스로 마음속에 있는 근원적인 두려움을 이해하고 떨쳐낼 수 있다면 분명 큰 발전을 이룰 수 있습니다.

나는 말을 잘한다는 착각

많은 사람이 말하기에 필요한 자신감을 저해하는 요소를 찾을 때 불안이나 좌절은 쉽게 떠올리지만 자만에 대해서는 잘 생각하지 못합니다. 또한 자만으로 인해 말을 못하는 사람의 경우 자신이 말을 잘하고 있다고 착각하는 사람이 대부분이기 때문에 개선하거나 발전하려는 의지가 없습니다. 따라서 다른 심리적 상태에 비해 가장 까다로운 문제를 가지고 있다고 할 수 있습니다.

자만은 과도한 자신감이 아닙니다. 오히려 근거 없는 자신감에 가깝습니다. 즉, 현실에 대한 이해가 부족하다는 뜻입니다. 자신의 뛰어남에 취해서 그것을 마음껏 드러내는 경우도 있지만, 오히려 두려움에서 발생하는 경우가 많습니다. 변화에 대한 두려움이나 상대를 알지 못해 방어적으로 자신을 먼저 내세우려는 마음처럼 실은 약한 마음에서 출발하는 감정입니다. 그러나 이를 인정하는 사람은 거의 없습니다. 따라서 자만하는 사람은 자신의 공포를 인정하지 않고 변하고 싶다고 말하면서도 정작 변하기 위해서 노력하는 사람은 드뭅니다. 자만은 자신의 모습을 고수하게 만드는데, 다음 세 가지 모습으로 파생됩니다.

첫째, 솔직함에 대한 착각입니다. 무례하거나 남을 배려하지 않는 것을 솔직함이라고 생각해버리는 것입니다. 얼핏 보기엔 솔직함이 매력적으로 비칠 수 있지만, 배려가 부족한 사람과의 대화가 마냥 즐거울 수는 없습니다. 둘째, 자신의 현재 모습이 운명적이라고 생각하는 것입니다. 자신의 말하기가 타고났다는 착각도 여기에 포함됩니다. 자신감을 갖는 데 도움이 되기도 하지만, 원래부터 이런 모습이었다고 여기며 자신을 경직시키고 주변 사람들을 떠나게 만드는 요인이 됩니다. 셋째, 주변인을 무시하는 행동입니다. 자신의 뛰어남을 돋보이게 하기 위해 주변 사람을 낮추는 대단히 비겁한 심리입니다. 자만 중에 가장 약한 심리적 상태라고 볼 수 있습니다. 자만은 결국 그 자신을 외톨이로 만듭니다. 단점에 대한 이야기는 듣지 않고 자신이 옳다고 하면서 잘못된 점을 고치려 하지 않으니 당연히 대화 상대가 그의 곁에서 사라지겠지요.

이런 성향으로 인해 자만하는 사람들은 남을 대할 때 솔직하다고 자부하면서 상대를 거침없이 지적하는 경우가 많습니다. 반면 좋은 이야기는 아끼죠. 또한 자신에 대해 솔직한 평가는 못 참으면서 그런 자신의 태도를 솔직하다고 평가합니다. 예를 들어 상대에게는 쉽게 "너 오늘 화장이 이상한데?"라고 지적하고 좋은 부분은 이야기하지 않으면서 자신이 그런 말을 들었을 때는 기분 나빠합니다. 이런 행위를 반대로 할 수 있도록 노력해야 합니다. 다른 사람이 남의 단점을 지적하지 않는 건 보이지 않아서가 아닙니다. 자신의 생각이 틀리거나 단지 그 사람과 내가 다른 것일 수 있다고 생각하기 때문입니다. 다른 사람의 단점이 많이 보여 주변 사람이 부족하다고 느껴진다면 실은 자신의 자만심이 문제인 경우가 많습니다.

이런 자만심은 스스로 깨닫기 어려우므로 극복하기도 힘듭니다. 자만하는 사람에게 솔직한 말을 해줄 수 있는 사람도 많지 않고, 솔직한 그들의 이야기가 제대로 전달되기도 어렵습니다. 하지만 스스로 자만했다는 사실을 깨닫고 상대를 존중한다면, 주변 사람들도 솔직하게 그를 대할 것입니다.

자만을 이겨내는 방법은 간단합니다. 상대를 존중하고 그들의 말에 귀를 기울이면 됩니다. 그 과정에서 자신을 객관적으로 바라볼 수 있게 됩니다. 자신이 자만했었다는 사실을 인지하는 것만으로도 큰 해결책이 됩니다. 다만 이 기억이 좌절로 이어지는 경우도 있으니 주의해야 합니다. 한번 잘못한 다음에는 또 기회가 주어진다면 더 잘할 수 있습니다. 자신을 객관적으로 바라보고 도망가지 않는다면 말입니다.

약점을 숨기려다 생긴 나쁜 말버릇

상대의 말투만 듣고도 그 상대를 꿰뚫어볼 수 있는 사람이 있습니다. 이는 상대의 잠재의식과 자기애를 파악할 수 있어 가능한 일입니다. 하지만 잠재의식과 자기애는 우리가 말할 때 불안해하며 나쁜 버릇을 만들어내는 이유이기도 합니다. 여기에서 다룰 잠재의식과 자기애에 대한 내용은 대화하기 불편한 상대를 이해하며, 혹시 자신에게도 그러한 면이 있지 않은지 점검해볼 수 있도록 도울 것입니다.

우리가 자신감을 가질 수 없도록 방해하는 불안의 감정은 자만이나 좌절의 기억으로 인해 발생합니다. 또 반대로 두렵고 불안했던 기억 때문에 자만하거나 좌절하기도 합니다. 이처럼 불안과 자만, 좌절로 인한 기억은 우리의 잠재의식과 표층의식에 남아 자기애와 자신감에 영향을 미칩니다. 따라서 말할 때 자기애와 자신감을 어떻게 드러내는지 보면 상대의 잠재의식과 현재 상황의 원인을 엿볼 수 있습니다. 마치 상대의 심리와 과거 경험까지 꿰뚫어볼 수 있는 초능력과 같이 매우 유용한 기술입니다. 이를 위해 먼저 잠재의식과 표층의식에 대해 간단하게 정리해보겠습니다.

표층의식은 우리가 의식하고 있는 것을 말합니다. 다른 동물들과 비교하여 인간에게 특별히 발달한 대뇌피질에 위치하여 이성이나 지성을 관장하는 부분입니다. 의식 또는 현재의 식이라고 표현하기도 합니다. 겉으로 드러나는 표현 방식이나 행동, 태도에서 느낄 수 있는 생각이나 감정을 뜻합니다.

반대로 잠재의식은 드러나지 않고 숨겨져 있는 의식을 뜻합니다. 이것도 대뇌피질에 위치하며 본능적인 행동이나 자율신경을 관할합니다. 무심코 행동했다가 후회했던 기억이 있다면 그 행동은 바로 이 잠재의식의 영향을 받았다고 볼 수 있습니다.

자기애 과잉이나 부족이 잠재의식에 머물러 있는지 또는 표층의식으로 드러나는지에 따라 말하는 태도가 달라집니다. 자기애는 자신의 가치를 높이고자 하는 마음에서 생기는 자신에 대한 사랑입니다. 이런 감정은 과거의 경험이나 심리적인 원인으로 형성되며, 자신감과 말하는 방식에 큰 영향을 미칩니다. 이런 잠재의식과 자기애의 수준에 따라 사람을 네 가지 유형으로 나눌 수 있습니다.

자기애의 수준과 그것이 드러나는 의식에 따른 네 가지 유형

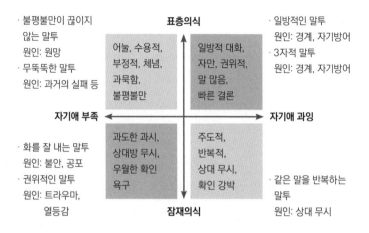

- · 불평불만이 끊이지 않는 말투
  원인: 원망
- · 무뚝뚝한 말투
  원인: 과거의 실패 등

표층의식

어눌, 수용적, 부정적, 체념, 과묵함, 불평불만

일방적 대화, 자만, 권위적, 말 많음, 빠른 결론

- · 일방적인 말투
  원인: 경계, 자기방어
- · 3자적 말투
  원인: 경계, 자기방어

자기애 부족 ← → 자기애 과잉

- · 화를 잘 내는 말투
  원인: 불안, 공포
- · 권위적인 말투
  원인: 트라우마, 열등감

과도한 과시, 상대방 무시, 우월한 확인 욕구

주도적, 반복적, 상대 무시, 확인 강박

- · 같은 말을 반복하는 말투
  원인: 상대 무시

잠재의식

첫째, 표층의식에 자기애 과잉이 드러나는 유형입니다. 이러한 유형은 보통 일방적인 말투를 구사합니다. 권위적인 태도를 취하기 좋아하고 말을 많이 하는 반면 빠르게 결론을 내리는 것이 특징입니다. 이렇게 행동하는 이유는 자신의 부족함이 드러나거나 타인에게 상처를 입을지도 모른다는 두려움에서 생겨나는 타인에 대한 경계와 자기방어적인 심리 때문입니다. 이 유형의 사람은 과거에 주변의 과도한 기대에 압박을 받았거나 타인에게 큰 실망감을 겪었을 가능성이 높습니다.

이러한 유형의 사람은 타인에게 자신이 완벽해보일 것이라고 생각하지만, 실은 배려심이 없거나 정서적으로 연약한 사람으로 비칩니다. 만약 자신이 이러한 유형이라고 판단되면 되도록 말을 줄이고 상대의 말을 잘 듣고, 편하게 상대를 대하는 연습을 해봅시다. 그러면 상대를 알아가는 즐거움을 느낄 수 있습니다. 그것이 오히려 자신의 가치를 높이는 일이 될 것입니다.

둘째, 자기애 과잉이 잠재의식에 감추어져 있는 유형입니다. 이러한 유형은 다른 유형에 비해 같은 말을 반복하는 경우가 많습니다. 그 이유는 자신의 말이 상대에게 잘 전달되었는지 확인해야 한다는 강박이 있기 때문입니다. 따라서 주도적인 태도로 상대를 대하며, 설명하기를 좋아하는 경우가 많습니다. 반면에 겉으로 드러나지는 않지만 약간은 상대를 무시하는 심리가 있습니다. 표층의식에 자기애가 나타나는 사람보다 더 깊이 자신을 사랑하기 때문에 자신의 가치를 높이고자 하는 마음이 겉으로 드러나지 않더라도 매우 높습니다.

이 유형의 사람이 자기애가 높은 이유는 꾸준히 이룩한 성공 때문입니다. 물론 여러 가지로 성공을 이룬 사람이 꼭 과잉된 자기애를 갖고 있는 것은 아닙니다. 오히려 성공을 확인받고 싶기 때문에 자신보다 못하다고 생각되는 사람을 주변에 두어 가르치려고 합니다. 이 유형의 사람은 자기애 과잉이 겉으로 드러나는 첫 번째 유형의 성격을 동시에 지니고 있기도 합니다.

만약 자신이 이러한 유형이라고 판단된다면 많은 사람을 살피고 상대가 어떠한 심리인지 파악하는 훈련을 하는 것이 중요합니다. 자칫하면 다른 사람을 가르치려는 태도와 반복적인 말투 때문에 권위적인 사람으로 보일 수 있기 때문입니다.

셋째, 표층의식에 자기애 부족이 드러나는 유형입니다. 이러한 유형은 수용적이거나 말투가 어눌한 경우가 많습니다. 말하는 것 자체를 피하려 하기 때문에 자신감이 없다는 평가를 듣습니다. 이러한 유형의 성격을 지니게 된 원인은 과거의 실패 때문인 경우가 많습니다. 좌절했던 기억으로 말을 잘 하지 않게 되고, 그러다 보면 말하는 행위에 대한 자신감을 잃어버립니다. 점점 더 과묵해지지만 마음속에는 누구보다도 말을 잘하고 싶은 욕구가 강하게 자리하고 있는 타입입니다. 반면 이 유형의 사람 중에는 끝없이 불평불만을 늘어놓는 사람도 있습니다. 이 경우 대부분 자신이 아닌 주변에서 원망의 대상을 찾으며 그 대상은 다양합니다.

만약 자신이 이러한 유형이라면 과거의 기억에 얽매이거나 남 탓을 하는 마음을 빨리 떨쳐버려야 합니다. 자신이 그렇게 헛걸음하는 동안 다른 사람은 과거에 얽매이지 않고 현재를 살아가면서 말하기 능력도 함께 키우고 있습니다. 이러한 유형의 사람은 과거의 경험이 결과가 아니라 과정임을 반드시 이해하고 기억해야 합니다. 그래서 자신의 삶에서 무엇이든 자신이 직접 결정할 수 있다는 사실을 잊지 않는 것이 말하기 능력을 키우는 데 도움이 될 것입니다.

넷째, 잠재의식에서 자기애가 부족한 유형입니다. 이러한 유형은 자기애가 부족해서 오히려 과도하게 자신을 과시하고 상대방을 무시하며 우월함을 확인하고자 합니다. 표층의식에 자기애 과잉이 나타나는 것으로 보일 수도 있지만, 사실은 잠재의식에서 자기애가 부족하기 때문에 강한 사람을 흉내 내려고 애쓰는 것입니다. 따라서 자신이 자기애가 부족하다는 것을 인정하지 않으려 합니다.

이 유형은 분노를 자주 표출하고 권위적인 말투를 쓰는데, 이는 열등감과 트라우마로 인해 내면에 불안과 공포가 자리하고 있기 때문입니다. 표층의식을 통해 자기애의 부족을 드러내는 유형이 과거의 실패를 겪고 점점 더 말하지 않아 과묵해지는 것과는 반대로, 이 유형의 사람들은 그것을 마음속 깊이 간직하면서 자신감이 부족한 사람으로 비춰지는 것을 두려워하고, 우월함을 확인하려 애를 씁니다. 하지만 트라우마 때문에 결정적인 순간에 다시 좌절을 겪는 경우가 많습니다.

만약 자신이 이러한 유형이라고 생각된다면 그 사실을 안 것만으로도 한 단계 발전했다고 볼 수 있습니다. 이 유형은 자신을 똑바로 이해하기를 두려워합니다. 하지만 자신을 바로 보고 자신감과 불안을 극복한다면 말하기 능력 향상에 큰 도움이 될 것입니다.

위에서 분류한 유형의 특성들은 한 사람에게서 중복되어 나타날 수 있습니다. 특히 표층의식에 자기애가 넘치는 유형과 잠재의식에 자기애가 부족한 유형은 실제로 증상이 많이 겹쳐서, 두 유형의 태도가 비슷하게 나타나기도 합니다.

지금까지 자기애와 의식에서의 표출 방법에 따른 유형을 알아보았습니다. 이는 말하는 태도와 직결되기 때문에, 만약 자신의 말하기에 부족함이 있다고 생각한다면 자신의 의식과 자기애 부분을 꼭 점검해 보시기 바랍니다. 이는 여러분이 더 다양한 사람들을 편하게 만나고 상대의 특성을 빨리 파악하여 상대와 친분을 맺는 데 도움을 줄 것입니다.

말수가 적은데도
분위기를 주도하는 사람

사람이 많아질수록 대화가 어려운 이유

여러분도 여러 명이 모인 자리에서 말하다가 낭패를 본 기억이 있나요? 여럿이 모인 자리에서 존재감을 드러내기 위해 말을 많이 하다가 두고두고 후회할 기억을 만들었거나, 그런 기억 때문에 여럿이 모인 자리에서 거의 말을 못 하고 있다가 혼자가 되었을 때 소극적인 자신을 책망해본 기억이 있으신가요? 실은 많은 사람이 여럿이 모인 자리에서 말하는 것을 어려워하고 위와 비슷한 기억을 가지고 있습니다.

여러 사람 앞에서 말하기가 어려운 이유는 '언어, 기회, 마음'을 주고받을 상대가 여러 명이기 때문입니다. 상대의 반응을 살피기 힘들고, 기회를 주기는커녕 얻는 것도 어렵고, 그러다 보니 말하고자 하는 마음이 없어지거나 과욕을 부려 섣부른 말을 하다가 후회할 확률도 높습니다. 당연히 미리 준비하는 것도 쉽지 않습니다.

여러 사람 앞에서 말을 잘하는 방법을 배우는 것은 자신의 생각을 잘 전달하기 위해서뿐만 아니라 존재감을 높이기 위한 목적도 있습니다. 사람들이 자신의 말에 귀 기울이고 자신의 의견을 중요하게 평가했으면 좋겠다는 욕구가 반영된 것입니다.

앞에서 이야기했던 말하기의 세 가지 특성처럼, 매슬로우의 욕구 단계 이론에 따르면 인간에게는 타고난 욕구가 있고 이를 가장 낮은 단계의 생리적 욕구부터 순서대로 안전의 욕구, 사회적 욕구, 존경의 욕구, 마지막으로 가장 높은 차원의 자아실현의 욕구까지 총 다섯 단계로 나뉩니다. 인간의 욕구는 낮은 단계에서 시작해서 그것이 충족되어야 그 다음 높은 단계의 욕구가 발생하는 구조라고도 합니다.

이 다섯 단계의 욕구 중 세 번째 단계가 애정과 공감의 욕구인데 이것은 타인과의 소통을 통해 해소될 수 있습니다. 그보다 한 단계 높은 것이 존경받고자 하는 욕구입니다. 여러 사람 앞에서 말을 잘하고 싶어 하는 마음은 바로 이 욕구 때문이라고 볼 수 있습니다. 소통하는 데 어려움이 없어지면 존경받고 싶은 마음이 생긴다고 해석할 수도 있습니다. 단순히 말을 뱉는 것이 목적이라면 그것은 생리적 욕구 단계에 머무는 것이나 다름없습니다. 자신감 있게 상대와 대화를 주고받을 때 애정과 공감의 욕구가 해소될 수 있습니다.

하지만 한 사람과의 대화와 달리 여럿이 모인 자리에서의 대화는 단지 친하다는 이유만으로 말을 잘할 수 없습니다. 타인에게 말을 많이 하도록 배려한다고 해서 말을 잘한다는 인상을 남기기도 힘들죠. 말을 많이 하는 사람은 수다쟁이라는 평가를 받고, 존경받기는커녕 환영받지도 못합니다. 그렇다고 침묵을 지키고 있으면 존재감이 없어지거나 불편한 사람이라는 평가를 받기 쉽습니다.

그래서 여러 사람과 함께 대화를 나눌 때는 대화의 흐름을 읽고 상황을 주도할 수 있는 사람이 말을 잘하는 것으로 비춰집니다. 말을 많이 하는 것과는 전혀 다릅니다. 한 사람을 상대로 말을 할 때도 말을 잘하는 사람처럼 보이는 것이 중요하듯이, 여러 사람과의 대화에서도 그들의 기억 속에 어떻게 남느냐가 중요합니다. 말을 많이 하는 것은 점유이지 주도가 아닙니다. 존재감을 높여서 존경의 욕구를 해소하기 위해서는 여러 사람과 대화할 때 대화를 조정하는 기술이 필요합니다.

여러 사람과의 대화를 하나의 버라이어티 토크쇼라고 생각했을 때 그 상황을 주도하고 빛나는 사람은 상대적으로 말을 적게 한 사회자입니다. 호스트로서 게스트들을 아우르고 조율하는 역할을 합니다. 여러분이 여러 사람과 대화할 때 존재감을 드러내기 위해 배워야 할 기술이 바로 토크쇼의 사회자가 사용하는 대화를 조정하는 기술입니다. 대화를 조정하기 위해서 다음과 같은 세 가지를 고려해야 합니다.

'어떤 주제로 이야기할 것인가?'
'어떻게 모두를 집중시킬 것인가?'
'어떻게 기회를 배분할 것인가?'

즉, 주제를 선택하거나 화제를 전환하고 여러 사람의 집중을 유도하며 기회를 배분하는 역할을 하는 것입니다. 자신이 말할 타이밍만을 재거나 아는 말이 나왔을 때 끼어들기 바쁜 사람들은 여러 사람과의 말하기에서 빛나는 존재가 될 수 없습니다. 여유로운 태도를 보이되 남보다 더 넓게 보고 여러 사람의 반응을 살피면서 사회자 역할을 한다면 그들 사이에서 암묵적인 리더가 될 수 있습니다. 또한 대화를 조정하는 과정에서도 얼마든지 자신의 의견을 이야기할 수 있고 대화하는 사람은 자신의 이야기에 더 집중할 것입니다.

이제부터 주제 선택, 주제 전환, 내용 정리, 기회 배분에 대해 차례대로 이야기해보겠습니다. 여러 사람과 이야기하는 것은 함께 노래하는 것과 비슷합니다. 대화를 조정하는 일은 남의 마이크를 빼앗지 않고 화음을 넣는 것과 비슷합니다. 화음으로 타인의 목소리를 더 빛나게 하고 분위기를 띄우면 자신이 노래할 때도 더 주목을 받을 수 있습니다.

나만 아는 주제로 말하면 지루해진다

대화를 조정할 때는 사회자의 역할을 우선적으로 수행한다고 생각하면 됩니다. 사회자가 가장 먼저 할 일은 게스트가 이야기할 거리를 제공하는 것입니다. 분위기에 따라 대화의 주제를 새롭게 선택하여 고르는 일도 사회자의 몫입니다. 하지만 특정 주제로 이야기하고 싶다고 해서 무작정 화자도 모르는 이야기를 하라며 강요할 수는 없습니다. 대화의 주제를 고를 때는 말하는 사람의 공통 주제를 선택하는 것이 가장 좋습니다. 그리고 주제는 다음의 네 가지 요건을 갖추어야 합니다.

첫째, 모두가 이해할 수 있는 주제여야 합니다. 간혹 많이 알고 있음을 뽐내기 위해 어려운 용어를 써가며 주변 사람을 현혹시키는 사람이 있는데, 지식 수준이 낮은 사람에게는 똑똑해 보일 수 있지만 대부분의 사람에게는 역효과를 가져옵니다. 보통 지적인 사람은 어려운 이야기도 쉽게 할 수 있습니다. 지적인 능력은 어려운 이야기를 많이 알고 이야기하는 것이 아닙니다. 문제를 바라보는 시각이나 의견에서 드러납니다. 확인 과정을 거치지 않고 대부분의 사람들이 이해할 수 있을 것이라고 생각해서 일부만 아는 주제를 선택하면 위험할 수 있습니다. 그 주제에 대해 모르는 사람들이 낙오될 수 있기 때문입니다. 그렇다고 낙오된 이들을 위해 이미 그 주제에 대해 흥미롭게 생각하며 말하는 사람들의 대화를 멈추기도 쉽지 않습니다. 따라서 대화를 조정하기 위해서는 모두가 아는 주제를 선택하는 것이 가장 좋습니다.

만약 일부만 이해할 수 있는 주제라면 이해하지 못하는 사람들에게 충분히 설명하고 그 주제로 이야기를 이어나가는 방법이 있지만, 이 과정에서 자칫하면 이미 알고 있는 사람들이 지루함을 느끼거나 이해를 못한 사람들이 스스로를 부끄럽게 여길 수 있습니다. 만약 이러한 주제로 이야기를 해야 한다면 알고 있는 쪽과 그렇지 않은 쪽 두 그룹의 반응을 살펴가며 이야기의 범위를 정해야 합니다. 이미 아는 사람들이 지루해하지 않을 정도로 간결하면서 모르는 사람들이 이해할 수 있을 정도의 설명이 좋습니다. 만약 아는 사람이 설명을 지루해할 경우에는 그 사람에게 의견을 묻거나 설명을 부탁하며 분위기를 전환할 수 있습니다.

둘째, 누군가는 집중할 수 있는 주제를 선택해야 합니다. 물론 대화에 참여하는 모두가 집중할 수 있는 주제라면 더 좋습니다. 그러나 그럴 수 있는 주제를 찾기는 쉽지 않습니다. 이와 같은 주제를 선택할 때에는 본인은 사회자, 집중할 수 있는 사람은 패널, 나머지 사람들은 방청객이라는 생각으로 대화를 이어가야 합니다. 주제를 제시하고, 그 주제에 관심이 많아 집중할 것이 확실한 사람을 바라보며 문장을 마치면 됩니다.

다음에는 리액션으로 그 사람의 말이 이어질 수 있도록 지원해주면서 다른 사람들이 얼마나 흥미로워하는지를 확인해야 합니다. 다만 집중하는 사람이 말하기를 너무 좋아하면 혼자서만 이야기하다 분위기 자체를 망칠 수도 있습니다. 이럴 경우 필요한 화제를 전환하는 방법에 대해서는 뒤에서 더욱 자세히 다루도록 하겠습니다.

셋째, 모두에게 재미있는 주제여야 합니다. 재미없는 주제로 대화하고 싶어 하는 사람은 없습니다. 대부분 자신이 재미 없는 주제를 선택했다는 사실조차도 인지하지 못하는 경우가 많은데, 보통 사명감이나 말을 잘하려는 생각 때문에 이런 일이 발생합니다. 이런 상황에서 나타나는 사명감은 두 가지입니다. 하나는 타인에게 좋은 것을 가르쳐주려는 마음이고 다른 하나는 타인을 좋은 방향으로 바꾸어주려는 마음입니다. 그러나 이런 생각은 타인에게 절대 사명감으로 비치지 않습니다. 가르쳐주려는 마음은 알고 있는 것을 뽐내는 잘난 척을 통해 자존감을 높이려는 이기심으로 비춰지고, 바꿔주려는 마음은 타인에게 자신의 생각을 강요하는 무례함으로 보입니다.

재미없는 주제를 선택하는 또 다른 이유는 말을 잘하고 싶어서, 또는 그런 사람으로 보이고 싶어서입니다. 크게 두 가지 경우가 있습니다. 하나는 말을 잘하는 타인을 벤치마킹하여 분위기를 계속 이어가며 그 사람이 가지고 있던 주도권을 이어서 잡으려는 생각이고, 또 하나는 열정적으로 자신의 의견을 피력하여 자신감을 보이려는 생각입니다. 그러나 이런 생각도 타인에게는 다르게 비칩니다. 벤치마킹은 남을 흉내 내며 지루해진 이야기를 물고 늘어지는 것으로, 열정적인 자신감은 감정에 치우쳐 분위기를 못 살피는 옹졸함으로 비춰집니다.

중요한 것은 지금과 모두라는 단서입니다. 아무리 흥미로워도 반복해서 접하다 보면 흥미도가 떨어지기 마련입니다. 신선하면서도 대화에 참여하는 모두가 즐거울 수 있는 주제를 찾아야 합니다.

말을 잘하기 위해서는 자신에게 엄격하고 타인에게 너그러워야 합니다. 자신에게 너그럽고 타인에게 엄격한 사람은 남을 살피지 못하고 자신의 입장에서 주제를 선택하기 때문에 절대 대화를 주도하거나 남에게 좋은 인상을 남길 수 없습니다. 자신의 시선으로 타인을 바라보고 자신의 말을 남들이 존중하지 않는 것만 원망합니다. 당연히 이제부터는 더 이상 이런 실수를 저지르지 않도록 해야 합니다.

넷째, 누구도 불쾌해하지 않을 주제를 선택해야 합니다. 이것은 어렵지 않을 것 같지만 실제로는 잘 지키지 못하는 일입니다. 재미없는 주제를 선택하는 이유처럼 타인을 가르치거나 바꾸어야 한다는 사명감도 이유가 될 수 있지만, 대부분은 누군가를 불쾌하게 만들어야 분위기를 띄울 수 있다고 착각하기 때문입니다. 누군가를 불쾌하게 만들어서 나머지 사람에게 웃음을 줄 수는 있습니다. 하지만 이런 식으로 대화를 주도하게 되면 계속해서 희생자를 물색해야 하고 결국은 대화에 참여하는 모두가 자신에게 희생된 경험이 있는 사람들로 가득하게 되어, 대화를 제대로 이끌어나가기 어려워질 것입니다.

똑같은 주제를 선택해도 대화를 주도하는 사람과 존중받지 못하는 사람이 나뉘는 이유는 일대일의 대화에서처럼 상호 신뢰의 차이가 큰 영향을 주기 때문입니다. 더 친하거나 호감이 가는 사람이 하는 말이 더 재미있고 흥미롭게 들리는 것은 당연한 일입니다. 남을 불쾌하게 만드는 유머로 일시적으로 분위기 주도에 성공하더라도 이런 문제에 부딪칩니다. 일시적인 효과는 장기적으로 봤을 때 타인과의 상호 신뢰를 떨어뜨립니다. 하지만 사회자 역할의 사람은 한 번 시도하여 성공한 기억 때문에 계속해서 시도하게 됩니다. 악순환이 시작되는 것이지요. 만약 타인을 대상으로 유머를 구사할 때 타인을 낮춰야 한다면 최소한 자신을 더 낮추어 그와 동질감을 형성해야 합니다. 또한 타인이 그런 유머를 구사할 때 웃어넘길 수 있는 대범함도 필요하죠.

자연스럽게 다른 이야기로 넘어가는 요령

대화를 주도하기 위해서는 우선 사회자의 역할을 잘 수행할 수 있어야 합니다. 사회자가 하는 일은 패널의 이야기를 잘 이끌어내고 방청객에게 즐거움을 주며 그날의 쇼를 무사히 마치는 것입니다. 좋은 주제를 선정하는 것만으로는 성공할 수 없습니다. 패널에게 이야기 소재가 떨어졌거나 방청객이 지루함을 느끼는 등 예상치 못한 상황에 대처할 수 있어야 합니다.

그래서 보통 이런 쇼에는 여러 가지 코너가 준비되어 있습니다. 코너를 바꾸며 자연스럽게 주제를 전환할 수 있고, 동시에 신선함을 줄 수 있습니다. 하지만 여러 사람과의 대화를 위해 미리 코너를 짜서 갈 수는 없습니다. 그래서 화제를 전환하는 기술이 필요합니다. 이것은 마치 사회자가 자연스럽게 새로운 코너를 소개하듯 대화를 주도하는 능력입니다.

주제를 전환시키기 위해 가장 중요한 것은 타이밍입니다. 언제 주제를 전환해야 할까요? 앞에서 이야기했듯이 주제는 이해할 수 있고, 집중할 수 있으며, 재미있고, 불쾌하지 않은 것으로 선택해야 합니다. 이렇게 주제를 선택했는데 그 역할이 변질될 때, 주제를 전환해야 합니다. 기본 규칙은 아주 간단하지요? 그럼 그 역할이 변질되었을 때가 언제인지 좀 더 자세히 알아보겠습니다.

첫째, 이야기하고 있는 주제에 사람들이 싫증을 내는 상황입니다. 이해하기 힘든 내용의 대화로 변질되었거나 같은 주제로 너무 오래 이야기한 경우라고 볼 수 있습니다. 둘째, 틀에 박힌 대화가 오고가는 상황입니다. 이런 상황은 참여자들이 대화에 집중하지 않고 있을 경우에 발생합니다. 셋째, 가르치려는 말이나 토론, 회의처럼 무거운 내용의 대화가 오고가는 상황입니다. 대화의 내용이 점점 무거워지고 재미가 없어졌을 때입니다. 넷째, 누군가의 기분이 상했을 때입니다. 말그대로 누군가 불쾌해질 수 있는 말을 한 상황입니다. 이런 경우에는 사과가 필요할 수도 있습니다. 위의 네 가지 이유 외에도 주제를 변경해야 하는 경우가 한 가지 더 있습니다. 바로 원래의 주제로 돌아가야 할 때입니다. 하던 이야기를 마쳐야 할 필요가 있거나 이야기 자체가 너무 산만해졌을 경우입니다.

그럼 어떻게 주제를 전환할 수 있을까요? 주제 전환의 기술은 뛰어난 영화감독이 연출한 영화를 통해 힌트를 얻을 수 있습니다. 훌륭한 영화감독의 영화를 보면 장면 전환이 매우 자연스럽습니다. 예를 들어 무언가를 응시하는 동그란 눈동자에서 동그란 달로 장면이 전환된다거나, 다른 사람들이 모여 A에 관해 이야기를 나누다가 현재 A가 처한 상황으로 장소가 바뀌는 등의 장면을 떠올리면 됩니다. 얼마나 자연스럽게 컷을 이동했느냐에 따라 관객의 몰입도가 결정됩니다. 컷의 전환이 부자연스럽거나 뜬금없으면 관객은 영화 바깥으로 떨어져 나와 현실로 돌아옵니다. 영화에 대한 몰입감이 떨어지는 것이지요.

대화의 주제를 전환할 때도 마찬가지입니다. 주제의 전환이 부자연스러우면 참여자의 집중도와 흥미가 떨어집니다. 다시 원래의 집중 상태로 끌어올리려면 더 많은 노력이 필요합니다. 참여자들이 흥미로워하며 대화에 집중한 상태와 그 분위기를 최대한 유지하면서 주제를 전환하기 위해서는 영화의 장면 전환 기술이 필요합니다. 지금 대화가 오고가는 상황의 어떠한 것을 이용하여 새로운 주제를 제시해야 합니다. 그 대상은 주제, 소재, 인물로 나누어 생각할 수 있습니다.

첫째, 주제를 중심으로 주제를 전환할 때에는 지금 나누고 있는 주제와 전환할 주제를 징검다리처럼 연결합니다. 예를 들어 청년 실업에 대해 이야기하고 있었다면, 다음으로는 이와 비슷하게 취업의 어려움이나 면접을 보는 이야기로 전환하는 것입니다.

둘째, 소재를 중심으로 전환할 때에는 단어나 문장을 인용하며 전환합니다. 한 사람이 여행을 가서 맛있는 것을 먹었던 이야기를 하고 나서 당장 무엇을 먹을지 정하는 것으로 대화의 주제를 전환합니다.

셋째, 가장 목소리가 큰 사람의 말에 호응하며 새로운 화제에 대해 질문하고, 그 사람이 스스로 주제를 바꾸도록 하는 방법입니다. 단, 이 방법은 대화를 독점하고 있는 사람이 다음 주제에서도 대화를 독점하는 상황이 이어질 수 있으므로, 이를 해결하기 위해서는 또 다른 방법을 찾아야 합니다. 예를 들어 다음과 같은 칭찬을 통해 알아듣도록 전달하는 방법이 있습니다.

"A 씨는 아는 것이 정말 많군요. 그럼 이제 다른 분들 이야기도 같이 들어봐요."

만약 이렇게 해도 계속 A가 말을 하려고 한다면 말이 적은 다른 사람에게 질문을 해보고 단도직입적으로 말하면 됩니다.

"난 B 씨 의견도 들어보고 싶어요."

이 외에도 화제를 전환하는 방법이 두 가지 더 있습니다. 하나는 대화 현장에 놓인 소품을 활용하여 부드럽게 현재 화제를 중지시키는 방법입니다. 예를 들어 들리는 음악이나 그

음악이 등장한 영상에 대해 묻는다거나 먹고 있던 음료나 음식에 대해 언급하며 화제를 돌리는 것입니다.

다른 방법은 직접적인 방법으로 모두 관심을 가질 만한 새로운 주제를 다른 모든 이들에게 질문하는 것입니다. 공통의 주제가 없다면 가정하는 질문을 활용해도 괜찮습니다. 예를 들어 "1억 원이 생긴다면 가장 먼저 어디에 쓸 거야?"와 같은 질문을 던져보면 됩니다.

이처럼 화제를 전환할 때는 이야기를 나누고 있던 사람들의 기분이 상하지 않도록 주의해야 합니다. 예를 들어 "A야, 지루해?"라고 직접적으로 묻게 되면 현재 이야기를 하고 있는 B에게 실례가 되고, A에게도 무안한 일이 될 수 있습니다. 차라리 "확실히 전문가인 B가 이야기해주니까 새로운 이야기가 많네. 혹시 A야, 넌 완전 다른 분야인데 네 생각은 어때?"라는 식으로 간접적으로 바꾸고 싶은 주제를 끌어오는 것이 좋습니다.

주제를 전환하는 타이밍을 읽고 기술을 활용하면 말을 많이 하지 않아도 거의 모든 자리에서 환영받는 사람이 될 수 있습니다. '난 이런 건 못해. 이렇게까지 해야 하나?'와 같은 두려움이나 자신에 대한 제약을 떨쳐버리고, 전체를 바라보는 시각으로 그룹의 주제를 컨트롤해보기 바랍니다. 이것을 경험하고 나면 자신감이 엄청나게 높아집니다. 사소한 기술로 말을 많이 하는 것보다 훨씬 효율적인 발전 방법입니다.

리더의 존재감은 발언에서 나온다

대화를 조정하는 목적은 대화에 참여한 사람들의 화합입니다. 하지만 이보다 더 중요한 목적은 자신이 그룹 내에서 존재감을 발휘하고 인정을 받고 싶기 때문입니다. 이는 새로운 화제를 제시하는 것만으로는 부족합니다. 필요한 순간에 사람들의 말을 정리하는 모습도 보여줘야 합니다. 이것은 주제를 전환할 때보다 더 강력한 힘을 발휘합니다. 주제 전환이 문제 제기라고 한다면, 내용 정리는 문제 해결의 단계로 보이기 때문입니다. 실제로는 이제까지 나왔던 사람의 말을 정리하는 것뿐인데 말이지요. 이렇게 대화 중에 다른 사람의 대화 내용을 정리하기 위해서는 세 가지의 노력이 필요합니다.

첫째, 경청하려고 노력해야 합니다. 말하고 있는 사람의 내용을 잘 기억하고 머릿속으로 정돈을 해두어야 합니다. 내용을 기억하고 흐름을 읽을 수 있어야 합니다. 둘째, 주변을 살펴야 합니다. 한 사람의 이야기를 경청하는 것과 달리 시야를 넓혀 대화에 참여한 모든 사람을 확인하며, 듣고 있는 이야기를 모두가 다 잘 이해하고 있는지, 지루해하지는 않는지 확인해야 합니다. 셋째, 여유 있는 태도를 유지해야 합니다. 나중에 이런 상황이 익숙해지면 자연스럽게 할 수 있지만, 처음에는 청각과 시각을 통해 각각 많은 정보를 수집하는 상황에서 여유 있는 태도를 보이기가 쉽지 않습니다.

내용을 잘 정리하기 위해서는 많은 훈련이 필요합니다. 왼손과 오른손으로 각각 다른 도형을 그리듯이 시각과 청각이 각기 다른 곳의 정보를 수집하면서 상황을 파악하고, 동시에 잘 기억할 수 있어야 합니다. 다른 사람의 보디랭귀지와 태도를 관찰하면서 말하는 사람의 이야기를 기억하기가 익숙하지 않은 사람에게는 상당히 힘든 일일 수 있습니다. 하지만 이것도 훈련을 거듭하면 능숙하게 해낼 수 있습니다. 이를 위한 훈련 방법은 다음과 같습니다.

먼저, 내용 정리하기 훈련을 하고자 하는 세 명 이상의 사람이 한 개의 책상에 모여 앉습니다. 이때 각 사람의 시야에 나머지 사람들이 다 들어올 수 있도록 가능하면 원형으로 자리를 배치하는 것이 좋습니다. 한 사람이 주어진 시간 동안 이야기를 하고 나머지 사람들은 이야기를 듣습니다. 말한 사람의 이야기가 끝나면 옆의 사람이 방금 한 이야기를 최대한 그대로 처음 이야기하는 것처럼 나머지 사람들에게 들려줍니다. 이것을 순서대로 반복하면서 훈련합니다. 이것이 익숙해지면 이야기의 요점을 정리하여 나머지 사람들에게 짧게 언급해줍니다. 이 과정에서 다른 사람들과 지속적으로 눈을 마주쳐야 합니다.

실제 대화에서 내용을 정리할 때는 같은 말을 반복하지 않고 방금 이야기한 내용의 주제를 언급하거나 키워드가 되는 단어를 말하면서 듣는 사람의 이해를 돕고 말을 한 사람에게 동질감을 줄 수 있도록 해야 합니다. 말을 한 사람에게 따지듯이 말하거나 같은 말만 앵무새처럼 반복해서는 안 됩니다. 또한 이미 정리가 잘된 말을 굳이 다시 정리할 필요도 없습니다.

이처럼 다른 사람들의 말을 정리하는 것만으로 주도권을 유지할 수 있기 때문에 굳이 애써 대화를 독점하려 들 필요가 없습니다. 달변이거나 지적인 부분에서 존경을 받는 사람이 아닌 보통 사람의 경우, 대화를 독점하게 되면 나머지 사람에게 불만이 쌓입니다. 말을 잘하는 사람이 아니라 말하고 싶어 안달 난 사람으로 기억될 수 있습니다.

대화를 주도하는 것과 말을 많이 하는 것은 전혀 다릅니다. 스스로는 말을 잘한다고 생각할지 모르지만 함께 대화하는 사람은 지루하다고 느낄 수 있으니 주의해야 합니다. 따라서 참여자가 사람들 간에 친밀감과 편안함을 느낄 수 있도록 분위기에 신경을 쓰면서, 사람들 사이에 대화가 오갈 때마다 한 번씩 내용을 정리해주면 자연스럽게 대화를 주도할 수 있습니다.

한 사람에게 너무 집중되지 않도록

실제 대화 상황에서 내용을 정리할 때는 주제만 언급해주어도 큰 위력을 발휘합니다. 이렇게 내용을 정리하고 나면 자신에게 발언권이 돌아옵니다. 이때 정리한 내용에 자신의 의견을 덧붙이거나 이어지는 주제로 이야기할 수도 있겠지만, 가장 좋은 선택은 다른 사람에게 의견을 물어보며 말할 기회를 제공하는 것입니다.

TV 토크쇼의 패널과 방청객의 모습을 생각하면 이해하기가 더 쉽습니다. 대화의 내용이 재미가 없거나 이미 충분히 기회를 얻어 이야기를 마친 패널에게는 잠시 방청객의 역할을 맡기고, 계속 방청객 역할만 했던 사람에게 말할 수 있는 기회를 제공하는 것과 같습니다.

"당신 생각은 어떠세요?"

위와 같은 질문을 통해 참여도가 낮은 사람에게 말할 기회를 제공합니다. 사슬의 가장 약한 부분을 강화시키는 원리를 이용해 그날 대화의 전체적인 분위기를 띄우고자 하는 의도입니다. 내용 정리를 마치고 바로 기회를 제공하는 것이 요령입니다. 또한 대부분 말할 기회를 잘 갖지 못하는 사람들은 말을 마치고 내용을 정리해줘야 하는 경우가 많기 때문에 자신도 활약할 기회가 많아집니다.

"나 이번에 여자친구와 여행을 가려고 하는데 어딜 갈지 고민 중이야. 혹시 추천해줄 만한 데 있어?"

이처럼 상대에게 도움을 주었다는 심리적 보상을 줄 수 있는 질문 방식도 좋습니다. 사람은 자신의 가치를 인정받을 때 잠재력을 발휘합니다. 말하기도 마찬가지입니다. 도움을 요청하는 것은 곧 상대의 말이 가치 있음을 인정하는 것이기 때문에, 상대는 기꺼이 대화에 참여할 것입니다.

하지만 말하기 자체를 어려워하는 사람도 있기 때문에 과도하게 기회를 주고 말을 강요해서는 안 됩니다. 또한 그들의 말을 끊고 누군가가 말을 가로챘다면 기억해두었다가 다시 이어서 이야기해달라고 부탁하는 것도 말할 기회를 제공하는 좋은 방법 중 하나입니다.

기술적으로는 한 사람에게 묻듯이 대화를 시작하고, 다른 사람에게 시선을 옮기며 마무리하는 식으로 참여도가 낮은 사람을 끌어들이는 방법이 있습니다. 예를 들어 호응이 좋은 A와 참여도가 낮은 B가 있다면, A에게 묻듯이 말을 시작해서 자연스럽게 B를 끌어들이는 방법입니다. 이때 각 문장을 자연스럽게 이어서 말해야 합니다.

A를 보며 "아, 그거 들었어? 이번에 우리 모교 앞에 시장이 없어진다던데?"
B를 보며 "그 시장에 자주 가지 않았나?"

여기서 A가 길게 대답할 만한 질문을 해서는 안 됩니다. A의 짧은 대답이나 감탄사를 듣고 바로 B에게 질문을 건네면, B는 A의 호응에 이어서 대답하는 입장이 되기 때문에 좀 더 편하게 말을 이어갈 수 있습니다.

A를 보며 "요즘 많이 다운되어 있네."

B를 보며 "A가 요즘 많이 힘든 것 같은데, 뭔가 힘을 줄 만한 게 없을까?"

이 예에서는 B에게 사명감을 부여하며 대화로 끌어들였습니다.

전체를 둘러보며 "난 몰랐는데 이번에 자동차 보험료가 오른다던데?"
B를 보며 "B야, 네가 보험에 대해서 좀 잘 알지 않나?"

이런 식으로 B가 잘하는 것을 언급하고 의견을 물으면 다른 사람의 개입을 막고 B에게 집중하도록 만들 수 있습니다.

"그 영화 봤어? 난 B가 추천해준 덕에 재미있게 봤어."

이런 식으로 A에게 B를 칭찬하며 A의 의견을 묻는 방식으로 B를 대화에 끌어들일 준비를 해둡니다. 이후로는 대화의 진행 상황에 따라 크게 두 가지 방법으로 대화를 계속할 수 있습니다.

① 너도 봤어? 어땠어?

② B야, 혹시 다른 영화 추천해줄 만한 거 있어?

①번처럼 그대로 A의 의견을 묻는 방법이 있습니다. A의 의견을 충분히 듣고 난 후에 필요에 따라 다른 질문을 이용해서 B를 직접적으로 끌어들일 수 있습니다. B에게 대화에 참여할 시간을 더 주는 것이 좋겠다고 판단한다면, ②번과 같이 질문할 수 있습니다. ①번 질문을 한 후 A의 대답을 충분히 듣고 난 뒤나 A가 영화를 봤다는 식으로 짧게 대답한 뒤에 모두 사용 가능합니다. 사전에 B를 간접적으로 칭찬하면서 기분 좋게 대화에 참여할 준비를 시키는 것이 포인트입니다.

이런 식으로 다른 사람들의 상황이나 반응을 통해 대화에 끌어들이거나 칭찬과 주변의 집중 유도를 이용하는 것은 그냥 말을 걸 때보다 더 강한 효과를 발휘합니다. 왜냐하면 B에게 대화에 참여할 명분과 호응하는 다른 사람이 주어졌기 때문입니다.

원하는 분위기를 만들기 위해서도 기회를 제공하기 위한 질문을 합니다. 따라서 취조하듯이 물어보는 태도는 절대 금물입니다. 정보를 얻는 일은 부가적인 것일 뿐입니다. 질문할 때는 세대, 교육 정도, 사회적 신분과 관계없는 내용을 선택하는 편이 좋지만, 대화의 방향이 올바르게 흘러가고 있다면 크게 신경 쓰지 않고 질문해도 괜찮습니다.

또 상황에 따라 좋은 분위기를 유지하는 데 도움이 되는 효과적인 질문 방식이 있습니다. 어색하거나 주위 환기가 필요한 상황이라면 '당신이라면' 또는 '만약 이런 일이 있다면' 과 같이 '가정'의 방식을 활용한 질문이 효과적입니다. 논쟁을 좋아하는 사람이 많은 상황에서는 도덕적이나 철학적인 질문이 효과적입니다. 다만 분위기가 과열되지 않도록 수시로 내용을 정리하며 다양한 의견이 나오고 수용될 수 있도록 노력해야 합니다.

2부

진심은
힘이 세다

무례하지도
부담스럽지도 않은 질문

마음을 여는 열쇠

많은 사람이 말하기를 어려워합니다. 특히나 말문을 어떻게
터야 할지 모르겠다는 고민을 많이 합니다. 하지만 대화의 기
본 원리를 안다면 수월하게 대화를 시작할 수 있습니다. 기본
원리 중 하나는 주고받기, 즉 전달입니다. 그리고 대화를 제대
로 주고받기 위해서는 상대의 마음을 열 필요가 있습니다.

대부분의 대화는 상대의 마음이 닫힌 상태에서 시작합니
다. 서로에 대한 정보가 없는 상황에서 마음을 열기는 매우
어렵습니다. 그런데 사람의 마음에 있는 자물쇠를 여는 만능

열쇠가 하나 있습니다. 바로 진심과 성실입니다. 하지만 진심과 성실이라는 만능 열쇠가 있다고 하더라도 상대의 자물쇠 근처에 가지 못한다면 아무것도 열 수 없다는 점을 간과해서는 안 됩니다.

서울에서 제주도로 여행을 가려고 할 때, 진심은 가고자 하는 목적지고 성실은 목적지까지 가기 위한 노력입니다. 그런데 어떤 사람은 나침반도 없이 걸어서 가고, 어떤 사람은 비행기를 타고 간다고 생각해봅시다. 결과가 어떨까요? 물론 저는 '진심은 통한다'는 말을 믿습니다. 하지만 진심을 전달하는 과정에도 요령이 있습니다. 단순히 진심이니까 전달될 것이라 믿는 모습은 무례하게 비칠 수 있습니다. 예를 들어 상대는 아직 그만큼 친하거나 진심을 주고받았다고 생각하지 않았는데 자신은 너무 절실한 진심을 가지고 있다는 생각에 이미 친한 것처럼 대하면, 상대는 쉽게 보였다거나 무례한 사람을 만났다고 느낄 가능성이 있습니다. 반대로 진심으로 상대를 대했는데 상대가 거리를 두려 하면, 진심이 전달되지 않았다는 생각에 지치겠지요.

지금부터 상대의 마음을 열 만능열쇠를 배울 것입니다. 바로 질문하기, 칭찬하기, 경청하기입니다. 여기에서 다룰 내용은 그 첫 번째인 질문하기입니다.

감정적 스트로크

나와 있을 때 말이 없고 낯을 가리던 사람이 다른 사람들과는 잘 어울리는 모습을 보며 서운함 또는 자책을 느껴본 경험은 누구나 한 번쯤 있을 겁니다. 더욱이 친해지고 싶었던 사람이었다면 말입니다.

"그 사람은 누구와도 잘 어울리고 어디에서나 환영받아."
"저 사람 앞에서는 누구나 즐겁게 이야기해. 말이 많은 것도 아닌데 어떻게 저럴 수 있을까?"

인품이 훌륭해서일까요? 물론 그럴 수도 있지만, 이는 충분조건이 아닙니다. 즉, 인품이 다는 아니라는 말입니다. 위에서 말하고 있는 대상처럼 대화를 시작하여 상황을 주도하기 위해 필요한 것은 기술적으로 질문하는 능력입니다.

인간은 누군가가 알아주기를 바라는 욕구가 있습니다. 배가 고프면 무언가를 먹고 싶은 욕구가 강해지는 것처럼 우리의 마음도 그렇습니다. 이를 '감정적 스트로크stroke'라고 합니다. 스트로크는 '어루만지다' '달래다'라는 뜻으로, 감정적 스트로크라고 하면 다른 사람의 감정을 어루만지며 교류하고 반응하는 데서 상대방에게 끼치는 영향을 나타냅니다. 우리는 상대방의 반응을 통해 대화를 이어가며 감정적 스트로크를 이루어가기를 바랍니다.

만약 아무런 반응을 얻지 못하면 배가 고파지듯이 감정 교류가 부족해지고, 이를 채우기 위해 그리고 '무플보다 악플'이라는 말처럼 부정적 스트로크라도 받기 위해 노력합니다. 특히 어린아이의 경우 이러한 갈증을 더욱 강하게 표현합니다. 관심을 주지 않으면 말썽을 피워서라도 사람들의 이목을 끌어 관심을 받으려고 하는 이유가 여기에 있습니다. 배가 고픈데 먹을 것이 없으면, 불량식품이라도 먹는 것과 같습니다.

어떤 상처와 충격 혹은 열등감 같은 감정은 사람이 쉽게 성숙해질 수 없도록 방해합니다. 한번 상처가 난 곳이 약해지듯이 마음에도 그런 부분이 생기지요. 그래서 아이들이 보여주는 솔직한 반응에 주목해야 합니다. 성인의 마음속에도 같은 작용이 일어나고 있기 때문입니다. 표현하지 않더라도 우리는 모두 다른 사람의 관심을 원합니다. 이처럼 상대의 욕구를 채워준다는 측면에서 질문과 대답에 대한 반응은 무척 중요합니다.

대화를 할 때는 항상 상대 입장에서 생각해야 합니다. 질문하는 주목적은 상대가 말하고 싶어 하는 것, 다른 사람에게 관심받기를 원하는 무언가를 알아내기 위함입니다. 이렇듯 상대를 배려하는 질문을 통해 상황을 주도할 수 있습니다.

상대의 대답을 들으면 자신의 느낌이나 생각을 말한 후에 다음 질문이나 대화를 이어가는 편이 좋습니다. 이러한 진행 방식은 대답을 감사히 생각하고 있다는 표시인 동시에 대화의 흐름 속에서 상대에게 여유를 주는 역할을 합니다.

"저도 이번에 운영하시는 유튜브 방송을 들어보았는데, 정말 좋은 영상이 많더라고요. 어떻게 이런 것을 하실 생각을 하셨어요?"

질문의 또 하나의 중요한 역할은 래포 형성입니다. 래포는 상담 분야에서 많이 쓰이는 심리학 용어입니다. 래포는 '마음의 유대'라는 뜻으로 해석할 수도 있는데, 상호 신뢰가 형성된 관계를 나타냅니다. 상담할 때 상담자와 내담자 간에 상호 신뢰가 있어야만 마음속 깊이 있는 이야기를 꺼낼 수 있기 때문에 래포 형성은 매우 중요합니다. 래포 형성은 상담뿐 아니라 교육, 심리 치료, 취재 등 사람을 대하는 많은 분야에서 중요하게 다뤄집니다. 이것은 우리가 말을 잘하려는 목적과 같은 이유 때문입니다. 상대와 생각을 주고받고 관계를 형성하기 위해 래포는 가장 기본적이면서 중요한 요소입니다.

질문은 침묵을 깨거나 단순히 상대의 정보를 알아내는 목적 이외에 상대의 정보에 관심이 있다는 표현을 할 수 있는 기회이기도 합니다. 이를 통해 래포를 형성할 수 있습니다. 질문을 받는 입장에서 자신에 대해 관심을 표현하는 사람에게 마음이 열리는 것은 당연합니다. 이를 위해 하는 질문은 다음의 세 가지 조건을 충족시켜야 합니다.

첫째, 상대를 위한 질문이어야 합니다. 래포 형성이 중요한 취재를 예로 들어보겠습니다. 초보는 자신이 원하는 정보를 얻기 위해 질문을 합니다. 하지만 전문가는 우선 상대가 말하고 싶어 하는 말을 할 수 있도록 질문합니다. 이러한 질문은 래포 형성에 큰 도움을 줍니다. 래포 형성을 위해서는 남들과 똑같은 질문을 하지 않아야 합니다. 대답하는 입장에서 생각해보면 지겨운 일이기 때문입니다. 이름이 특이한 사람에게 이름에 대한 질문은 상대 입장에서 너무 뻔하고 지루합니다.

둘째, 질문을 한 후 끝까지 관심을 유지해야 합니다. 아무리 상대를 위한 질문을 했더라도 경청하는 태도를 보이지 않으면 허사입니다. 질문할 때 보였던 관심이 대답을 들을 때 사라진다면 질문을 하지 않는 것보다 더 신뢰를 잃는 역효과가 발생합니다. 상대에게 보이는 경청은 새로운 질문을 위한 준

비 작업이기도 합니다. 단 한 번의 경청으로 상대의 깊은 이야
기를 모두 끌어내기는 무척 힘듭니다. 차근차근 질문과 경청
을 통해 래포를 쌓아가야 합니다.

셋째, 이어지는 질문이 경청의 결과여야 합니다. 질문과 경
청까지 잘하고 다른 질문을 할 때 전혀 새로운 이야기를 하는
것은 잘되는 장사를 접고 새 사업을 시작하는 것과 같습니다.
경청을 통해 상대가 정말 말하고 싶어 하는 주제나 인정받고
싶어 하는 부분을 찾으려고 노력해야 합니다. 상대의 말에 따
라 질문이 연결되면 그동안 쌓아온 래포 위에 래포를 쌓게 됩
니다. 이처럼 질문, 경청, 연결된 질문을 반복하며 래포를 쌓
을 수 있습니다.

단답형과 논술형

훌륭한 화술은 상대가 어떻게 느끼느냐에 달려 있습니다.
말을 많이 할 필요는 전혀 없습니다. 대화가 막힘없이 흐르면
서 상대를 가볍게 여기지 않는 두 가지를 충족하면 됩니다.
즉, 두 사람의 대화가 맞물리면서 굴러가면 되는데 이 톱니의
사이에 질문이 있습니다. 대화가 이어지기 위해서는 질문이

라는 기름칠이 필요합니다. 대화를 끊는 질문을 연속해서 사용하면 취조나 취재가 됩니다. 예문 하나를 보겠습니다.

민수 유튜브 방송 일을 오래 하셨나요?

우철 한 3년 정도 했습니다.

민수 아, 네. 다른 일도 하시나요?

우철 예, 대학에서 경영학을 가르칩니다.

민수 대학이요? 어느 대학이요?

우철 ○○대학교에서 강의했고, 이번 학기는 쉬고 있습니다.

민수 그러면 그 대학 출신인가요?

우철 아니요. 그렇지는 않고 □□ 지역에 있는 다른 대학을 나왔습니다.

민수 결혼은 하셨어요?

우철 아니요. 아직 안 했습니다.

민수 아, 네…….

대화 내용을 봤을 때 대화가 끝난 뒤 두 사람의 관계는 서먹해졌을 가능성이 높습니다. 민수는 우철이 너무 무뚝뚝하다고 느꼈을 것이고, 우철은 할 말이 없는 상황 자체를 불편

하게 생각했을 것입니다. 무엇이 잘못됐는지 하나씩 살펴보도록 하겠습니다.

민수는 질문을 통해 대화를 이끌어가려고 했지만, 의도와는 다르게 대화를 단절시키는 실수를 두 가지나 했습니다. 하나는 설명할 여지가 없는 질문을 한 것, 또 다른 하나는 상대의 대답에 따라 대화를 이어가지 않은 것입니다.

그렇다면, 설명할 여지가 있는 질문이란 무엇일까요? 먼저 위에서 본 예시와 같이 "예" "아니오" 또는 짧은 단어로 대답할 수밖에 없는 단답형 질문을 듣고 열심히 무언가를 설명하거나 열정적으로 대화에 참여하는 사람은 많지 않습니다. 이러한 단답형 질문은 명확한 정보를 얻는다는 장점이 있기 때문에 취조하는 데 적합합니다. 하지만 일상적인 상황에서 이런 질문만 계속한다면 마치 상대의 정보를 캐는 듯한 인상을 남깁니다. 당연히 질문을 받는 상황이 불편해지고 침묵이 따라옵니다.

이와 반대되는 논술형 질문은 '어떻게'나 '왜'를 묻는 질문입니다. 그렇지만 논술형 질문으로만 대화를 이끌어나가기는 어렵습니다. 따라서 상대의 명확한 정보를 수집하기 위해 단답형 질문으로 대화를 시작하는 것이 쉽고 안전합니다. 다만, 단답형 질문을 세 번 이상 반복하지 말아야 합니다. 단답형 질문을 통해 알게 된 정보로 논술형 질문을 만들고 대화에 활용해야 합니다.

위의 예시에서 민수는 상대의 답변을 정보로 활용하기 위해 단답형 질문을 했다기보다 잠깐의 침묵이 두려워서 아무 질문이나 쏟아낸 것으로 볼 수 있습니다. 상호작용이 가장 중요한 대화에서 큰 낭비를 하고 있다고 볼 수 있겠지요.

다음으로 상대의 대답에 따라 대화를 이어가는 방법에 대해 알아보겠습니다. 질문은 대답을 듣기 위한 행동입니다. 질문에 대한 대답을 소중히 여기지 않으면 상대는 더 이상 질문을 중요하게 생각하지 않겠죠. 위의 예시를 보면 유튜브 방송을 3년 정도 했다는 대답은 무시당한 느낌이 듭니다. 이어서 다른 일도 하는지에 대한 질문으로 인해, 우철이 방송을 300년을 진행했든 3분을 진행했든 전혀 관심 없는 듯한 느낌이 듭니다. 우철은 무의식적으로 더 이상 민수의 질문을 중요하게 생각하지 않을 것입니다.

"3년이라니 정말 오래 하셨군요. 많은 일이 있었겠어요. 가장 기억에 남는 에피소드로는 어떤 것이 있으세요?"

우철의 대답에 "아, 네"가 아니라 위와 같은 질문을 더했다면 열정적인 대답을 들을 수 있었을 것입니다. 그러면 더 많은 이야기를 공유하고 두 사람은 좀 더 가까운 사이가 되었겠지요. 단답형 질문도 대화할 때 꼭 필요합니다. 다만 논술형 질문에 앞서 탐색하기 위해 활용해야 합니다.

재미있는 사람이 되기 위해서는 자신이 재미있는 사람임을 내세우기보다 상대가 무엇을 즐겁게 이야기하는 사람인지에 대해 먼저 파악해야 합니다. 당연히 상대의 직업, 가족관계, 취미, 사는 곳, 출신 학교 등의 단순한 정보보다 더 중요합니다. 단답형으로 항목을 나열하듯 대답해야 하는 질문만 계속한다면, 당연히 상대의 마음은 열리지 않습니다. 래포 형성에 실패하는 것이지요.

앞에서 우철이 한 대답의 내용만 봐도 해당 분야의 일이나 강의를 어떤 마음가짐으로 하고 있고 어떤 에피소드들을 겪었는지, 출신 대학이 아닌 곳에서 강의하는 이유는 무엇인지 등 논술형 질문을 할 기회는 많았습니다. 우철의 입장에서 보면 한 학기 강의를 쉬고 있다고까지 말하며 추가로 물어볼 만한 빌미를 던져주기도 한 셈입니다.

하지만 민수는 미리 준비한 듯한 질문을 쏟아내는 데 급급한 나머지, 상대가 진실로 얘기하고 싶은 바를 놓쳐버리고 말았습니다. 그중에 한두 가지는 제대로 질문만 했더라면 우철이 길게 설명하며 열변을 토했을지도 모르는데 말입니다.

대화를 끊는 질문도 있다

앞에서 이야기했듯이 질문은 크게 단답형과 논술형 대답을 요구하는 질문 두 가지로 구분됩니다. 주로 논술형 질문을 즐겁게 대화를 이어가는 질문, 단답형 질문을 대화를 끊는 질문이라고 합니다. 논술형 질문은 상대가 즐겁게 대화를 이어갈 수 있게 만들어주고, 단답형 질문은 상대가 짧은 대답 말고는 더 이상 할 말이 없게 만듭니다. 그러나 반드시 논술형 질문이 좋은 것은 아닙니다. 상황과 상대에 맞게 질문을 구사해야 합니다. 그러기 위해 두 가지 질문 스타일에 대해 명확히 이해할 필요가 있습니다.

단답형 질문은 상대방이 '예' 또는 '아니오' 혹은 하나의 단어로 대답할 수 있는 질문을 말합니다. 명확한 정보를 얻을 수 있다는 장점이 있지만 해당 정보만 말하면 그 뒤로 굳이 말하지 않아도 되기 때문에 침묵이 이어질 수 있습니다. 이 침묵을 버티지 못하고 단답형 질문을 연속해서 하게 되면 상대는 마치 심문당하는 듯한 느낌을 받아 불편하게 여길 수 있습니다.

　단답형 질문은 육하원칙 중에서 '누가, 언제, 어디서, 무엇을'에 대한 이야기를 묻습니다. 또는 상태나 상황을 알기 위한 "~인가?" "~하고 있나?" 등의 질문도 포함합니다. 예를 들어 다음과 같은 질문들이 단답형 질문이라고 볼 수 있습니다.

"누가 책임자입니까?"
"보고서는 언제까지 보여줄 수 있나요?"
"어디에서 오셨어요?"
"몇 명이 함께 오셨어요?"
"이번 생일에 무슨 선물 받고 싶어?"
"혹시 학생인가요?"

　이런 질문에는 한 단어만으로도 충분히 답할 수 있습니다. 책임자를 알아내거나, 보고서의 기한 정보를 얻거나, 선물을 잘 고르기 위해, 또는 상대의 신분을 확실히 알기 위해 단답형의 질문을 할 수 있습니다. 하지만 어디에서 왔는지, 몇 명이 왔는지를 묻는 틀에 박힌 질문으로는 상대의 말과 마음을 이끌어낼 수 없습니다. 단지 몇 가지 정보만 얻을 수 있을 뿐입니다. 대화에서 질문은 상대가 알아서 더 많은 정보와 이야기를 쏟아낼 수 있도록 물꼬를 터주는 역할을 해야 합니다. 그래서 단답형 질문과 논술형 질문을 함께 구사해야 합니다.

논술형 질문은 상대가 길게 설명하여 대답하도록 하는 질문입니다. 상대방의 호응과 관심을 유도하여 지속적으로 대화할 수 있다는 장점이 있습니다. 그러나 불필요하게 긴 대답을 하도록 요구하거나, 상대가 관심이 없는 분야에 대해 논술형으로 질문하면 상대를 불편하게 만들 수 있습니다. 또한 객관식의 대답을 요구하는 단답형 질문과는 다르게 주관적 해석이 가능한 질문과 대답을 주고받기 때문에 향후 해석에 대한 오해가 생길 여지도 있습니다.

논술형 질문은 육하원칙 중 단답형으로 답할 수 있는 내용을 뺀 나머지입니다. '어떻게, 왜'에 대해 묻는 질문입니다. 또한 어떤 상황을 가정하여 묻는 질문도 논술형 질문에 해당합니다. 예를 들어 다음과 같은 질문입니다.

"어떻게 책임지실 생각입니까?"

"왜 보고서를 보여주지 않았나요?"

"전 이런 파티가 생소해서 어색하네요. 어떻게 오시게 되었나요?"

"이런 모임을 할 때 기억에 남는 일이 있으셨나요?"

"이 모임과 다른 모임의 제일 큰 차이점은 무엇이라고 생각하세요?"

이런 질문은 한 단어로만 대답하기 힘듭니다. 상대는 길게 대답하면서 자연스럽게 많은 정보를 흘립니다. 하지만 항상 논술형으로만 질문할 수는 없습니다. 특히나 논술형 질문으로 대화를 시작하기는 매우 어렵습니다. 어떤 질문을 해야 할지에 대한 정보가 부족하기 때문입니다. 따라서 단답형 질문으로 상대의 정보를 얻고 그렇게 쌓인 정보의 내용을 토대로 논술형 질문을 하는 것이 가장 적절합니다. 그렇다면 어느 타이밍에 논술형 질문을 시도하면 좋을까요?

첫 번째로 단답형 질문이 반복되어 상대가 지루함을 느끼거나 심문받는다고 느끼기 전에 해야 합니다. 단답형 질문을 너무 오래 반복하면 논술형 질문을 해도 상대가 짧게 대답해버리는 경우가 생깁니다. 대화가 지루하거나, 대답하기가 귀찮거나, 대화하는 상황이 불편해졌기 때문입니다. 이때는 대화를 처음 시작했을 때의 좋은 분위기로 되돌리기 어렵습니다. 가능하면 단답형 질문을 계속할 때는 세 번 이하로 하는 것이 좋습니다. 아무리 처음이라 정보가 없다고 하더라도, 연속으로 다섯 번을 넘겨 단답형으로 질문하면 대화가 잘 진행되지 않아 분위기가 매우 서먹해집니다.

두 번째는 상대가 편하게 이야기하는 분야를 파악했을 때입니다. 만약 단답형 질문임에도 불구하고 다른 분야의 내용을 추가로 언급하는 식으로 상세하게 대답한다면, 그 분야에 대해 이야기하기를 좋아한다고 생각할 수 있습니다. 그러한 분야가 있을 때는 더 이상 단답형 질문을 시도하지 말고 해당 분야로 바로 논술형 질문을 시도하면 됩니다. 하지만 상대가 질문에 상세하게 대답했더라도 그 말미에 "그래서 당신은 이 분야에 대해 어떻게 생각하시나요?"라는 식으로 상대가 대답한 내용과 상관없는 논술형 질문을 되돌려주는 경우도 있습니다. 머릿속에 어떻게든 논술형 질문을 해야겠다고 생각하다가 이런 상황에 대처하지 못하는 경우가 있으니 주의해야 합니다. 이럴 때는 원래 하려던 논술형 질문은 잘 기억해두고, 우선 질문에 성실하게 대답해야 합니다. 상대가 여러분에게 질문을 되돌린 이유는 대화의 주체를 넘겨주려는 것도 있지만 여러분의 수준을 가늠하기 위해서이기도 합니다. 따라서 상대의 대답을 최대한 활용하여 상대가 편하고 서로 수준이 맞다고 느끼도록 만들어야 합니다.

세 번째는 충분히 자신을 드러냈을 경우입니다. 또한 상호 신뢰가 어느 정도 쌓인 상태여야 합니다. 사람들 마음속에는 공평해야 한다는 생각이 있어서, 상대가 스스로를 많이 드러내면 그에 맞추어 자신도 어느 정도 이야기를 해야 한다는 의무감을 느껴 말을 더 하게 됩니다. 단, 상호 신뢰가 쌓이지 않은 상태에서 자신에 대해 너무 많이 드러내고 질문하면 상대는 자신도 그만큼 드러내야 한다는 부담감이 있어 지레 겁먹고 한발 뒤로 빠질 수 있으니 주의해야 합니다. 상대가 적당한 속도로 따라올 수 있도록 주고받기를 활용하면서 매끄럽게 대화를 시도합니다. 단답형 질문을 하고 단순히 들은 내용에 대해 다시 질문하는 것이 아니라 그와 관계된 자신의 정보까지도 꼭 흘려줘야 합니다.

단답형 질문과 논술형 질문 모두 대화에서 필요합니다. 하지만 두 질문의 차이를 잘 기억하고, 필요할 때 적절한 질문을 이용해 상대의 마음을 열고 이야기를 이끌어낼 수 있어야 합니다.

질문에는 단답형과 논술형 질문만이 아니라, 교감형 질문도 있습니다. 이것은 다른 질문 유형처럼 어떤 정보를 얻기 위해서가 아니라, 상대의 대답이나 얻은 정보를 되묻고 상대와 공통적인 요소가 있음을 어필하기 위한 질문입니다. 예를 들어 다음과 같은 문장들입니다. 두 문장 모두 상대로부터 얻은 정보를 활용한 질문입니다.

"사케 많이 좋아하시나 봐요? 저도 요즘 관심이 좀 생기는데, 뭐부터 알아봐야 할지 잘 모르겠더라고요."

"아이 키우기 많이 힘드시죠?"

교감형 질문을 받은 상대는 말하기의 특성인 휘발성으로 인해 자신이 정보를 흘렸음을 잊고 자신을 잘 알고 있다고 생각해 더 많은 정보를 오픈합니다. 또한 상대가 정보를 주었다는 것을 기억하더라도 위험할 것은 없습니다. 상대는 자신에게 관심을 가지고 있음에 고마워하며 더 많은 이야기를 들려줄 것입니다. 다만 과도하게 자주 쓰면 자신의 의견이 없는, 지적 능력이 떨어지는 사람처럼 보일 수 있으니 주의해야 합니다.

"얼마까지 알아보고 오셨어요?"가
싫은 이유

상대를 시험에 들게 하지 말 것

오프라인으로 화술 강의를 할 때는 참가한 사람 모두 즐겁게 참여하고 몰입해서 말할 수 있는 동기를 부여해주려고 애씁니다. 그래서 게임 형식을 빌려 경쟁 요소를 도입하여 실습을 진행합니다. 그러면 처음에 쭈뼛거리던 사람들도 어느새 게임에 집중하고 말하기를 즐깁니다. 질문하기 실습에서도 자주 진행하는 몇 가지 게임이 있습니다.

그중 하나가 '길게 대답하게 만들기' 게임입니다. 방법은 매우 간단합니다. 참가자가 돌아가면서 다른 사람에게 각각

3개의 질문을 하고 가장 길게 대답하도록 한 사람이 승리하는 게임입니다. 그런데 이러한 룰만으로 게임을 진행하여 참가자의 몰입도가 높아지면 원래의 게임 취지와는 다르게 진행될 때가 있습니다. 참가자가 단지 길게 대답할 만한 내용만 골라서 질문하거나 3개의 질문이 연관성이 없는 경우도 있습니다. 이렇게 되면 상대는 쏟아지는 질문 세례에 지루함과 불편함을 느낍니다. 질문에 열심히 대답했는데 상대가 대답을 듣고도 연관성이 없는 질문을 하니 맥이 빠지는 것이지요. 상대는 더 이상 성의껏 대답할 필요성을 느끼지 못합니다. 상대가 원하는 내용을 말하게 만들어서 정보를 얻고자 하는 질문의 목적을 상실한 경우입니다.

이렇게 단지 길게 대답하게 만들려는 질문을 크게 두 가지 유형으로 나누어볼 수 있는데, 분량 강요형 질문과 논술 시험형 질문입니다.

첫째, 분량 강요형 질문은 대답하는 사람이 빈칸을 억지로 채우게 만드는 질문입니다. 다음 예문을 봅시다.

지훈 어떤 꿈이 있나요?

수빈 제 꿈은 스포츠 에이전트가 되는 것입니다. 지금도 그 꿈을 버리지 않고 열심히 노력하고 있어요.

지훈   그러면 지금 그 꿈을 이루기 위해서 하고 있는 것이 있다면 구체적

으로 세 가지만 말씀해주시겠어요?

수빈   세 가지요?

지훈   꿈을 이루기 위해 실질적으로 여러 가지로 노력하고 있겠지만 그

중에 세 가지만 말씀해주세요.

수빈은 꿈을 묻는 질문을 받았을 때까지만 해도 대화가 즐거웠을 것입니다. 그런데 두 번째 질문을 받고 나서는 세 가지를 말해야 한다는 강요 때문에 대답하는 데 불편함을 느꼈을지도 모릅니다. 비슷한 예문으로는 다음과 같은 질문이 있습니다.

"기존 직장과 현재 직장의 차이점을 세 가지 정도 설명해주실래요?"
"직업이 영업이라고 들었는데 그러면 다루고 있는 상품의 종류와 장단점을 설명해주시겠어요?"

이러한 질문을 받게 되면 상대는 부담감을 느낍니다. 대답

을 하는 사람이 원하는 대로 이야기할 수가 없습니다. 질문에 대답해야 할 항목과 분량 등을 미리 정해버리기 때문입니다. 이런 질문에 충분한 분량의 대답을 하고 나면 지칩니다. 아무리 말을 많이 주고받았어도 피곤한 관계가 되고 맙니다. 따라서 좋은 관계를 유지하기 위해서는 이런 형태의 질문을 던지는 일은 피해야 합니다.

둘째, 논술 시험형 질문은 무조건 질문 내용에 대해 길게 서술하도록 만드는 질문입니다. 다음 예문을 보겠습니다.

서연 이번 주에 가장 즐거웠던 날에 대해 구체적으로 들려주실래요?

민지 이번 주에는 연구실에만 틀어박혀 있어서 너무 힘들었어요. 하루도 즐거운 날이 없어서 답할 만한 것이 없네요.

서연 그러면 이번 주에 가장 힘들었던 일은 어떤 것이 있었나요?

질문하는 입장에서는 상대에게 좋은 기억을 떠올려주는 논술형 질문을 하려는 의도였을지 모릅니다. 하지만 대답하는 입장에서 생각해보면 짧은 한 줄의 문장을 듣고 지난 한 주의 기억을 다시 더듬어야 하는 비효율적인 상황입니다. 질

문은 쉽게 할 수 있지만 대답은 한참 생각해야 나오는 것이니 기분 좋게 대답하기는 힘든 상황이죠. 더군다나 '이번 주'나 '구체적으로' 등의 단어로 미루어보아 질문하는 상대에 대한 관심 없이 기계적으로 질문하고 있다는 느낌이 듭니다.

물론 질문자가 많은 정보를 흘리고 상대에게 충분한 관심을 표현한 뒤에 서로 충분한 신뢰가 쌓인 상태에서는 이런 질문도 상당히 좋은 질문이 될 수 있습니다. 하지만 대부분의 상황에서는 상대의 요청에 따라 즐거운 순간을 떠올려 구구절절 설명하기가 쉽지 않습니다. 적당한 상황에서 이런 질문을 던졌더라도, 예문에서 대답한 사람처럼 정말 한 주간에 즐거운 일이 없었을지도 모릅니다. 그런데 질문자는 또 큰 실수를 저지릅니다. 어떻게든 상대가 말을 많이 하도록 만들기 위해 가장 힘들었던 일에 대해 질문한 것입니다. 논술형 질문을 통해 상대의 입을 열게 하려는 의도는 가상하나, 이런 질문에 누가 대답하고 싶을까요? 만약 이번 주 내내 힘들었다면 친절하게 대답을 해주더라도 좋지 않은 기억을 떠올리는 동안 점점 마음이 닫힐 것입니다. 특별히 힘든 일이 없었더라도 너무 폭넓어서 대답하기 귀찮은 질문인데, 힘든 일이 있을 때는 얼마나 대답하기 싫을까요? 아마 당장 자리를 박차고 나가고 싶을 것입니다. 이와 비슷하게 다음과 같은 질문도 상대를 피곤하게 만듭니다.

"그럼 이번 달에 가장 즐거웠던 날에 대해 들려줄 수 있나요?"

상대가 이 질문에 즐거운 일이 없다고 답했다면, 실제로 즐거운 일이 없어서인지 생각해봐야 합니다. 상대의 대답이 짧거나 불성실한 이유는 무르익지 않은 관계, 그리고 상대의 반응을 살피지 않는 질문자의 무책임함 때문입니다.

위와 같이 분량을 강요하거나 논술 시험처럼 긴 대답을 요구하는 질문은 대답의 항목을 정해두거나 과하게 구체적인 대답을 요구해서 상대가 귀찮다거나 부담을 느끼게 만듭니다. 질문을 받은 상대가 질문 의도를 파악하기 위해 오래 생각해야 하거나 질문자를 만족시키기 위해 조목조목 대답해야 하기 때문입니다. 이 두 가지 모두 상당히 피곤한 일입니다.

앞에서 대화할 때 상대가 많이 말할 수 있도록 하는 일이 중요하다고 했던 조언과 다르게 들릴 수 있습니다. 상대가 말을 많이 하면 어색한 침묵에서 벗어날 수는 있습니다. 하지만 질문의 목적은 단지 상대를 오래 말하도록 하기 위함이 아니라 상대의 정보를 얻고 마음을 열기 위해서라는 사실을 기억해야 합니다. 그리고 상대가 '기꺼이' 대답할 수 있는 질문이 중요합니다. 그 이유는 크게 두 가지입니다.

첫 번째, 상대에게 편한 질문이어야 마음이 열리기 쉽습니다. 상대가 질문에 성의 있게 대답하기 위해 길게 말하려고 하면 시험 문제를 접하는 어렵고 부담스러운 마음이 듭니다. 이런 상황에서 마음이 열리긴 힘들겠지요. 오히려 마음이 닫힐지도 모릅니다.

두 번째, 정보의 질이 낮아집니다. 긴 대답을 요구해봤자 이미 질문자가 조목조목 항목을 정해 대답해야 할 내용의 틀을 짜놓았기 때문에, 대답하는 사람도 그 질문에 맞춰 한정적으로 사고하게 됩니다. 따라서 질문자가 원하는 내면의 이야기는 듣기 힘듭니다.

이처럼 논술형 질문은 만능 열쇠가 아닙니다. 단지 하나의 말하기 도구일 뿐입니다. 상대의 마음을 얻기 위해 지속적으로 정보를 수집하는 일도 중요하지만, 적당히 흘리며 대화를 주고받으려 노력해야 합니다. 하나의 예문을 더 보면서 어떻게 정보를 주고받는 질문으로 수정할 수 있을지 살펴보겠습니다.

"고양이를 여러 마리 키우신다고 들었는데 이름을 들려줄 수 있나요?"

"이번에 또 식구가 늘어서 7마리인데 이름은……."

이렇게 고양이의 이름을 들은 상황에서 다음 중 어떤 질문
이 상대와 대화를 이어가는 데 가장 도움이 될까요?

**① 각각 고양이의 소개와 어떤 점이 특히 사랑스러운지 얘
기해주시겠어요?**

**② 고양이를 키울 때 알아야 할 것들에 대해 자세히 설명
해주시겠어요?**

③ 어떤 고양이가 제일 귀여운가요?

①, ②번은 논술형 질문이고 ③번은 단답형 질문입니다. 이
상황에서는 ③번이 가장 편안한 질문입니다. 이제 막 고양이
의 이름을 들은 상황에서 ①번과 ②번은 너무 과한 설명을 요
구하고 있기 때문입니다. 물론 ①, ②번의 질문으로도 충분한
대답과 정보를 얻을 수 있습니다. 상대가 굉장히 말하고 싶어
하는 주제였을 수도 있으니까요. 그러나 상대의 정보를 서서
히 얻어가며 대화를 이어나가는 편이 더 안전하고 수월합니
다. 또한 ①, ②번의 질문으로 상대가 대답을 충분히 하면 오
히려 질문자가 대답을 듣다 지루함을 느낄 수도 있습니다. 대

답을 하는데 질문자가 경청하지 않는 건 큰 실례이며 지금껏 쌓아온 신뢰를 무너뜨리는 행동입니다. 따라서 대화하며 서로 충분히 정보를 주고받고 감정적으로 교류를 마친 다음에 더 많은 설명을 요구하는 게 좋습니다. 그렇게 대화를 진행하기 위해서는 ①, ②번의 질문을 아래와 같이 바꾸는 편이 좋습니다.

① ○○이라는 이름은 정말 새침한 느낌인데, 실제로도 그런가요?

② 저도 이번에 고양이를 키우고 싶은 마음이 들었는데 아는 것이 없어서 좀 걱정이 돼요. 혹시 처음에 신경 써야 할 것이 있나요?

①번의 수정된 질문은 상대가 대답한 내용 중 이름을 이용해 다시 질문하는 것으로 관심을 표현했습니다. 그만큼 상대는 마음을 열고 자신의 이야기를 기꺼이 들려주려 할 것입니다. ②번의 수정된 질문은 자신의 상황이 어떤지 언급하고 질문을 이어갔습니다. 이런 식으로 질문을 이어간다면 자연스럽게 서로에 대해 알게 되고 상호 신뢰를 쌓을 수 있습니다.

질문을 통해 우리는 상대의 마음과 정보를 얻어야 합니다.

여기서 마음은 말하고자 하는 마음과 대화를 즐겁게 여기는 마음 모두를 뜻합니다. 정보는 상대의 상황과 더불어 상대가 원하는 것을 포함합니다. 앞에서 배운 질문 방식을 이용하면 상대와 대화하며 마음과 정보를 주고받을 수 있지만, 여기에 두 가지 유의할 점이 있습니다.

첫째, 실제로 듣고 싶은 내용을 질문하거나 듣고 싶어 하는 모습을 유지할 수 있는 질문을 해야 합니다. 이는 무책임하게 과도한 답변을 요구하는 논술형 질문을 해서는 안 되는 이유이기도 합니다. 상대에게 모든 발언권을 맡기고 듣기만 하면 분명 지루해지거나 지칠 수 있기 때문입니다. 궁금하지도 않고 관심도 없는 내용인데 대화를 이끌어나가기 위해 하는 질문은 잠시 관심 있는 척 연기하며 상대를 속이는 잔재주와 다름이 없습니다. 상대의 대답을 통해 계속해서 대화를 이어가야 하는데, 대답하는 입장에서 질문자가 관심이 없다고 느끼면 마음을 닫고 문장을 서둘러 끝내게 됩니다. 이런 상황이 반복되면 결국 서로가 서먹해질 수밖에 없습니다. 서로 할 말과 마음이 남아 있지 않은 상황이 되고 맙니다.

둘째, 상대의 입장에서도 생각해야 합니다. 대화하면서 상대방의 답변이나 요구를 전혀 고려하지 않는다면 짜증만 쌓일 뿐입니다. 몇 가지 질문을 준비해두었다가 시도하는 경우에 이런 실수를 저지를 수 있습니다. 좋은 질문을 기억해두고 활용하는 방법도 좋지만 질문을 생각하기에 급급한 나머지 상대의 시점을 놓치는 경우가 있으니 주의해야 합니다. 예를 들어 좋은 질문은 아니지만 "꿈이 뭐예요?"라고 물었을 때, 이렇게 다른 답변이 있을 수 있습니다.

① 저는 꿈 같은 건 별로 생각해본 적 없어요.
② 제 꿈이요? 다 들으실 수 있겠어요? 제 꿈은요…….

각 대답에서 볼 수 있듯이, 상대가 꿈을 바라보는 관점은 전혀 다릅니다. 이런 상대의 마음을 고려하지 않는다면 불편한 상황에 처할 수 있습니다.

①번의 경우, 상대는 꿈에 대해 이야기할 정도로 편한 관계가 아니라고 생각하거나 꿈이라는 주제를 별로 좋아하지 않는 사람입니다. 이런 상대에게 왜 꿈에 대해 생각해본 적이 없는지 묻거나 꿈을 가져야 한다는 식으로 말하며 대화를 이어간다면, 상대는 최악의 대화 파트너를 만났다고 생각하며 마음을 닫을 것입니다.

②번처럼 답했다면 평소 말하기를 좋아하거나 꿈이라는 키워드를 항상 생각하고 사는 사람일 것입니다. 아니면 질문자

에게 잘 보이기 위해서 꿈을 길게 설명하려고 했을 수도 있겠지요. 이런 경우 대답을 조금 듣다가 다른 질문을 한다거나 중간에 끼어들면 상대는 불쾌해할 수 있습니다.

좋은 질문은 상대가 많이 고민하지 않아도 되고, 마음으로부터 더 이야기하고 싶다는 느낌이 들면서, 가능하면 좋은 기억을 떠올리게 해주는 질문입니다. 이를 위해서는 한 번에 모든 것을 질문하는 것이 아니라, 차근차근 상대를 파악하면서 대화를 주고받으며 질문하는 것이 요령입니다.

나쁜 질문의 예시

영희 오늘 하루 어땠어?

철수 응, 뭐. 비슷했지.

영희 무슨 대답이 그래? 나랑 얘기하기 싫어?

철수 아니, 그런 게 아니라…….

영희 됐어. 얘기하기 싫으면 하지 마.

연인의 싸움이 시작되는 상황입니다. 남자의 과묵함에 서운함을 느끼는 여자에게 공감하는 사람도, 여자의 질문에 피곤함을 느끼는 남자에게 공감하는 사람도 있을 것입니다. 그러나 지금은 질문하는 기술에 대한 주제이므로 여자의 질문 방식을 어떻게 개선할 수 있을지에 대해 이야기해봅시다.

남자의 대답이 성의가 없었던 이유는 간단합니다. 질문이 성의가 없었거나 없다고 느꼈기 때문입니다. 이 간단한 지적을 질문한 여자분이 듣는다면 무척 서운할 것입니다. 하루 종일 그리워하다 늦은 저녁 시간이 되어서야 마주한 남자와 다정한 대화를 시작하려고 했겠지요. 힘든 일이 있다면 들어주고 행복한 시간을 보내려 한 자신에게 어째서 성의가 없다고 하는지 반문할지도 모릅니다. 여기서 질문이 성의가 없다고 하는 데는 두 가지 이유가 있습니다.

첫 번째는 여자의 질문이 너무나 진부하기 때문입니다. 여자의 첫 질문은 어제 했어도, 내일 해도, 10년 후에 해도 똑같이 말할 수 있는 질문입니다. 어쩌면 실제로 계속 해오고 있었는지도 모르지요. 만약 같은 질문에 같은 대답을 했다면 두 사람은 싸우지 않았을까요? 그것은 여자분의 기억력에 좌우될 가정이니 일단 하지 않겠습니다. 진부한 질문은 상대방이 중요하게 생각하지 않습니다. 영어 교과서에 나오는 "How are you?"와 그냥 "I'm fine. Thank you."처럼 틀에 박힌 질문과 대답 같다고 할까요? 질문은 똑같이 해놓고 상대가 다르게 대답하기를 원하는 것은 욕심이 아닐는지요.

두 번째는 질문에 비해 대답하기가 상당히 어렵기 때문입니다. 오늘 하루가 어땠는지 묻는 질문은 쉽게 생각할 수 있지만 대답을 하려면 아침에 일어나서 돌아오기까지를 되짚어 봐야 합니다. 지나치게 포괄적이기 때문입니다. 큰 이벤트가 있었던 날이라면 바로 이야기할 수 있겠지만, 대부분 사람의 일상은 그렇게 스펙터클하지 않습니다. 그래서 무의식적으로 상대가 질문에 들인 수고 정도로 단순하게 대답을 구성하게 됩니다. 그러면 어떤 질문이 더 좋은 질문이었을까요? 좀 더 특별하게 물어보는 것이 좋습니다.

"오늘 얼굴색이 좀 어두워 보이는데 무슨 걱정되는 일 있어?"
"오늘 어째 입꼬리가 살짝 올라간 것처럼 보이는데 신나는 일이라도 있었어?"

설사 사실과 다르더라도 더 많은 이야기를 이끌어낼 수 있는 질문이 됩니다. 진부하고 성의 없는 한마디의 질문으로 상대의 하루를 들으려고 과욕을 부리기보다는 상대를 관찰한 내용을 이용한 질문으로 대화를 이끌어가는 것이 상대의 마음을 열고 관계를 유지하는 데 도움이 되는 현명한 질문의 기술입니다.

물론 위의 예시에는 남녀의 차이도 영향이 있습니다. "어떻게 지냈냐?"라는 질문에 남자는 잘 지낸 '사실'을 확인하는 목적이, 여자는 어떻게 잘 지냈는지 '감정'을 공유하려는 목적이 들어 있습니다. 또 남자는 별말이 없는 것이 긍정적인 반응인 반면, 여자는 별말이 없다면 감정을 공유하고 싶지 않은 거라고 판단합니다.

만약 위와 같은 상황에서 자신이 기대한 대로 상대가 대답하지 않았다면 좀 더 구체적인 질문을 해야 합니다. 계속 실패한다면 아예 다음을 기약해야겠지요.

그럼 또 다른 좋지 못한 질문의 예시를 볼까요?

"얼마까지 알아보고 오셨어요?"

아, 전 벌써 여러분의 마음이 닫히는 소리가 들리는 것 같습니다. 협상의 원칙은 지켰을지 몰라도 대화의 원리는 무시한 질문이기 때문입니다. 다짜고짜 상대의 정보를 알아내려고 시도하는 위의 질문은 대답하기가 매우 어렵고 부담스럽습니다. 또한 자신의 정보만 내주어야 하니 공평하지 않다고 생각하며 강압에 대한 반발로 인해 마음이 닫힙니다.

앞의 예시는 '판매'라는 특정 상황에서 많이 사용되는 질문입니다. 이런 유형의 나쁜 질문은 일상생활에서도 빈번하게 등장합니다. 특히 시작부터 상대에게 답하기 어려운 질문을 하기도 합니다. 이 경우에는 두 가지를 주의해야 합니다.

먼저 많은 경우의 수를 고려해야 합니다. 사고의 폭이 넓지 않거나 주변을 신경 쓰지 않는 사람은 자신의 기준에서 질문을 합니다. 예를 들어 초면에 결혼 여부나 자녀의 수를 묻는 사람들은 대개 정해진 시기에 정해진 일을 치르면서 인생을 살아온 경우가 많습니다. 결혼관을 예로 드니 이런 질문이 실례라는 것을 쉽게 알 수 있지만 실제로 사람은 더 복잡합니다.

자신의 삶, 또는 가치관을 마땅한 기준으로 삼고 질문하면 상대가 마음을 닫아버리기 십상입니다. 인생은 선택의 연속이며 모두가 다른 삶을 살아갑니다. 따라서 언제라도 나의 질문이 상대를 곤란하게 만들 수 있다는 사실을 기억해야 합니다. 완벽하게 이런 상황을 예방할 수는 없지만 타인의 삶에 귀 기울이며 다양하게 접하려고 노력하다 보면 이런 실수를 거의 없앨 수 있습니다. 무엇보다 래포가 형성되기 전에는 일상적이고 편안한 질문으로 상대의 정보를 알아내고 그것을 활용하여 질문하는 편이 좋습니다. 상대의 가치관을 판단하는 말을 삼가고 자신을 드러내는 시점을 잘 계산해야 합니다.

다음으로 상대의 수준을 고려해야 합니다. 웹툰을 좋아하는 상대에게 고전문학에 대해서만 계속 물어본다면 상대는 대단히 불편해하겠지요? 이런 상황을 만들지 않는 것도 센스입니다. 먼저 상대의 취향이나 수준에 대해 기준점을 잡는 질문을 하고 그 반응을 잘 살피면서 다음 질문을 한다면 센스 있는 사람이 될 수 있습니다. 이때 상대의 말을 이용하여 보편적인 질문을 던지며 기준점을 찾으면 됩니다. 이제 대화의 기본 원칙을 벗어나는 질문의 다른 예시를 보겠습니다.

"주말에 비 올지도 모른다는데 그냥 집에 있는 게 어때?"

주말 여행을 기다려온 아내의 맥을 빼놓는 남편의 유도 질문입니다. (비슷한 예로는 야근을 종용하는 상사의 유도 질문이 있습니다.) 이 질문에는 상호작용의 의지가 빠져 있습니다. 상대방에게 선택의 여지를 주지 않는 질문입니다. 당연히 대화가 단절되겠지요. 질문의 목적은 상대의 대답을 통해 상대가 원하는 바를 알아내는 것인데 대답을 미리 정해 놓으면 의미가 없겠지요. 또한 대답하는 입장에서는 자신의 대답이 상대에게 가치가 없다고 판단하여 마음을 닫아버립니다.

사람은 스스로 선택하거나 결정할 수 있는 상황에서 더욱 마음을 엽니다. 이는 자신의 결정에 따라 대화나 일이 진행되고 있다는 사실에 대해 책임감을 갖고 존중받고 있다고 느낄 수 있기 때문이지요. 이와 관련된 재미있는 실험이 있습니다. 실험 결과에 따르면 헌혈할 때 자신의 피를 뽑을 간호사를 직접 고르게 하면 헌혈을 하는 동안 고통을 실제로 덜 느낀다고 합니다. 이처럼 상대를 관계의 주체로 만들어야 상대에게서 긍정적인 변화를 이끌어낼 수 있습니다.

"사람은 바람 따라 구름 따라 살아가는 거겠지요?"
"인생 다 뭐 이렇게 사는 거 아니겠어?"

위와 같이 명확하게 하고자 하는 말이 정해져 있지 않은 막연한 질문은 일반적인 경우 대답하는 사람이 피곤하고 불친절하다고 느낄 수 있습니다. 대답해야 하는 쪽에서 스스로 생각할 내용이 많아지기 때문입니다. 하지만 상황에 따라서는 긍정적인 효과를 발휘하기도 합니다. 특히 상담할 때 상대가 스스로 많은 생각을 하도록 유도하기도 하고, 질문의 빈틈을 스스로 채워서 깊은 이야기를 하게 만들기도 합니다.

이런 질문법은 미국의 유명한 심리학자이자 심리치료사인 밀턴 에릭슨Milton Erickson이 자주 사용하여 '밀턴 모형'이라고 불리기도 합니다. 밀턴 모형의 질문을 효과적으로 활용하기 위해서는 상대가 질문자의 권위를 인정한 상태이거나 서로 간에 충분한 래포가 쌓인 상태여야 하며, 질문자가 상당히 노련하고 임기응변에 뛰어나야 합니다. 짧은 시간에 상대의 깊은 내면을 들여다볼 수 있는 만큼 위험 요소도 많기 때문입니다. 하지만 말하기에 익숙해졌더라도 본인이 상담가라거나, 권위를 내세워 상대에게 스스로 고민하도록 만들 이유가 없다면 굳이 사용하지 않는 편이 좋습니다.

좋은 질문의 예시

말을 잘하는 사람은 감각적으로 상대가 편안하고 쉽게 정보를 흘릴 수 있도록 질문합니다. 하지만 그런 능력은 인식했든 아니든 꾸준히 반복하여 훈련했기 때문에 얻어진 것입니다. 만약 앞서 배운 질문의 방식이 익숙하지 않아서 원하는 대화 상황을 만들지 못할 경우에는 자신만의 리스트를 만들면 도움이 됩니다. 상황별로 질문을 따로 정리해 리스트로 만들어서 기억해두고 비슷한 대화 상황에서 활용하는 것입니다.

단답형 질문과 논술형 질문의 차이

항목		단답식 질문	논술식 질문
개인	사는 곳	어디 사세요?	요즘 그쪽 지역에 큰 쇼핑몰이 들어온다고 하던데, 어떻게 생각하세요?
	가족	형제는 몇 명이세요?	· 형제가 진짜 많으시네요. 어렸을 때 어떻게 지내셨어요? · 형제가 많았으면 하시나요? 형제가 많았다면 어땠을까요?
사회	일	직업은 무엇인가요?	왜 그 일을 선택하게 되셨나요?
	여가	취미는 무엇인가요?	어떻게 그 취미를 시작하게 되셨나요?
상황		이런 모임 같은 것을 자주 갖나요?	오늘처럼 처음 만나서 어색할 때는 보통 어떤 이야기를 나누세요?
		날씨가 참 좋네요.	저는 새벽처럼 선선한 날씨를 좋아하는데 어떤 날씨 좋아하세요? 특별한 이유가 있나요?

목록을 만들 때는 개인, 사회, 상황의 주제에 따라 질문을 분류해두면 좋습니다. 개인에 관한 이야기로 사는 곳, 가족 관계 등을 물어볼 수 있습니다. 여기서 가족 관계를 물어볼 때도 정보가 전혀 없는 상황에서는 배우자 혹은 자녀에 대한 질문보다 형제 관계를 묻는 편이 더 낫습니다. 예를 들어 독신주의자라거나 자녀를 갖기 위해 노력하는 사람에게 이런 질문을 던져 불편함을 주었을 때는, 상대의 콤플렉스와 상처를 건드린 셈이기 때문에 만회하기가 어렵습니다.

그러나 형제 관계는 형제가 없다는 단답형 대답에도 형제가 많기를 바라는지, 많았다면 어땠을지 등의 개방적 질문을 시도할 수 있습니다. 물론 특이한 가정사 때문에 불편한 사람도 있을 수 있겠지만 그런 경우에는 정중히 사과하고 대화를 이어감으로써 만회할 수 있습니다.

두 번째로 사회와 관련해서 직업, 취미 생활 등을 물어볼 수 있습니다. 하지만 정보가 전혀 없는 상황이라면 직업에 대한 질문은 뒤로 늦추는 편이 더 좋겠습니다. 마지막으로 상황에 대한 질문은 대화를 하는 사람들이 있는 공간이나 시간과 관련된 질문을 하는 것입니다. 대화한 당시의 상황에 따라 질문이 달라질 수 있으니 진부하지 않고, 서로 교감하기 쉬워 가장 위험 부담이 적은 질문이라고 할 수 있습니다.

다양한 상황별 질문

- 오늘 눈이 많이 왔는데, 운전하시는 데 어려움은 없으셨나요?
- 저는 3년 전부터 그림을 배우기 시작했어요. 당신은 주말에 주로 어떤 활동을 하시나요?
- 요즘 주식시장이 좀 시끄럽던데 혹시 주식에 투자하고 계신가요?
- 얼마 전 속초에 다녀왔는데 맛집이 정말 많더군요. (굳이 맛집을 묻지 않아도 상대에게 질문의 효과를 낼 수 있는 문장)
- 제가 아는 친구가 이번에 레스토랑을 개업했는데 벌써 맛집으로 소문이 났더군요. 저도 요즘 부업을 해볼까 고민 중이에요. (상대가 부업에 대해 물어볼 기회를 주는 문장)
- 우리는 형제가 많아서 어머니가 고생을 하셨어요. 당신 집은 어때요?
- 이번엔 정말 운동 열심히 해서 다이어트를 하려고 했는데 또 실패했네요. 평소에 즐겨하시는 운동 있으세요?

요즘 사회에서는 개인적인 질문에 답하기 꺼려하는 경우가 많기 때문에 특히나 처음 만났거나 친분이 없는 경우라면 상황부터 사회, 개인의 순서대로 질문하며 마음을 열어가는 것이 좋습니다.

질문만큼 중요한 대답

상대의 대답을 잘 이끌어내기 위해서는 나 역시 잘 대답해주는 것이 중요합니다. 사람의 마음속에는 항상 보상심리가 있어서 자신의 질문에 잘 대답한 사람이라고 기억에 남으면 그 상대의 질문에는 더 충실하게 대답하려고 애쓰기 때문입니다.

질문과 대답을 명확하게 구분하기는 어렵습니다. 동시에 진행되는 경우가 많기 때문입니다. 우리가 대답하는 목적은 크게 세 가지가 있습니다. 첫 번째는 가장 기본적인 정보를 전달하기 위해, 두 번째는 대답을 하고 상대의 반응을 통해 수준을 파악하기 위해, 세 번째는 상대와 신뢰를 형성하기 위해서입니다. 아래의 예를 보며 이를 설명해보겠습니다. 말을 잘하기로 유명한 형주라는 사람이 있다고 해봅시다.

상대 어떻게 그렇게 말씀을 잘하세요?

형주 제가 진짜 고기를 많이 먹거든요. 그게 다 말로 나오다 보니 그렇게 되었네요.

이런 상황에서 상대는 어떻게 반응해야 할까요? 혹시라도 형주가 농담을 던진 것을 모르고 돌아서서 그를 욕하거나 진지하게 어떤 고기를 먹는지 묻는다면 이 두 사람은 친구가 되기 힘들 것입니다. 대답은 이처럼 상대의 수준을 가늠하는 데 좋은 척도를 만들어낼 수 있습니다. 상대가 어떻게 반응하는지 확인하고 그에 맞춰 다음 대화를 진행할 수 있습니다.

또한 앞에서 배웠듯이 대답을 통해 정보를 함축적으로 많이 담아 흘리고 상대가 그것을 파악하여 질문하면서 대화가 이어지도록 한다면, 대화가 무척 즐거워지고 상호 신뢰도 쌓을 수 있습니다.

상대가 외동으로 자랐다고 말하며 형제 관계를 물어보았습니다. 만약 자신 역시 형제가 없었다면 아래처럼 대답을 시작해 상대와 공감대를 형성할 수 있습니다.

"저도 ○○ 씨처럼 형제가 없어서……."

만약 반대로 형제가 많은 경우에는 다음과 같이 말할 수도 있습니다.

"저는 형제가 너무 많아요. ○○ 씨처럼 형제가 없으면 어

떨까 궁금했어요."

이처럼 형제가 많아서 오히려 더 관심이 있다고 표현하며 대답과 동시에 상대와 교감을 만들어낼 수 있습니다. 또한 겸손한 대답으로 가장하여 상대에게 어필하는 방법도 있습니다.

"제가 평소에 설명력이 좀 부족하다고 생각해서 일주일에 한 권씩 책을 읽고 있어요."

설명력이 부족하다는 것은 스스로의 생각일 뿐이고, 만약 실제로 말을 잘한다면 꾸준한 독서를 하는 성실함을 어필하는 문장이 됩니다.

"제가 머리가 커서 금방 알아보셨죠?"

이런 예시처럼 자신의 단점을 위트로 승화시키는 대화법도 있습니다. 다만 과도한 겸손은 마이너스 요인이 될 수 있으니 주의해야 합니다.

항상 겸손과 어필이라는 두 가지 무기를 지닐 수 있도록 자신의 장점과 단점을 생각해보기 바랍니다. 겸손하게 보이려고 드러나지 않는 단점을 굳이 꺼낼 필요는 없지만, 감추기 힘든 단점이라면 쿨하게 인정해서 대범한 사람이라는 인상을 줄 수 있습니다. 그러한 단점을 이용해 편한 인상을 남기는 것도 어필로 볼 수 있습니다.

이제까지와 달리 상대의 질문에 대답할 때 절대 말하면 안 되는 문장이 있습니다.

"아니, 그건 아니죠."

특히 상대의 말이 끝나기도 전에 이 말을 내뱉으며 상대의 말을 끊어버렸다면 어떤 사람이라도 반감이 생길 것입니다. 일단 상대의 말을 끝까지 듣고 대답해야 합니다. 중간에 말을 끊지는 않더라도 일단 반대부터 하고 보는 말투를 구사하는 사람이 가끔 있습니다. 이런 사람들은 기본적으로 반대 의견을 제시하며 자신감을 표현하고 지적인 태도를 보여준다고 착각합니다. 그러나 당연히 이런 태도는 상대방의 말을 끊을 뿐만 아니라, 관계까지도 끊는 원인이 됩니다. 관계를 이어나가기 위해 아부를 하거나 사상을 숨길 필요는 없지만, 반대를 위한 반대를 반복하며 자신의 가치를 떨어뜨릴 필요는 전혀 없습니다.

외모를 칭찬할 때는
조심하세요

칭찬은 아부가 아니다

고래도 춤추게 한다는 칭찬의 위력에 대해서는 익히 들어
알고 계실 것입니다. 칭찬의 위력은 3R~Reinforced, Responses, Recur~ 이
론으로 설명할 수 있습니다. 3R은 어떤 행동을 했을 때 그에
대해 보상을 받으면 그 행동이 강화, 증가하고 무시를 당하면
감소한다는 이론입니다. 예를 들어 아이가 비뚤어지는 경우
는 대부분 무관심으로 인해 감정적 기아 상태에 빠졌기 때문
입니다. 좋은 행동을 해도 칭찬이나 관심을 받지 못하면 부정
적 스트로크라도 받기 위해 눈에 띄는 나쁜 짓을 합니다. 반

대로 고래가 춤을 추는 이유도 춤을 추면 보상을 받기 때문입니다. 물론 이는 단지 고래나 아이에 국한된 이야기가 아닙니다. 동물이든 사람이든, 사람이 성숙하든 미성숙하든 관심을 받고 칭찬이 진실하다고 느끼면, 감정적인 충만함과 상대에 대한 신뢰가 쌓입니다.

3R 이론

이렇게 칭찬은 좋은 행동을 증가시키는 원리입니다. 다른 보상에 비해 큰 노력과 비용이 들지 않아 효율적이며, 그럼에도 불구하고 행동을 강화하는 힘이 매우 강하여 그 어떤 보상보다 효과적입니다. 활용에 따라 행동을 강화하여 상대를 변화시키는 것도 가능합니다.

간혹 상대에게 칭찬을 하는 것이 아부하는 을이 된 것처럼 느껴져 자존심이 상한다는 사람도 있지만, 애초에 대화는 대등한 관계에서 일어나므로 이런 계산은 필요가 없습니다. 칭찬은 인간이 고래에게 하지, 고래가 인간을 칭찬하지 않습니다. 또한 오히려 칭찬을 잘하는 사람이 주도권을 잡습니다.

칭찬이 상대에게 보상으로 전달되기 위해 중요한 것은 진정성입니다. 진심으로 칭찬했을 때 상대가 기뻐해준다면 더할 나위 없이 좋겠지만, 진심이 제대로 표현되지 않거나 진심을 말해도 다르게 받아들이는 경우가 많습니다. 따라서 칭찬에 진심을 담는 방법과 그 진심을 상대에게 제대로 전하는 방법을 알아야 합니다. 즉, '무엇'을 칭찬하고, 또 '어떻게' 칭찬하는가가 중요합니다.

우선 상대만을 위한 칭찬을 해야 합니다. 즉, 하는 사람이 아닌 듣는 사람에게 특별한 의미가 있는 칭찬이어야 한다는 말입니다. 칭찬은 보석과 같습니다. 보석이 흔하게 얻을 수 없어 귀한 것처럼, 흔한 말에서는 특별한 의미를 찾기가 어렵고 진심이 느껴지지 않습니다.

그래서 저는 모든 화술 강의에서 유행어 사용을 지양하라고 강의합니다. 그 이유는 유행어는 흔히 말하고 듣는 말이기 때문입니다. 유행이라는 단어 자체가 이미 많은 사람이 사용하고 있다는 뜻입니다. 예능인이 일주일간 머리를 쥐어짜 유행어와 그에 맞는 상황을 만들어냈기 때문에 우리에게 웃음을 줄 수 있는 것입니다. 유행어를 사용하면 개그가 생각이 나서 웃을 수는 있지만, 유행어를 사용하는 사람을 재치 있다고 기억하기보다는 우스운 사람이라고 평가할 가능성이 더 큽니다. 반면 오직 한 상황에서만 사용이 가능한 문장으로 웃음을 준다면 어떨까요? 칭찬도 같습니다. 상대에게 효과적으로 칭찬하기 위해서는 이 부분을 반드시 기억해야 합니다.

예를 들어 미녀를 앞에 둔 한 남자가 태어나서 처음으로 용기 내어 그 여자의 미모를 칭찬했습니다. 하지만 그 미녀는 형식적인 감사 인사만 할 뿐 진심으로 기뻐하지 않습니다. 남자는 애써 낸 용기에 대한 여자의 무신경한 반응에 그녀를 원망하게 되고 애증의 대상으로 생각하겠지요. 하지만 여자의 입장에서 그 남자는 다른 사람이 하는 말을 똑같이 하는 평범한 사람일 뿐입니다. 미녀에게 예쁘다는 말은 진부함을 넘어서서 기억에 남지도 않을 인사말과 같죠.

남자가 '아름답다'는 칭찬을 처음 했는지는 상관없습니다. 듣는 사람에게 특별하게 느껴져야 보석 같은 효과를 발휘할 수 있습니다. 대화의 주체는 언제나 상대입니다. 말하는 사람이 처음 한 말이라도 듣는 사람에게 익숙하다면 그것은 흔한 칭찬입니다. 상대가 참신하다고 느낄 수 있는 칭찬을 해야 합니다.

이렇게 보면 대단히 창의적인 사람만 칭찬을 잘할 수 있을 것 같지만, 사실 그렇지는 않습니다. 말은 상대가 듣고 해석하는 순간 완성됩니다. 즉, 상대방이 어떻게 듣느냐가 가장 중요합니다. 따라서 창의적인 사람만이 아니라 창의적인 내용을 준비하는 사람도 효과적인 칭찬을 할 수 있습니다. 창의적인 내용의 칭찬을 준비하고 효과적으로 전하기 위해 우선적으로 해야 할 일은 다음과 같습니다.

첫째, 칭찬이 대화에서 얼마나 중요한지 깨닫고 실행하려는 마음가짐을 지녀야 합니다. 칭찬하고자 하는 마음이나 머릿속에만 존재하는 칭찬은 없는 것이나 마찬가지입니다. 상대에게 전달해야 마음을 전할 수 있습니다.

둘째, 분야별로 칭찬을 준비하고 연습해둡니다. 진실한 칭찬을 위해 인위적으로 연습해야 한다고 생각하면 거부감이 들수 있습니다. 하지만 이해력을 우선으로 하는 수학을 배울 때도 먼저 공식을 외웁니다. 공식을 외우면 그것을 응용하면서 즉흥적으로 대처할 수 있고 창의력도 발휘할 수 있습니다. 지금 여러분은 말하기의 구구단을 배우고 있는 것과 같습니다. 파워포인트 등을 이용해서 발표 자료를 제작할 때에도 처음에는 스마트 아트처럼 프로그램 내에 이미 잘 만들어진 도형이나 기존의 훌륭한 템플릿을 이용하는 편이 빠르고 좋은 결과를 가져옵니다. 그것이 익숙해지면 직접 제작하여 더 좋은 결과를 만들 수 있겠지요. 지금은 말하기에서 다양한 스마트 아트 기능을 머릿속에 넣는 작업을 한다고 생각하면 됩니다.

셋째, 상대를 관찰하려고 노력해야 합니다. 수학 문제를 풀 때 공식을 다 기억하고 있어도 어떤 답을 구해야 하는지 문제를 제대로 파악하지 않으면 해결할 수 없습니다. 이처럼 상대를 잘 관찰하여야 그 상황에 적합한 칭찬을 꺼내 쓸 수 있습니다.

칭찬은 한번 익숙해지면 생각보다 쉽게 할 수 있습니다. 위의 요령을 잘 기억해두었다가 부끄러움이나 두려움을 이겨내고 꼭 시도해보기 바랍니다.

칭찬의 대상을 찾는 법

칭찬을 하려고 마음을 먹어도 막상 하려고 하니 무엇에 대해 칭찬해야 할지 알 수가 없어서 난감해집니다. 이는 상대가 장점이 없는 사람이어서라기보다 무엇을 어떻게 칭찬해야 할지 모를 뿐 아니라 칭찬하는 것이 부끄러워서입니다.

먼저, 무엇을 어떻게 칭찬해야 할지 모르겠을 때는 분야를 나누어서 칭찬할 소재를 찾아나가면 좋습니다. 쉽게 외모, 물건, 행동으로 분야를 나누어 각 분야별로 어떤 칭찬을 할 수 있을지 살펴보겠습니다.

첫째로 외모에 관해서는 가장 직관적이고 자연스럽게 칭찬할 수 있다는 장점이 있습니다. 단순히 미인, 미남이라는 칭찬뿐만 아니라 눈이 빛난다거나 목소리가 호소력이 있다거나 미소가 친근하다는 식으로 칭찬할 수 있습니다.

하지만 자칫하면 상대의 콤플렉스를 건드릴 수도 있습니다. 예를 들어 구릿빛 피부를 건강해 보인다고 칭찬했는데, 상대는 어려서부터 피부가 검다는 이야기를 너무 많이 들어서 더는 듣고 싶지 않을 수도 있습니다. 만약 콤플렉스를 건드렸다면 어떻게 할까요? 이에 대응하는 방법은 뒤에서 자세히 이야기하겠습니다. 다른 단점으로는 흔한 칭찬이 될 수도 있다는 것입니다. 외모는 하루아침에 변하지 않기 때문에 이미 누군가가 자신과 똑같이 칭찬했을 가능성이 높습니다. 따라서 외모에 대해 칭찬할 때는 눈에 띄는 점을 바로 칭찬하지 말고, 한 번 더 생각해서 상대의 특별한 점을 찾아 말해주려고 애써야 합니다.

둘째로 물건에 대한 칭찬은 실패할 확률이 상대적으로 적으면서 대화에도 유용하니 칭찬의 대상으로 삼기 좋습니다.

칭찬의 대상에는 의상뿐만 아니라 다양한 소품도 포함됩니다. 그 사람이 가진 물건을 칭찬하면 이후에도 그 물건을 구입하는 법, 또는 사용하는 법에 대한 설명에 대해 질문하고 듣는 등 자연스럽게 대화 소재로 계속 활용할 수 있다는 장점이 있습니다.

그렇지만 물건은 외모나 행동에 비해 상대적으로 중요하지 않게 여겨지기도 해서 칭찬을 해도 효과가 크지 않을 수 있습니다. 또한 소재가 한정적이라는 단점도 있습니다. 물건에 대해 몇 번 칭찬하고 나면, 큰 인상을 남기지도 못한 상태에서 더 이상 칭찬할 만한 물건을 찾지 못해 어색한 상황이 올 수 있습니다. 따라서 물건을 칭찬할 때는 관찰력과 기억력이 중요합니다. 상대가 지금 신경 쓰고 있는 물건이나 변화가 생긴 물건을 찾아서 언급해주어야 효과가 큽니다.

마지막으로 행동에 대한 칭찬은 지속적인 관심을 가져야만 파악할 수 있고, 이 때문에 관계 형성에 큰 도움을 줄 수 있습니다. 칭찬의 대상은 상대가 지금 한 행동이나 제스처, 말투, 또한 예전에 했던 행동까지도 포함됩니다. 행동은 외모나 물건과 달리 항상 존재하지 않고 행동하는 순간 나타났다 사라지기 때문에 이에 대한 칭찬은 특별하게 여겨지기 쉽습니다.

그러나 그만큼 상대에게 부담을 줄 수 있고, 칭찬이 아닌 격려로 여긴다거나 무언가를 시키려고 유도한다는 느낌을 줄 수 있다는 단점도 있습니다. 따라서 행동에 대해 칭찬할 때는 관계에 대해 객관적으로 이해하고 있어야 합니다. 상대와 얼마나 가까운 사이인지, 어떤 이해관계가 얽혀 있는지 등의 상황을 고려해야 한다는 말입니다. 예를 들어 별로 친분이 없을 때 과도하게 행동을 칭찬하면 상대의 입장에서는 부담이 될 수 있지만, 어느 정도 친분이 있을 때는 관심이 있음을 표현하여 관계를 돈독히 하는 데 유용합니다. 또한 이해관계가 얽혔거나 상대의 도움이 필요할 때도 과도한 칭찬은 역효과를 낼 수 있으니, 차라리 솔직하게 도움을 요청하는 것이 좋습니다.

칭찬의 방법

이제는 분야별로 칭찬할 때 각 분야별 칭찬이 지닌 단점을 커버하고 얻을 수 있는 긍정적인 효과를 극대화하기 위한 세 가지 조언을 드리고자 합니다.

첫째, 끝까지 밀어붙여야 합니다. 칭찬을 시도했을 때 상대가 흘려들을 정도로 진부한 내용인 것보다 더 안 좋은 경우가 있습니다. 상대에게 콤플렉스이거나 떠올리기 싫은 부분을 언급하는 칭찬입니다. 특히 외모에 대해 칭찬할 때 이런 실수를 범하기 쉽습니다. 보통 눈에 띄는 부분을 칭찬하기 쉬운데, 눈에 띄는 부분은 당사자에게 콤플렉스일 가능성이 크다는 맹점이 있습니다. 만약 이런 사태가 벌어졌다면 어떻게 해야 할까요?

처음 본 여자의 날카로운 코를 보고 아름답다는 칭찬을 했다고 가정해봅시다. 그런데 그 여자는 자신의 코가 매부리코 같아서 콤플렉스로 여기고 있었습니다. 오똑하고 예쁜 코지만 어린 시절 친구들이 유독 튀는 그녀의 코를 가지고 놀렸던 기억 때문입니다. 그녀는 칭찬을 듣고 무심코 자신의 코를 감싸며 고개를 숙이고는 잘 들리지 않는 목소리로 "저는 별로 그렇게 생각하지 않는데요."라고 말했습니다. 등줄기로 식은 땀이 흐를 것 같지 않습니까? 이런 상황은 누구에게라도 닥칠 수 있습니다. 특히 잘해보려고 하는 사람에게 더 쉽게 일어납니다. 그런 만큼 긴장하고 당황한 나머지 수습하기도 어려워합니다. 그렇게 미운 사람으로 낙인이 찍히면 너무 억울하겠죠. 만약 상대가 자신의 칭찬을 받아들이지 못했을 때 "아, 그렇군요. 미안합니다."라고 수긍해버리면 최악의 상황으로 끝나버립니다. 애초에 칭찬이 진실하지 못했음을 인정하는 꼴이 될 뿐만 아니라 상대의 콤플렉스가 단점이라고 동의한 결과가 됩니다.

그렇기 때문에 최선의 선택은 밀고 나가는 것입니다. 자신의 칭찬에 대한 확신과 상대가 왜 그렇게 생각하는지 모르겠다는 의문을 상대에게 진실되게 전달해야 합니다. 이런 상황에는 단어나 문장도 좋지만, 보디랭귀지도 매우 중요합니다. 스스로 확신을 가지고 칭찬을 밀고 나가면 보디랭귀지도 따라옵니다. 칭찬은 반드시 칭찬으로 마무리가 되어야 합니다. 그렇게 하면 상대의 의혹이 감동으로 바뀌는 모습을 볼 수 있습니다. 물론 이런 결과를 이끌어내기 위해서는 칭찬한 상대의 장점에 대해 확신할 수 있는 진심과 연습이 필요합니다.

둘째, 상대의 변화를 놓치지 말아야 합니다. 분야별 칭찬의 단점을 없앨 수 있는, 안전하면서 효과적인 칭찬 방법은 변화에 대해 언급해주는 것입니다. 변화를 먼저 인식하고 그것을 칭찬한다면 칭찬의 기본 원리인 진부하지 않은 상대만을 위한 칭찬이 됩니다. 이성에게 인기가 많은 사람을 잘 살펴보면 타인의 사소한 변화를 잘 감지하고 언급하는 사람임을 알 수 있습니다. 이것도 타고나는 능력이라고 생각하기 쉽지만, 훈련에 의해 얻을 수 있는 능력이라고 확실히 말씀드릴 수 있습니다. 그런 사람들은 목표와 방향을 정하고 그에 따라 훈련을 해왔기 때문에 가능한 것입니다.

형제가 많은 가정에서 중간에 낀 아이가 성격이 좋다는 평을 받는 이유도 이와 같습니다. 이들은 첫째로 태어나 주목받지도 못했고 막내여서 보살핌을 독차지하지도 못하는 상황에서 사랑받고자 하는 목표가 있습니다. 그것을 이루기 위해 부모의 생각을 읽고 사랑받기 위해 행동합니다. 그것을 반복하다 보면 곧 훈련이 됩니다. 이렇게 인식하지 못한 새 꾸준히 훈련하여 체득한 사람을 보고 타고났다고 생각할 수 있지만 여러분도 이들처럼 될 수 있습니다. 이성을 유혹하기 위해서라든지 가족에게 사랑받기 위해서라든지, 사람에 따라 상황에 따라 다양한 목표를 세워 훈련하면 제대로 칭찬할 수 있습니다.

칭찬하기 위해 상대의 변화를 읽는 방법은 복잡하지 않습니다. 기억하지 못할까봐 두려워하지 않으셔도 됩니다. 왜냐하면 지난 만남에서 있었던 모든 것을 기억하는 사람은 어차피 거의 없기 때문입니다. 기억하기보다 상대를 관찰하기가 더 중요합니다. 처음부터 모든 변화를 감지할 수 없습니다. 우선 눈에 띄는 부분에서 변화가 있는지 생각해보면 됩니다. 애매할 경우 질문과 칭찬을 동시에 하며 상대가 스스로 어느 부분이 변화했는지 이야기하도록 만들고, 동시에 칭찬을 들었다고 여길 수 있게 만들어줍니다.

"머리 스타일이 바뀐 건가? 오늘 유난히 발랄해 보이는데?"

예를 들면 위와 같이 상대의 머리 스타일의 변화에 대해 질문하며 발랄해 보인다는 칭찬을 동시에 할 수 있습니다. 이어서 위의 칭찬에 상대가 할 만한 답변 세 가지를 보겠습니다.

① 어떻게 알았어? 알아봐줘서 고맙네.
② 바뀌지 않았는데? 오늘 아이라인을 좀 다르게 그려서 그런가?
③ 평소랑 똑같은데, 그렇게 보여?

③번과 같은 답을 들었을 때는 "응, 평소보다 훨씬 밝은 느낌인데. 기분 좋은 일이라도 있는 거야?"라고 다시 질문하며 대화를 이어갈 수도 있겠습니다.

보통 사람들은 상대방의 변화에 대해 칭찬할 때 변화를 알아내야만 한다고 생각하고 만약 틀리면 어쩌나 두려워합니다. 하지만 위의 예를 보면 알 수 있듯이 변화를 간파했는지 못했는지는 중요하지 않습니다. 특히 ②의 대답에 주목할 필요가 있습니다. 변화를 잘못 간파했음에도 불구하고 상대가 알아서 적절하게 수정하여 수용했습니다.

앞에서 스트로크는 상대에 대한 언어나 태도, 접촉 등을 통해 반응하는 것을 뜻하며, 사람의 정서적 배고픔을 채워주기 위해서 필요하다고 이야기했습니다. 칭찬은 그중에서도 아주 좋은 재료로 만든 고급 요리입니다. 입맛에 좀 맞지 않으면 약간의 조미료를 첨가해서라도 먹고 싶은 마음이 드는 것이 당연합니다. 변화에 대한 칭찬은 이렇듯 사람들의 칭찬받고 싶은 욕구를 이용합니다.

또한 상대의 변화를 칭찬하려고 계속 시도하다 보면 실제로 변화를 인지하는 능력이 발달하게 됩니다. 두려워하지 말고 상대를 관찰하여 변화를 언급해보세요. 그러면 정말 변화가 눈에 더 띄기 시작합니다. 우리의 뇌는 여전히 말랑말랑해서 쉽게 상황에 적응하기 때문입니다.

그러면 다른 분야인 행동과 물건에 대한 칭찬에서 주의할 점을 살펴보겠습니다. 행동을 칭찬할 때는 행동을 본 즉시 칭찬해야 효과가 큽니다. 물건은 부럽다거나 궁금하다는 표현을 섞으면 더 힘을 발휘합니다. 예를 들면 다음과 같습니다.

"어, 처음 보는 신발이네? 정말 예쁘다. 이런 건 어디서 살 수 있어?"

단순히 칭찬으로 끝내지 말고 관련된 내용으로 질문하며 상대에게 자랑할 여지를 줍니다. 상대를 자랑하게 만들면 대화에서 우위를 점한다고 봐도 무방합니다. 자랑을 하면 상대에 대한 경계심이 허물어지고 인정받았다는 느낌이 들어 상대에게 무언가를 해주고 싶다는 생각이 들기 때문입니다.

셋째, '과유불급'을 기억해야 합니다. 처음부터 너무 자주, 많이 칭찬하면 상대의 경계심을 높입니다. 따라서 천천히 자연스럽게 칭찬의 횟수를 증가시켜야 합니다. 또 다른 이유는 한계효용 체감의 법칙 때문입니다. 칭찬이 반복되면 칭찬의 효과와 가치가 낮아집니다. 상대가 칭찬을 진심으로 느꼈다는 확신이 들 때 빈도를 조금씩 늘려야 합니다. 만약 이를 상사에게 활용한다면 가장 훌륭하고 세련된 아부의 기술이 됩니다.

반면 긍정적인 말만 해야 한다고 강박적으로 생각하는 사람이 있습니다. 긍정적인 말만 하는 사람은 상대에게 칭찬을 자주 해도 좀처럼 믿음이 가지 않습니다. 원래 좋은 말만 하는 사람이라고 평가받았기 때문입니다. 따라서 평소에도 사소한 일에 대해서는 부정적인 부분도 함께 말해야 합니다. 긍정적인 이야기를 열 번 할 때 부정적인 이야기를 한 번 정도 하면 솔직한 사람이라는 평가를 받을 수 있습니다.

반대로 5:5, 혹은 그 이상으로 정말 솔직하게 말하는 사람이라면 매사 부정적이고 우울한 사람이라는 비난을 받을 수 있으니 주의해야 합니다. 이런 사람은 상대의 부정적인 부분은 최대한 이해하며 긍정적인 부분을 찾아 칭찬하려는 노력을 기울여야 합니다. 감정에 솔직한 사람이 무례하다는 평가를 듣기 쉬운 이유는, 사람은 모두 자신을 기준으로 생각하고 기억하기 때문입니다. 신뢰도를 높이기 위해서는 사소한 부분만 부정적으로 언급해야 합니다.

이 외에도 꼭 피해야 하는 칭찬 방법이 있습니다. 그것은 상대가 한 칭찬을 그대로 돌려주는 방법입니다. 상대의 말을 활용하여 대화를 이어나가는 것은 대체적으로 좋은 평가를 받지만, 칭찬만은 그렇지 않습니다. 상대를 기준으로 생각해봤을 때 몇 초 전에 자신이 했던 말을 그대로 듣는다면 이보다 더 진부하게 느낄 수는 없겠지요.

효과적으로 칭찬을 전달하기까지 성공했다면 상대를 긍정적인 방향으로 이끌 수 있습니다. 칭찬하기는 상대를 자신이 원하는 방향으로 이끌고 대화의 주도권을 가질 수 있는 무척 강력한 기술입니다.

부담스럽지 않게 칭찬하려면

칭찬할 때 "나 지금부터 칭찬할 거니까 잘 들어"라는 느낌이 들면 상대에게 큰 부담이 됩니다.

"말씀을 정말 너무 잘하시네요."
"너무 아름다우십니다."

이렇게 직접적인 칭찬은 오히려 하는 사람이 우스워 보일수 있고, 경우에 따라서는 상대가 어떤 반응을 보여야 할지 난감해지기도 합니다. 그래서 직접적으로 하는 칭찬보다 우회한 표현의 칭찬이 효과적입니다. 이런 칭찬에는 네 가지 스타일이 있습니다.

첫 번째로 부러움을 표시하며 칭찬하는 방법입니다.

"넌 어떻게 그렇게 말을 잘하니? 나는 아무리 연습해도 어색하던데."

자신과 비교하여 상대를 높여주는 칭찬입니다. 부러움을 표시함으로서 칭찬이 더 진실하고 자연스러운 느낌을 줍니다. 다만 이런 칭찬을 받는 사람의 인격이 낮다면 자만하거나 칭찬을 한 사람을 무시할 수 있습니다. 이때는 다른 말하기 요령을 활용하여 상대와 관계를 만들어가거나 그런 사람과의 관계를 줄여가야 하겠지요. 다만 이러한 칭찬하기는 비아냥거림으로 들릴 수 있기 때문에 주의가 필요합니다. 예를 들어 아래와 같은 칭찬은 듣기에 따라 비아냥거림으로 들릴 수도 있습니다.

> "너는 정말 성실하구나. 밤을 새고 공부했나 보네. 나같이 평범한 애는 일찍 자는데."
> "넌 참 맛있는 집도 많이 아는구나. 나는 그런데 가본 적이 없어서 잘 모르는데."

그렇기 때문에 부러움을 표시할 때는 상대가 수용할 수 있도록 스스로 부족하다고 느끼는 부분을 대상으로 해야 합니다. 만약 자신의 우월함을 은연중에 내비치기 위해 부러움을 가장한다면 상대에게는 큰 모욕감을 선사하게 됩니다.

> "넌 먹는 게 흡수가 잘 되나 보네. 그게 건강한 거지. 난 먹어도 살이 안 쪄."

**"너처럼 애인 없는 게 편하지. 나처럼 있어봐야 신경 쓸 일
만 많아져."**

두 번째는 질문을 통해 칭찬하는 방법입니다.

"야, 정말 멋진데? 이런 가방은 어디서 사?"

이런 말은 질문인 동시에 칭찬이 됩니다. 상대가 칭찬 같은
질문에 대답하면서 자연스럽게 칭찬을 수용할 수 있다는 큰
장점이 있습니다. 또한 칭찬을 소재로 계속 대화를 이어나갈
수 있습니다. 다만 이런 경우에는 상대의 말을 적극적으로 경
청하고 처음 질문했던 태도를 유지할 수 있어야 합니다. 만약
그렇지 못한다면 상대가 칭찬을 듣고 느낀 쾌감이 불쾌감으
로 바뀌는 역효과가 나타날 수 있습니다.

세 번째는 칭찬처럼 들리는 단어를 흘려서 칭찬하는 방법
입니다.

"너무 걱정할 것 없어. 너의 감각은 정말 예술가 같아."

예문에서는 직접적인 칭찬과도 비슷하지만 예술가라는 단

어를 사용해서 상대의 긍정적인 이미지와 매칭하여 칭찬하였습니다. 칭찬이 아닌 듯 자연스럽게 좋은 의미의 단어를 끼워 넣어 간접적으로 칭찬하는 방법입니다. 듣는 사람은 편안하게 들을 수 있고 칭찬을 시도한 사람도 실패할 확률이 낮습니다. 다만 이런 칭찬을 잘하려면 어휘력이 풍부해야 합니다. 그리고 본인만의 특수한 어휘 체계를 가지고 있다면 시도하지 않는 편이 낫습니다. 자신이 생각하는 단어의 이미지와 상대가 생각하는 이미지가 다르다면 칭찬의 효과가 떨어질 테니까요.

네 번째는 타인을 통해 간접적으로 칭찬하는 방법입니다.

"그 친구는 내가 정말 믿어. 그 정직함은 내가 정말 존경해."

같은 칭찬이어도 상대에게 더 강한 효과를 발휘하는 방법입니다. 그 사람에게 직접 이야기하지 않고 간접적으로 칭찬하는 것입니다. 제3자를 통해 들려준 칭찬은 바로 앞에서 하는 칭찬보다 훨씬 더 큰 신뢰성을 갖습니다. 아부나 겉치레가 아니라는 확신을 주기 때문입니다. 그래서 이와 반대의 경우인 뒷담화는 절대 해서는 안 됩니다. 나쁜 의미로 그 상대에게 확신을 주기 때문입니다.

직접적이기보다 우회하는 방법으로 칭찬하면 상황에 어울

리는 대화를 이어갈 수 있습니다. 앞에서 소개한 네 가지 스타일의 칭찬을 잘 기억해두고 때에 따라 잘 활용한다면 누구에게나 환영받는 사람이 될 수 있습니다.

마지막으로 한 가지 팁을 더 드리자면 상대의 이름을 언급하면서 칭찬하라는 것입니다. 명절이 되면 지인에게 안부 문자를 돌립니다. 대부분이 같은 내용의 뻔한 문자를 단체로 보내는 경우가 많아 답을 하지 않는 비율이 상당히 높습니다. 그런데 뻔한 내용이지만 상대의 이름을 넣으면 답문이 오는 비율이 훨씬 더 높아집니다. 이름을 넣음으로써 상대는 자신에게만 보내는 문자라고 인식하여 답문을 보냅니다.

칭찬도 이와 같이 상대의 이름을 부르면서 하는 편이 좋습니다. 이름을 부르는 것은 간단하지만 칭찬을 더 잘 수용하도록 도와주는 중요한 팁입니다.

이름과 함께 칭찬할 때는 이름과 칭찬 사이에 공백이 길어서는 안 됩니다. 그 공백이 길면 길수록 칭찬이 준비된 것처럼 들리고 신뢰성이 떨어집니다. 실제로 준비를 하면 공백이 줄어들어 준비를 안 한 것처럼 느껴져야 하는데, 인식은 그 반대인 겁니다. 또, 이름을 부르는 것이 좋다고 해서 항상 상대의 이름을 앞에 붙이지는 않아도 됩니다. 가끔씩 언급해주기만 해도 도움이 됩니다.

칭찬을 들었다면 어떻게 답해야 할까?

지금까지 상대에게 효과적으로 칭찬하는 방법을 익혔습니다. 그렇다면 반대로 칭찬을 들었을 때는 어떻게 반응해야 할까요? 당연히 춤까지 출 필요는 없습니다. 칭찬을 들었을 때도 칭찬을 할 때와 마찬가지로 반응하는 방법에 따라 상대를 변화시킬 수 있습니다.

앞에서 본 3R 이론의 내용을 칭찬을 듣는 입장으로 바꾸어 생각해 봅시다. 칭찬을 긍정적으로 수용하면 칭찬을 한 사람은 더 칭찬해주고 싶어집니다. 그리고 이런 반응이 모여 평판을 만듭니다. 작은 반응 하나가 자신의 이미지를 구축합니다. 그래서 칭찬에 대한 긍정적인 수용 방법과 부정적인 수용 방법에 대해 알아두어, 부정적인 수용 방법을 피하고 긍정적인 수용 방법을 실천해야 합니다.

우선 부정적인 수용 방법에는 상대의 칭찬을 무시하는 행동과 화제를 돌려버리는 행동이 있습니다. 이런 행동은 정말로 칭찬하는 상대를 무시하려고 했다기보다 멋쩍거나 겸손해 보이기 위해서 하는 경우가 많습니다. 칭찬에 자만해서 상대를 깔보거나, 스스로 더 내용을 얹어서 잘난 척을 하는 경우보다는 차라리 화제를 돌리는 편이 더 나을 수도 있습니다.

하지만 이런 행동들은 모두 부정적인 수용 방법으로, 칭찬이라는 행위를 한 상대에게 부정적인 암시를 줍니다. 이 사람에게 하는 칭찬은 무시당하거나 안 좋은 결과를 가져온다는 생각이 무의식적으로 생겨나 다시 칭찬할 이유가 사라지는 것입니다. 계속 부정적인 수용 방법으로 칭찬을 받아들인다면, 상대는 더 이상 칭찬을 하고 싶어 하지 않습니다.

반면 긍정적인 수용 방법은 상대의 칭찬을 인정하며 감사를 표하는 것입니다. 만약 겸손하지 않은 모습으로 보일까봐 부정적인 수용 방법을 택했다면, 이제는 이렇게 긍정적인 수용 방법으로도 얼마든지 겸손함을 표현할 수 있음을 알아야 합니다. 또한 과도한 겸손은 오히려 상대를 불편하게 만들 수 있습니다.

"제가 도움이 되었다니 다행입니다. 칭찬 감사해요."
"이번에 산 가방인데 바로 알아봐주는구나. 고마워."
"그런 칭찬은 처음인데? 고마워."

상대의 칭찬을 인정하고 감사를 표하는 것을 어렵게 생각할 필요 없습니다. 간단하게 상대가 말한 칭찬을 돌려주고 가볍게 감사를 표하는 것으로 충분합니다. 다만 입안에서 작게

중얼거리거나 부끄러워하면 안 됩니다. 가볍게 말하더라도 명확하게 진심을 전할 수 있어야 합니다. 그래서 가능한 상대와 눈을 마주치며 말하면 좋습니다. 특히 상대가 대단하지 않은 일이라고 생각할 때 감사를 표현한다면 더욱 효과적입니다.

마지막으로 칭찬을 수용하고 감사를 표현할 때 마음으로부터 고맙게 생각하는 것이 가장 중요합니다. 그러면 그 칭찬이 자신에게도 특별해지고, 칭찬을 한 사람도 스스로의 가치를 더 높게 여길 수 있습니다. 여러분의 평판은 스스로 만드는 것입니다. 여러분이 없는 자리에서도 여러분을 칭찬하는 사람이 많아지도록 칭찬을 잘 수용하시기 바랍니다.

액션보다 어려운
리액션

경청은 단순히 '듣는 것'이 아니다

경청의 중요성에 대해서는 모두가 강조합니다. 하지만 실천하는 사람은 그렇게 많지 않습니다. 왜 그럴까요? 경청을 단순히 '듣는' 것이라고만 생각하기 때문입니다. 이것은 말을 잘못하는 이유와도 유사합니다.

말을 잘하기 위해 기억해야 하는 말의 특성은 경청을 잘하기 위해서도 필요합니다. 여기서 말하는 말의 특성이란 전달성, 휘발성, 즉흥성입니다. 경청이 단순히 듣는 데서 끝난다면 이들을 이해할 필요가 없습니다. 하지만 경청은 상대의 즉흥적인 말이 휘발되기 전에 나에게 전달되는 내용을 이해하고 확인하며 교감하는 과정까지 포함합니다.

잘못된 경청 방법은 상대의 말이 전달되지도 않았는데 감탄사 정도의 단순한 반응만을 반복하거나, 상대의 즉흥적인 말에 정해진 대답으로 일관한다거나, 상대의 말이 끝남과 동시에 같이 휘발되어버리는 성의 없는 반응을 보이는 것입니다. 상대의 말을 제대로 이해해야 경청했다고 할 수 있습니다. 말을 잘 못하는 사람은 대개 말을 표현하는 법을 배우려고 하는데, 사실 전달하는 방법만큼이나 전달받는 방법도 중요합니다. 이를 위해 말의 전달 과정에서 일어나는 '부호화'에 대해 먼저 이해할 필요가 있습니다.

우리의 생각은 텔레파시를 통해 바로 상대의 뇌로 전달하거나 개미처럼 페로몬을 통해 직접 전달할 수 없습니다. 그래서 단어나 억양, 제스처 등의 약속된 부호와 같은 형식을 통해 표현합니다. 여기서 전달을 목적으로 하여 생각을 다른 형태의 부호로 바꾸는 것을 '부호화'라고 합니다.

말로 내뱉은 말뿐만 아니라 표정과 제스처 같은 행동부터 글로 써서 전달하는 편지까지, 생각을 부호로 바꾸어 표현하는 부호화는 사람과 사람을 연결하는 가장 기본적인 메커니즘입니다.

대화를 나눌 때의 부호화는 두 가지 과정으로 이루어지는데, 첫 번째는 생각을 말이나 행동으로 부호화하여 전달하는 과정이고 두 번째는 부호화된 표현이 다시 상대의 생각으로 입력되는 과정입니다. 우리의 생각이 대화를 통해 그대로 전달되고 상대의 생각을 제대로 전달받을 수 있다면 참 좋겠지만, 전달하는 과정에서 종종 배달 사고가 발생합니다. 경청을 제대로 해야 하는 이유가 여기에 있습니다. 부호화 과정에서 발생하는 오해나 왜곡을 방지하여 신뢰를 형성하기 위해서입니다. 말을 잘하는 것이 부호화를 통해 상대에게 자신의 생각을 제대로 전달하는 것이라면 경청에도 부호화 능력은 중요한 요소입니다. 만약 상대의 말을 잘 이해할 수 없거나, 대화가 매끄럽게 이어지지 않는 등 경청이 원활하게 이루어지지 않는다면 자신의 부호화 능력을 점검해볼 필요가 있습니다. 만약 지금까지 경청이 단순히 상대의 말을 듣는 것이라고 생각했다면 이번 기회를 통해 적극적인 경청의 방식을 이해하여 상대의 생각과 뜻을 제대로 전달받는 방법에 대해 고민해 보도록 합시다.

30년을 산 부부도 속마음은 모른다

경청은 상대방에게 가치를 인정받고 동질감을 주는 적극적인 기술입니다. EBS 다큐멘터리 프로그램 〈다큐프라임〉에서 네 쌍의 부부를 초대하여 서로의 말을 얼마나 잘 이해하고 있는지 알아보는 실험을 진행한 적이 있습니다. 실험 방법은 상대가 한 모호한 말이 어떤 뜻인지 맞히는 것이었습니다. 부부 두 쌍씩 실험을 진행하였는데, 한 참가자의 모호한 말을 배우자 외의 다른 부부가 함께 해석하여 비교했습니다. 어떤 결과가 나왔을까요? 30년을 함께 산 부부도 30%밖에 맞추지 못하고 오히려 처음 본 사람이 더 많이 맞추기도 했습니다. 참 민망했을 것 같군요. 결과적으로 부부 간의 소통 점수는 46점, 타인은 44점으로 거의 비슷한 수준으로 나타났습니다. 가까운 사이라고 해서 혹은 오랫동안 알고 지냈다고 해서 상대의 말을 모두 이해할 수 없음을 보여주는 실험입니다. 명확한 소통이 이처럼 어려운 이유는 개인적 편견이 발생하기 때문입니다.

"내 맘 알지?"
"왜 내 마음을 몰라?"

모두 많이 들어본 말이지요? 배우자나 연인이 저렇게 말했다면 상황에 따라 감동하기도 하지만 갈등할 수도 있겠죠. 그 갈등은 '아는 척이라도 해야 하나'라는 고민에서겠지요. 관계가 가깝기 때문에 이런 질문을 던져 제한된 정보를 주고 정확한 해석을 요구합니다.

"문자로 'ㅇㅇ'만 보내다니 그 사람은 나에게 관심이 없는 게 분명해."

위의 예문은 반대로 상대가 일반적인 정보를 줬는데 개인적인 생각을 더해 비약하여 해석하는 경우입니다. 위의 예문은 모두 친밀한 사이에서 발생할 수 있는 오해입니다. 이처럼 나도 상대를 잘 알고 상대도 나를 잘 알 것이라는 착각은 불통의 원인이 됩니다. 대화는 타인에 대한 배려에서 시작합니다. 그래서 정확하게 말해야 합니다. 또한 적극적 경청을 통해서 상대의 말을 명확히 이해해야 합니다.

그렇다면 단순한 문장이라도 얼마나 다양하게 해석할 수 있는지 잠시 살펴볼까요? 다음 몇 가지 상황을 통해 명확하지 않은 대화의 예시를 보겠습니다. 누군가 여러분에게 소개팅을 주선했을 때 상대 이성에 대한 소개로 다음과 같은 말을 들었습니다.

"그 친구 정말 착해."

여러분은 이 말을 어떻게 해석하시겠습니까?

① (성격은 좋지만) **외모는 좀 별로야.**
② **정말 착한 사람이야.** (단순히 자신이 느낀 점을 표현)
③ **소심한 친구니까 네가 리드해.** (잘해주라는 의미로)

일반적으로 사람들은 자신이 고른 번호를 가장 많이 선택할 것이라고 생각합니다. 여러분이 ①번을 골랐다면 남들도 같으리라고 지레짐작한다는 것이지요. 하지만 실제로 주변 사람에게 확인해보면 예상 외로 자신의 생각과 다른 사람이 많아 놀랄지도 모릅니다. 더 확인하고 싶은 독자를 위해 소개팅을 주선받은 이후의 이야기를 좀 더 보겠습니다.

소개팅에서 만난 상대와 비교적 이야기도 많이 나누고 맛있는 저녁도 먹었습니다. 그런데 잠시 침묵이 흐른 후 상대가 뜬금없이 이렇게 말합니다.

"그런데 매력적이시네요."

이런 칭찬은 어떻게 해석해야 할까요?

① 상대의 매력을 찾고 설레는 마음이 생겼다.
② 칭찬할 부분을 찾기 힘들었다.
③ 이제 나가죠.

물론 정답은 없습니다. 칭찬은 독창적이고 명확해야 하는데, 위의 칭찬은 너무 포괄적이기 때문에 오히려 칭찬이 아닌 내용으로도 해석의 여지가 생겼습니다. 다시 이어서 즐거운 대화가 오고 가는 중에 상대가 이렇게 물어보았습니다.

"그런데 몇 시까지 들어가셔야 하나요?"

이 질문은 또 어떤 의미로 한 것일까요?

① 아쉬운 마음에 들어가는 시간이 오지 않기를 바라면서
② 지겨운 마음에 어서 들어가라는 의미로
③ 단순히 궁금하고 대화를 이어가려는 의도로

종종 사람들은 (특히 남자들은) 단순히 대화를 이어가려는 의도로 이런 질문을 하고는 합니다. 하지만 받아들이는 입장에서는 전혀 다른 뜻으로 해석하는 경우가 많습니다. 참 안타까운 일이지요. 이러한 오해와 편견이 생기는 이유는 앞에서도 말했듯이 부호화한 채로 전달되기 때문입니다.

대화는 두 사람이 동시에 말하는 것이 아닙니다. 한 사람이 생각을 부호화하여 전달하면 다른 사람이 이를 수용하여 해독하고 생각을 유추하는 상호 작용의 과정입니다. 따라서 상대가 말을 하면 나는 듣고 내가 말하면 상대가 듣기를 기대하며, 부호화된 정보가 상대에게 명확하게 전달되기를 바랍니다. 물론 실제 대화에서는 말에 담긴 단어뿐만 아니라 억양이나 제스처 등과 함께 해석하기 때문에, 위의 예시보다 더 명확하게 해석할 수 있습니다. 하지만 표현이나 해독 단계에서 생략이 심하거나 과장된 편견이 개입되었다면 서로의 생각은 목적지를 잃고 오해가 쌓일 수 있습니다. 상대가 고개를 끄덕이거나 "예스"라고 대답하면 긍정적인 답을 얻었기에 교감했다고 느낄 수 있지만, 실제로는 해독 단계도 제대로 마무리되지 않은 경우도 많습니다. 따라서 우리는 단순히 듣기만 하지 말고 자신이 제대로 해석했는지 상대에게 확인받는 단계를 거치는 적극적 경청을 해야 합니다.

교감까지 마쳐야 경청

경청을 말 그대로 풀이하면 '귀 기울여 듣기'입니다. 그렇지만 듣는다는 뜻으로만 단순하게 해석하면 안 됩니다. 배우자나 이성 친구와 대화를 잘하기 위한 경청 방법이라고 회자되던 이야기가 있었습니다. 단 세 마디만 기억하면 대화에 문제가 없다는 간결한 솔루션이었습니다. 그 마법의 세 문장은 "아" "그래?" "그렇구나"였습니다. 실제로 이러한 방법은 효과가 있습니다. 상호 작용이 가장 중요한 대화에서 상대에게 공감하거나 그런 척을 해줬기 때문입니다. 위의 세 가지 문장을 통해 상대는 혼자 말하는 것이 아니라 대화를 하고 있다는 느낌을 받을 수 있습니다. 그런 면에서 상당히 효율적인 해법이라고 볼 수 있습니다.

또한 평소 이성과 대화가 힘들었던 사람이 이런 문장으로 대화에 임했을 경우 편안함을 느끼는데, 그것은 다음 두 가지 이유 때문입니다. 첫 번째는 상대가 원하는 말을 이어나갈 수 있게 해주어서 상대의 생각을 명확히 알지 못해도 대화를 할 수 있기 때문입니다. 두 번째는 스스로 생각하지 않고 단지 상대에게 맞는 리액션만 해주어도 되기 때문입니다.

하지만 만약 위의 문장들로 대화에서 편안함을 느꼈다면

자신의 대화 방식을 점검해봐야 합니다. 이것은 자신의 생각이나 가치관을 상대에게 강요하거나 자신의 생각을 드러내거나 입을 여는 것 자체를 두려워해서 상대에게 의존하는 일방적인 대화를 해왔다는 반증입니다. 그래서 위의 세 문장이 마법처럼 느껴질 수 있습니다.

이것을 경청이라고 할 수 있을까요? 노력 없이 얻을 수 있는 솔루션이 다 그렇듯 위의 마법의 세 문장도 치명적인 약점이 있습니다. 먼저 해독과 확인의 과정이 없다는 점입니다.

대화는 서로의 생각을 단어나 억양, 몸짓 같은 부호로 전달하는 과정입니다. 단순히 대상이 앞에 있다고 해서 생각을 표현하고 전달하는 일이 제대로 이루어질 수 있을까요? 말하면서 생각을 정리하고 스트레스도 풀 수 있지만, 항상 생각이 제대로 표현되어 정확하게 전달되지는 않습니다. 사람은 누구나 진정으로 자신을 알아주기를 바랍니다. 단순히 말을 들어주는 것을 넘어 생각을 공유하기를 원합니다. 상대의 말을 받아들이고 이해한 내용을 확인해나가는 과정을 거치지 않는다면 대화에서의 직무유기를 저지르는 것이나 다름없습니다. 이런 안일함 때문에 서로 교감이 이루어지지 못합니다. 쉽게 긍정하므로 말하기 편한 사람이라는 평가를 받을 수는 있겠지만, 상호 신뢰가 쌓인 대등한 대화 상대가 되기는 어렵습니다. 이제 여러분이 제대로 된 경청을 할 수 있도록 적극적인 경청의 기술에 대해 배워보겠습니다.

경청할 때 어떤 태도가 적절한지 알아도 실제로 어떻게 적극적으로 경청해야 하는지 어렵게 느껴질 수 있습니다. 대화에는 너무 많은 상황이 존재하기 때문입니다. 따라서 가장 기본적인 경청 단계의 틀을 기억해두어야 합니다. 경청의 3단계는 ①해독, ②확인, ③교감으로, 이 단계를 순서대로 잘 따라가면 됩니다.

첫 번째는 해독 단계입니다. 상대의 부호를 통해 생각을 읽어내는 단계로, 상대의 행동이나 말을 보거나 들은 그대로 받아들이고 상대가 처한 상황이나 감정을 그대로 다시 짚으면서 이야기합니다. 상대의 말을 그대로 돌려주는 것도 하나의 방법이 될 수 있지만, 같은 말을 반복하기만 하면 수동적이거나 대화에 신경을 쓰지 않는 사람으로 비칠 수 있으니 주의합니다. 그리고 해석과 해독은 다릅니다. 해석과 해독의 가장 큰 차이는 가치 판단의 개입 여부입니다. 해석은 자신의 기준에 따라 판단하여 이해하고 설명하는 것이지만, 해독은 말을 그대로 읽고 푸는 것입니다. 경청할 때는 상대의 말을 해석하려고 하지 말고 해독해야 합니다. 그러니 해독 과정에서 상대의 생각을 지레짐작하거나 가치 판단이 개입되지 않도록 하고, 특히 상대의 감정을 무시하거나 과소평가하는 말을 해서는 절대 안 됩니다. 무시나 과소평가는 당하는 사람의 주관적 판단에 의해 좌우되기 때문에 상대의 상황이나 감정에 대해 생각을 표현하지 않는 편이 좋습니다.

두 번째는 확인 단계입니다. 상대의 말을 해독한 뒤 해독이 제대로 되고 생각이 잘 공유되었는지 확인해야 합니다. 반드시 언어로 이루어지는 과정은 아니지만, 언어로 표현하는 방법을 우선 배우겠습니다.

해독 단계에서 상대의 상태를 그대로 읽었다면 확인 단계에서는 표현한 상대의 행동에 대해 자신이 느낀 생각을 전합니다. 부호화로 인한 오해를 남기지 않고 진정으로 교감하기 위해 필요한 단계입니다. 혹시라도 상대가 다른 의미를 숨기고 있는 문장을 말했을 때, 자신의 생각을 전함으로써 상대가 진짜 전하고자 했던 뜻을 확인합니다.

세 번째는 교감 단계입니다. 이 단계에서는 상대의 뜻을 확인하고 생각을 공유합니다. 상대가 하고자 하는 말을 이해하고 실천하거나, 관련된 대화를 이어감으로써, 단순히 편한 대화를 나누는 사이에서 그치지 않고 진짜 소통하는 관계로 발전할 수 있습니다.

그러면 이제 적극적인 경청의 태도로 대응하는 예시를 보겠습니다. 먼저 앞에서 다양하게 해석할 수 있는 문장으로 제시한 예문을 다시 살펴볼까요. 소개팅을 주선한 친구가 상대 이성에 대해 다음과 같이 소개했습니다.

"그 친구 정말 착해."

위 말에 대해 단계적으로 경청을 시도해봅시다. 해독 단계에서는 먼저 상대의 말을 그대로 받아들입니다.

'그 친구가 좋은 사람이라고 생각하는구나.'

이 생각을 표현할 때는 자신의 어투에 맞는 문장으로 바꾸면 더욱 자연스럽습니다. 저라면 좀 편한 말투로 이렇게 말하겠습니다.

"아, 그래? 좋은 분인가 보네."

그러면 다음 단계로 넘어가겠습니다. 상대의 말을 듣고 해독한 내용이 맞는지 다시 한 번 확인합니다. 상대 이성이 정말 착하다고 했던 말이 세 가지 뜻으로 느껴진 경우의 대화를 만들어보겠습니다.

첫 번째로, '외모는 좀 별로야.'라는 뜻으로 느껴졌을 경우입니다. 상대의 말을 듣고 이렇게 해석했다면 이 부분에 대해 확인해야겠지요. 그래서 이에 대한 나의 생각을 담아서 상대에게 전해야 합니다. 저라면 이렇게 말하겠습니다.

"정말 성격이 좋은 분인가 보네. 혹시 다른 장점도 있어?"

어떤 대답이 돌아올까요? 상대의 속마음에 따라 몇 가지 대답이 예상되는군요. 어떤 대답이 돌아오든 상대가 한 말의 진의를 확인할 수 있을 것입니다.

두 번째로, '정말 착한 사람이야.'라는 뜻으로 느껴진 경우입니다. 이렇게 단순히 자신이 상대에게 느낀 점을 있는 그대로 표현한 상황이라면, 평범하게 다음과 같이 대답하면 됩니다.

"네가 정말 착한 사람이라고 느끼고 있는 것 같아."

여기에 대화를 이어가기 쉬운 팁을 드리자면 열린 질문으로 연결하는 것입니다.

"어떤 일로 그분이 착하다고 생각하게 됐어?"

이런 식으로 상대의 말을 이끌어낼 수도 있습니다. 이 과정에서 서로의 생각이 명확하게 공유되고 교감이 이루어지겠지요.

세 번째로, '소심한 친구니까 네가 리드해.'라는 뜻으로 느껴진 경우입니다. 만약 자신이 상대에게 잘해주어야 한다는 의미로 느껴진다면 어떻게 말해야 할까요?

"착한 분이면 혹시 얌전해서 내가 리드해주는 것이 좋겠다는 생각도 드는데, 어떻게 생각해?"

이처럼 자신에 대한 느낌과 그것을 다시 물어봐서 확인하는 과정을 거치면 상대가 더 명확하게 자신의 생각을 드러낼 수 있습니다.

말하지 않아도 알거나 알아야 하는 것이 미덕이라고 오해하는 경우가 있습니다. 하지만 그것은 커다란 착각을 바탕으로 한 자기만족일 뿐입니다. 말하지 않으면 결국 각자가 자신만의 생각대로 해석해버립니다. 말하지 않으면 당연히 모릅니다.

경청하려다 충고를 해버리는 실수

어젯밤에 과음을 한 친구가 괴로워하고 있다고 가정해봅시다. 그 친구에게 어떤 말을 하시겠습니까?

① 그만 일어나. 좀 움직이면 신진대사도 활발해지고 곧 괜찮아질 거야.
② 나도 술병 많이 겪어봐서 잘 알지.
③ 많이 괴롭겠구나.

경청을 강의하면서 학생에게 위의 예시 중 적극적인 경청을 하는 태도는 어느 쪽인지 물어보면 의외로 많은 수가 잘못된 예시를 선택합니다. 여러분은 어떤 답을 골랐습니까?
한 가지 예를 더 봅시다. 친구가 애인과 다투던 중에 무심코 헤어지자고 말한 뒤 후회하고 있습니다. 이 친구에게 적극적인 경청의 태도를 보이는 말은 어떤 것일까요?

① 너무 걱정할 것 없어. 세상에 여자가 그 애 하나냐?
② 후회할 말을 하기 전에 좀 신중히 하지 그랬어.
③ 정말 사랑하는 사람 만난 것 같던데 관계가 틀어질까봐

걱정이 많겠구나.

눈치채셨나요? 두 상황 모두 적극적 경청의 태도를 보인 것은 ③번입니다. ①, ②번 예문은 자신의 경험이나 생각을 먼저 말하려 하거나, 공감의 말 대신 충고를 하고 있습니다.

경청의 목적은 상대의 말을 이해하고 확인하여 서로 교감을 이끌어내는 데 있습니다. 그리고 자신이 맞다고 생각하는 가치를 설명하려 드는 순간 주관적 입장이 드러나게 됩니다. 상대는 여러분의 주관적인 입장을 듣고자 말을 한 것이 아닙니다. 경청을 목표로 하고 있다면 자신의 주관적인 생각을 들려주려 하지 말고 상대의 생각을 들으려 노력해야 합니다. 주관적인 태도를 내세운 말은 스스로는 대화라고 착각할지 몰라도, 단지 자신도 하고 싶어서 또는 가르치고 싶은 마음에서 하는 말일 수도 있습니다. 하지만 경청을 하는 입장에서 이러한 태도는 주의해야 합니다. 지난 밤 과음을 한 친구에게 건넨 말인 첫 번째 예시부터 다시 살펴보겠습니다.

"그만 아파하고 일어나. 좀 움직이면 신진대사도 활발해지고 곧 괜찮아질 거야." 지난 밤 과음 때문에 괴로운 친구에게 일어나서 움직이라고 말하고 있습니다. 상대의 괴로움에 대한 해독이 없습니다. 상대의 괴로움을 주관적으로 해석하고 움직임의 가치를 설명하면서, 심지어 앞으로 괜찮아질 것이라는 예측까지 하고 있습니다. 이런 대화법이 틀렸다고 할 수는 없지만 경청할 때 좋은 태도는 아닙니다. 어쩌면 상대는 "나는 못 움직이겠다고!"라며 소리치고 싶을지도 모릅니다.

"나도 술병 많이 겪어봐서 잘 알지." 상대가 지금 겪고 있는 괴로움을 자신도 겪었다고 이야기하며, 상대가 동질감을 느낄 것이라고 생각할 수 있습니다. 하지만 그것은 오해입니다. 함께 겪고 있는 상황도 아니고, 자신이 더 많이 겪어봤다며 우월감까지 암시적으로 드러내고 있어, 오히려 부정적인 효과만 낼 수 있습니다.

사춘기를 겪고 있는 자녀에게 많은 부모가 하는 충고이지만 실제로는 부정적인 효과를 내는 말이 있습니다.

"나도 겪어봐서 다 알아."
"네 나이 때는 다 그래."

익숙한 말들이지요? '나는 이미 네가 경험한 것을 다 해봐서 알고 있으니 내가 말하는 것이 옳다. 내 말에 따르도록 해라.'라는 뜻으로 받아들일 수 있는 말들입니다. 위의 예시도 나는 이미 술병을 겪었지만 다 이겨냈고 잘 알고 있다는 의미로 상대가 원하지도 않는 내용으로 상대의 말을 막아버렸습니다. 상황에 따라 이런 대화법이 필요한 경우도 있겠지만 당연히 경청은 아닙니다. 상대는 속으로 생각하겠죠. '어쩌라고.'

"많이 괴롭겠구나." 너무 짧은 문장이어서 적극적인 경청의 태도인지 몰랐다고 하는 학생이 많았습니다. 하지만 적극적인 경청에서 문장의 길이는 중요하지 않습니다. 단 한 문장으로도 대화가 잘 통하는 사람이 될 수도 있고, 몇 시간 동안 이야기를 나누어도 대화가 안 통하는 사람이 될 수도 있습니다. 위의 문장은 어떤가요? 우선 가치 판단을 하지 않았습니다. 그리고 상대의 말과 태도를 통해 상대가 술을 마셔서 괴로워하고 있는 모습을 해독해서, 많이 괴롭겠다고 말하며 사실을 확인했습니다. 이것은 곧 교감으로 이어집니다.

두 번째 예시도 간단하게 짚어보겠습니다.

"너무 걱정할 것 없어. 세상에 여자가 그 애 하나냐?"

후회하고 있는 친구에게 걱정을 멈추고 사고를 전환하라고 하는 문장입니다. 위로하기 위한 좋은 의도로 한 말이겠지만 생각했던 대로 전달되지 않았습니다. 좋은 의도가 그대로 전달되어 상대에게 긍정적인 변화를 주고 상호 신뢰를 쌓는 데 도움을 줄 수 있을까요? 실제로는 힘든 일입니다. 부호로 전달되는 생각을 다시 해독하는 과정에서 현재 상황과 경험 때문에 뜻이 그대로 전달되지 않고 편견이나 왜곡이 발생하는 경우가 많기 때문입니다. 예를 들면 같은 음악이라도 기분에 따라 전혀 다른 느낌으로 들리는 경우가 있습니다. 걱정을 하고 있는 친구도 걱정을 한다고 상황이 개선되지 않을 거라는 사실을 알고 있을 겁니다. 하지만 지금 걱정되는 마음은 어쩔 수가 없습니다. 세상에 여자가 하나가 아니라는 말은 듣기에 따라 다른 여자를 만나라는 의미로도 들릴 수 있는데, 이는 상대의 선택에 대한 존중이 부족해보이기도 합니다.

"후회하기 전에 신중히 말하지 그랬어."

이 말도 틀린 말은 아닙니다. 신중했으면 후회할 일도 없었 겠죠. 하지만 그렇게 할 수 있다면 세상에 '후회'라는 단어는 필요 없을 것입니다. 상대의 상황을 묘사했을 뿐이지만 실제 로는 상대의 행동을 질책하는 내용으로 서로에게 아무 도움 이 되지 않습니다.

"정말 사랑하는 사람을 만난 것 같던데 관계가 틀어질까봐

걱정이 많겠구나."

앞에서 본 경청의 예보다 문장이 길지만, 가치 판단을 포함하지 않고 상대의 상황만을 그대로 돌려주고 있습니다. 후회하며 괴로워하고 있지만 지금 만나는 사람을 정말 사랑하고 있다는 사실을 알 수 있고, '만났다'고 확정 짓지 않고 '같던데'라는 표현으로 상황에 대해 말했습니다. 당연히 뒤에 나오는 문장도 상대가 느끼는 감정을 그대로 돌려주는 말입니다. 경청을 잘하는 숨은 기술 중 하나입니다. 이러한 경청의 태도에는 반박이 불가능합니다.

마지막으로 다른 상황의 예시를 보여드리겠습니다. 어느 문장이 제대로 된 경청의 태도인지 직접 선택해보세요. 리포트를 늦게 제출해서 교수님께 혼난 친구가 이렇게 말하며 걱정하고 있습니다.

"교수님이 한 번만 더 리포트 늦게 내면 무조건 F 주신대. 나 찍혔나봐."

이럴 때 적절한 경청의 태도는 아래 중 무엇일까요?

① 이제부터 안 늦으면 되겠는데? 걱정할 거 없겠어.

② 그러게. 왜 늦게 냈어. 조금만 더 신경 썼으면 이럴 일은 없었을 텐데.

③ 중요한 과목인가 보네. 성적이 잘 나오지 않을까 봐 걱정이 많겠어.

정답은 아시겠지요? 당연히 ③번입니다. 그럼 이제 그 답에 맞추어 여러분의 경청 태도는 어떠한지도 다시 한 번 점검해 보시기 바랍니다.

듣는 도중 절대 하지 않아야 할 행동

경청의 방법은 상대의 말을 똑같이 돌려주며 그에 대한 느낌을 말하고, 상대방에게 확인하면서 교감하는 것으로 요약할 수 있습니다. 이때 절대로 해서는 안 되는 행동이 있습니다. 그중 하나가 상대의 생각이나 반응을 예측하는 일입니다. 상황이나 대화에 따라 노련한 예측은 자연스럽게 대화를 이끌기도 하지만 경청이 이루어지는 일반적인 대화에서는 상당히 무례한 태도일 수 있습니다. 또한 상대의 반응이나 내용을 예측해서 표현했을 때 두 가지 문제 상황에 맞닥뜨릴 수 있습니다.

첫 번째는 그 예측이 틀리는 상황입니다. 이런 경우에는 우선 상대가 느끼는 동질감이 줄어듭니다. 최악의 상황은 예측이 틀렸음에도 상대가 차마 표현하지 못하고 예측한 사람의 표현에 맞추어 이야기를 진행해버리는 일입니다. 이런 상황이 오면 상대의 진짜 생각은 영영 알 수 없게 될뿐더러, 자신도 모르는 사이에 상대에게 대화가 통하지 않는 사람이라는 인식이 박힙니다. 상대의 속마음과 태도가 달라지고 방어적으로 행동할지도 모릅니다. 당연히 신뢰감보다는 지루함이 쌓이는 사이가 되겠지요.

두 번째, 예측이 맞은 상황도 문제가 될 수 있습니다. 이 경우도 마찬가지로 문제입니다. 말을 자르고 끼어들었을 때와 비슷한 결과를 가져오기 때문입니다. 상대는 하려던 말을 빼앗긴 느낌을 받고, 상호 작용이 중요한 대화는 일방적인 방향으로 흐릅니다. 실제로 말을 자르고 끼어든다면 당연히 상대는 입과 마음을 닫겠지요.

상대의 말을 자르고 끼어들어도 되는 경우가 있긴 합니다. 상대의 말을 적어두고 싶다는 양해를 구하고 종이나 기기를 꺼내 입력할 때입니다. 이런 상황은 상대의 말이 가치 있다는 인식을 주고 자존감을 높여주므로 관계를 더 돈독하게 하는 데 효과적입니다. 상대가 강조한 내용의 말이라면 고급스러운 아부가 될 수도 있겠습니다.

상대의 말을 경청하고 있을 때 또 다른 금기 행동에는 어떤 것이 있을까요? 쉽게 포괄적으로 말하자면 매너에 어긋나는 행동입니다. 몇 가지 예를 들어보겠습니다.

먼저 대화하면서 다른 일을 하는 것입니다. 스마트폰을 보고 있는다거나 낙서를 하는 행동 등이 포함됩니다. 대화가 오래 진행되면 온전히 집중하기 힘든 경우가 있습니다. 그리고 오랫동안 함께 지낸 상대라면 대화 외의 상황에 신경이 쓰이기도 합니다. 하지만 이런 행동은 당장 지적받지 않더라도 상대에게 부정적인 인식을 심어줍니다. 누구나 사람이라면 상대가 자신의 부호를 읽고 생각을 해독해주기를 바라면서 말합니다. 그런데 상대가 나의 부호를 해독하려 애쓰지 않는다면 어떨까요? 당연히 자신의 생각을 알고 싶지 않거나 중요하지 않게 여긴다는 생각이 듭니다. 자신을 무시하는 사람은 반응이 없는 무생물보다 못한 대화 상대입니다. 이런 이유로 대화에서 상대의 말에 집중하지 않고 무례하게 행동해서는 안 됩니다. 만약 집중이 흐트러지더라도 솔직하게 양해를 구하고 상대의 말에 다시 관심을 기울이며 해독하는 데 노력해야 합니다.

억지로 상대의 말을 듣는 척하는 경우, 즉 속마음과 태도가 다른 경우에도 문제가 발생합니다. 속으로는 동의하지 못하면서 방어적인 태도를 취하는 상대와 대화하다 보면 느낄 수 있습니다. 나누고 있는 대화에 집중하지 못하고 주변의 환경에 더 신경을 쓰며 지루해한다는 감이 옵니다. 이는 매너를 지키려다가 오히려 신뢰를 잃는 경우입니다. 만약 상대의 말에 동의할 수 없거나 지루해서 집중하기 어렵다면, 더 신경을 써서 경청해야 합니다. 동의할 수 없는 내용은 상대의 말을 듣고 나서 반박하며 대화의 분위기를 바꾸어가면 됩니다.

내 말을 잘 들어주는 사람

여태까지 경청이 무엇인지, 어떻게 적극적으로 경청하며, 상대에게 경청하고 있다는 태도를 보여줄 수 있는지에 대해 알아보았습니다. 그렇다면 대체 경청은 왜 해야 하는 것일까요? 상대의 제대로 된 생각을 알기 위해서, 상대의 마음을 열기 위해서, 서로 교감하기 위해서 등 여러 가지 이유를 떠올려볼 수 있겠지만 사실은 더 큰 이유가 있습니다. 경청은 상대가 말하고 싶어서 안달이 난 '그것'을 찾을 수 있게 해줍니다. 여러분은 경청을 통해 '그것'을 찾아야 합니다. 말을 잘하는 사람과 수다쟁이의 차이가 여기에 있습니다.

사람은 누구나 자신의 존재를 확인받고 싶어 합니다. 무엇을 어떻게 하고 싶은지는 개개인마다 다릅니다. 하지만 경청을 하다 보면 상대가 의식적으로든 무의식적으로든 어필하는 힌트를 얻을 수 있습니다. 예를 들어보겠습니다.

"아, 비전 때문에 직장을 옮기셨군요. 비전에 대해 중요하게 생각하시나 봐요."

상대의 어떤 말을 경청하여 이러한 말을 돌려주었을지 감이 오시지요? 위의 문장은 앞서 배운 경청의 기본적인 프로세스를 따르고 있습니다. 상대는 과거의 직장은 비전이 없다고 생각하여 직장을 옮겼다고 말했을 것입니다. 적극적인 경청의 태도를 통해 사실을 그대로 돌려주면서 문장이 시작되었습니다. 그리고 자신의 느낌을 얹었습니다.

사실 비전을 중요하게 생각하는 사람이 아니라면 비전이 없다는 이유로 이직했을 리가 없고, 대화 중에 비전이란 단어를 언급할 일도 없을 것입니다. 사실에 대해 말하고, 그에 대한 자신의 느낌을 말하는 위의 두 문장은 경청의 확인 단계임과 동시에 상대가 말하고 싶어 하는 화제를 자연스럽게 유도하는 역할을 합니다. 비전에 대해 이야기를 시작한 상대는 아마 신이 나서 이야기를 하겠지요.

성인이 되면 남을 위해서 하고 싶은 것을 자제하는 법을 배웁니다. 이로 인해 마음속에 말하고자 하는 욕구가 사회화라는 댐에 가로막히게 됩니다. 경청은 그 댐을 열 수 있는 힘이 있습니다. 앞의 문장보다 더 쉬운 예를 들어볼까요?

"애 키우기 힘드시군요. 확실히 요즘 더욱 애 키우기가 어렵지요?"

어떤가요? 같은 문장을 반복했어도 막상 힘든 육아에 대해 말한 사람이 이런 말을 들었다면 이상하다고 생각하지 않습니다. 오히려 공감해주고 자신과 같은 생각을 가지고 있는 사람을 만났다며 좋아할 것입니다.

경청을 통해 상대가 말하고 싶어 하는 '그것' 말고도 다른 것을 찾을 수도 있습니다. 상대가 부정적으로 생각하는 것입니다. 위의 문장을 봐도 그 다음에 이어 육아의 고통과 더불어 시대에 대한 한탄까지 이야기할 수 있겠지요.

상대의 말을 듣기만 하면 상대에게 대화의 모든 주도권을 빼앗긴다고 오해하는 사람이 많은데, 강의나 발표가 아닌 일 대일의 관계에서 일방적으로 말을 많이 하는 사람은 대체로 상담을 받는 사람들뿐입니다. 그렇지 않은 경우에는 경청을 통해 상대가 원하는 '그것'과 '부정적인 것'을 말하는 상황을 만들어야 합니다. 그렇게 대화를 나누다 보면 상대는 큰 만족 감을 얻습니다. 그 만족감이 어떻게 돌아올지는 여러분에게 달려 있습니다.

이러한 적극적인 경청의 태도가 상대에게 줄 수 있는 긍정 적인 효과를 기대하며 노력해야 합니다. 크게 세 가지로 나누 어볼 수 있습니다.

첫째, 편안함입니다. 상호 간에 가치 판단이 많이 포함된 대화가 진행되면 불편한 상황이 올 수 있습니다. 반대 입장의 사람이 서로의 주장을 반박하며 토론하는 모습을 떠올려보 면 이해하기가 쉽습니다. 하지만 경청이 잘 이루어지는 대화 에서는 듣는 사람의 가치 판단이 적게 개입되기 때문에 다른 대화 방법보다 편안함을 느낍니다. 경청을 통해 상대가 편안 함을 느끼면 더 쉽게 많은 말을 하고 자신을 드러냅니다. 그러 면 상대가 원하는 것을 더 많이 알게 되겠지요.

둘째, 동질감입니다. 상대의 상황이나 한 말을 그대로 돌려 주었다고 해서 상대가 그저 같은 말을 했다고 생각하지 않습니다. 자신과 같은 생각을 가진 사람이라고 생각하며 동질감을 느낍니다. 사람의 기억력에는 한계가 있기 때문입니다. 이는 말의 특성 중 하나인 휘발성과도 관련이 있습니다. 어른과의 대화에서 공손하게 적극적인 경청의 태도를 취하면 요즘 젊은이 같지 않은 고견이 있는 친구라는 평가를 들을 수 있습니다. 실은 그 어른과 같은 말을 돌려준 것뿐이지만 상대의 기억 속에 같은 의견을 가지고 있고 그것을 피력할 줄 아는 사람이라는 인식을 남길 수 있습니다. 단순한 대답과 리액션으로는 만들어낼 수 없는 동질감입니다. 이성 관계에서도 "어, 그래."와 같이 단순한 대답으로만 대응하면 편한 사람은 될 수 있겠지만 나와 같은 생각을 가진 상대는 될 수 없는 것이지요.

마지막, 자존감입니다. 상대의 의견을 존중하면 상대는 스스로를 가치 있게 여기고 자신과 같은 의견을 가진 여러분 역시 높게 평가할 것입니다. 상대를 높여주는 만큼 여러분도 높아집니다. 단순히 상대가 원하는 말을 해준다고 해서 서로가 높아지는 것이 아닙니다. 적극적인 경청을 통해 동질감을 형성해두어야 가능해집니다.

지금까지 경청의 효과에 대해 배워보았습니다. "말하지 않아도 알아요."라는 말 많이 들어보셨을 텐데요. 아닙니다. 말하지 않으면 모릅니다. 적극적으로 경청하며 상대의 말에 동의하는 모습을 보여주지 않으면 아무리 말을 잘하고 센스가 넘쳐도 상대는 마음을 닫습니다. 이제 적극적인 경청의 방법을 알았으니 상대를 여러분의 편으로 만들 수 있을 것 같지 않나요? 경청은 상호 관계에서 매우 중요한 기술이니 꼭 활용하기 바랍니다.

침묵도
말을 한다

몸짓 언어

다음 상황을 떠올려봅시다. 어두운 취조실, 책상을 사이에
두고 베테랑 형사가 범죄자를 노려보고 있습니다. 범죄자는
건들거리는 태도로 수사에 협조할 생각이 없어 보입니다. 이때
형사는 단호한 목소리로 상대를 바라보며 이렇게 말합니다.

"의자에 똑바로 앉아. 손 내려. 날 봐."

이후로 분위기가 어떻게 바뀌었을까요? 우선 이 말을 들은 범죄자는 하라는 동작을 했을 가능성이 큽니다. 그냥 자세를 바로잡으라니 크게 어려운 일도 아니기 때문이죠. 하지만 이렇게 자세를 바꾼 후 취조실의 분위기는 형사에게 아주 유리하게 흘러갔을 것입니다. 이 베테랑 형사는 경험상 알고 있었겠지요. 행동을 취하면 자연스럽게 생각도 따라온다는 사실을 말이죠.

의자에 등을 붙이고 바른 자세로 앉으면 돌발 행동이나 반항적인 자세를 취하려는 심리가 줄어들고, 손을 책상 아래로 내리면 자신감이 저하되고 순종적인 마음가짐이 됩니다. 타인의 지시에 의해 자신의 신체 일부가 시야에서 벗어나 자신의 통제에서 벗어났다고 착각하기 때문입니다. 자신을 바라보라는 형사의 말도 범죄자의 심리를 동요하게 만듭니다. 그 말을 딱히 듣지 않았어도 마주 보았을 수 있는데 마치 형사가 시켜서 바라본 것처럼 인과 관계가 형성되어 범죄자는 형사의 심리적인 통제하에 놓이게 됩니다.

이처럼 행동은 관계에서 중요한 부분을 차지합니다. 행동으로 생각을 표현하고, 다른 사람의 생각을 변화시키기도 합니다. 어떤 행동을 하느냐에 따라 같은 단어로도 다른 뜻을 전달할 수 있습니다. 생각을 전달하는 부호화의 큰 부분을 차지하는 것이 바로 '보디랭귀지'입니다. 보디랭귀지는 언어보다 먼저 존재한 인류의 소통수단이었습니다. 인류학자이자 동작학_{Kinesics}의 창시자인 레이 버드위스텔_{Ray Birdwhistell}이라는 학자는 인간이 한 문장당 평균 2.5초가 소요되며 하루에 총 10분 정도밖에 말을 하지 않고 있다고 주장했습니다. 덧붙여 25만 가지의 표정을 이해할 수 있다고 하며, 언어적 수단보다 비언어적 수단이 인간관계에 더 많은 영향을 미치고 있다는 연구 결과를 발표했습니다. 또한 보디랭귀지에 관해 가장 유명한 연구는 '메라비안의 법칙'입니다. 결론을 먼저 말씀드리면 메라비안의 법칙은 대부분 잘못 인용되고 있습니다. 메라비안의 법칙은 1971년 미국 캘리포니아 대학교의 심리 학과 명예교수이자 심리학자인 앨버트 메라비안_{Albert Mehrabian}이 《침묵의 메시지》라는 책에 '7-38-55 법칙'이라는 이름으로 발표했습니다. 이 법칙에 따르면 커뮤니케이션에 영향을 미치는 요소로 언어가 7%, 비언어적 요소 중 청각적 요소는 38%, 시각적 요소는 55%로 이루어져 있다고 합니다. 청각적 요소에는 목소리, 억양, 톤 등이 포함되고, 시각적 요소에는 표정이나 시선 등이 포함됩니다. 이 법칙에서는 대화에서 내용, 즉 언어가 차지하는 비율이 7%밖에 되지 않는다고 많이 인용되곤 하지만 이것은 완벽히 틀린 이야기입니다.

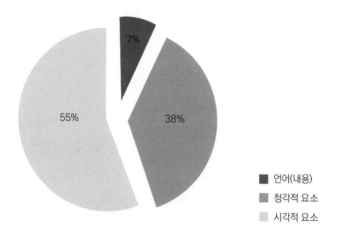

커뮤니케이션에 영향을 미치는 요소

7%

55%

38%

■ 언어(내용)
■ 청각적 요소
■ 시각적 요소

　실험의 목적이 첫인상이나 호감에 영향을 미치는 요소를 측정하기 위한 것으로 알려져 있지만, 사실은 언어, 청각적 요소, 시각적 요소가 충돌하는 커뮤니케이션 상황에서 어떤 것이 더 큰 영향을 미치는지, 어떤 것을 사람들이 더 신뢰하는지 알아보기 위한 실험이었습니다. 절대로 커뮤니케이션에서 언어가 중요하지 않다고 하지 않았습니다.

　예를 들어 불안한 표정과 떨리는 목소리로 진실을 호소하고 있다면 당연히 믿음이 안 가겠지요? 화를 내듯이 사랑한다고 말하면 내용 그대로 사랑한다고 믿을 사람이 얼마나 될까요? 바로 그러한 상황에 대한 실험이었습니다. 말의 내용과 행동이 다를 때 7%의 사람만이 내용을 곧이곧대로 듣는다는 결과였습니다. 크게 새롭거나 놀라운 결과는 아니지요? 이렇듯 이 실험은 신뢰성을 떠나 우리가 충분히 알고 있거나 예측할 수 있는 결과를 보여주고 있습니다.

앞에서 배웠듯이 같은 문장이어도 상대에 따라 얼마든지 다르게 받아들일 수 있습니다. 똑같이 사랑하는 사람을 부르는 '자기'라는 단어도 화가 난 표정으로 말을 하거나 소리를 친다면 전혀 다른 뜻으로 전해질 것입니다. 이 법칙에 따르면 이런 경우 가장 영향을 미치는 요소가 표정과 관련된 시각적 요소, 두 번째가 억양과 관련된 청각적 요소입니다. 그리고 메라비안은 표정 이외의 시각적 요소는 포함시키지 않았습니다.

메라비안의 법칙이 알려진 있는 것과는 내용상 차이가 있음에도 불구하고 중요한 사실을 내포하고 있습니다. 대화할 때 말의 내용이 보디랭귀지와 불일치한다면 상대는 보디랭귀지를 더 신뢰한다는 사실입니다. 이것이 보디랭귀지를 배워야 하는 이유입니다.

많은 서적이나 강의에서 보디랭귀지를 통해 상대의 마음을 읽을 수 있을 것처럼 가르쳐줍니다. 하지만 그것은 매우 어려운 일입니다. 보디랭귀지를 배워야 하는 이유는 상대의 생각을 읽기 위해서가 아니라, 반대로 자신의 생각을 올바르게 전달하기 위해서입니다.

팔짱을 끼는 것이 닫힌 마음을 은연중에 드러내는 행동이라는 말을 많이 들어봤을 텐데, 실제로도 높은 확률로 맞습니다. 그렇다면 반대로 팔짱을 꼈으니 마음이 닫혔다고 단정 지을 수 있을까요? 물론 그렇지는 않습니다. 하지만 상대가 (보디랭귀지를 배우지 않았어도) 팔짱을 끼면 무의식적으로 마음을 닫았다고 느낄 수도 있습니다. 따라서 관계를 형성할 때 생각을 왜곡시킬 수 있는 보디랭귀지 표현을 하지 않기 위해 보디랭귀지를 배우자는 것입니다.

대화는 상호작용을 통해 이루어집니다. 언어가 오가는 중에도 수많은 비언어적 요소들이 대화를 돕습니다. 이런 비언어적 요소들을 배우는 이유는 상대를 간파하거나 공격하려는 목적이 아니라 자신을 표현하고 상대에게 자신의 뜻을 더욱 정확하게 전달하기 위한 목적임을 꼭 기억하시기 바랍니다.

그리고 보디랭귀지를 할 때 가장 중요한 것은 진심입니다. 이를 위해 스스로 거짓되게 보디랭귀지를 꾸미려고 하지 말고, 상대의 보디랭귀지를 읽을 때도 너무 많은 의미를 부여하지 않는 편이 좋습니다.

사회가 공유하는 몸짓 언어

기자 회견을 하고 있는 한 정치인의 모습을 떠올려볼까요? 그 정치인은 자신의 진실됨을 주장하면서 기자들에게 질문을 받고 있습니다. 정치인은 질문을 듣고 대답하는 도중에 끊임없이 굳이 자리가 잘 잡혀 있는 마이크를 바로 하려는 듯 이리저리 만지고, 말이 끝난 후에는 위아래 입술을 모두 깨물며 입을 굳게 다물었습니다. 여러분은 이 모습이 어떻게 느껴지십니까? 대부분은 이 모습이 진실하다고 느끼지 못할 것입니다. 이런 행동은 실제로 그렇지 않더라도 무언가를 숨기거나 말하지 않은 것이 있다는 인상을 줍니다. 우리는 무의식적이든 의식적이든 타인의 보디랭귀지를 통해 그의 속마음을 짐작합니다. 만약 이 정치인이 진실하다면 몹시 억울한 일이겠지만, 이런 경우 대부분 진실하지 못한 상황임을 보디랭귀지를 따로 공부하지 않은 사람이라도 잘 알 수 있습니다. 이처럼 상대의 보디랭귀지에 따라 대화 내용에 대한 신뢰도가 결정되는 이유는 보디랭귀지가 선천적이며 사회적인 언어이기 때문입니다.

선천적인 보디랭귀지는 언어보다 먼저 익히는 소통의 수단으로서, 웃음이나 울음과 같은 감정 표현이 여기에 포함됩니다. 예를 들어 대부분의 나라에서 긍정의 뜻을 나타낼 때 고개를 끄덕입니다. 많은 학자가 그 이유를 아기 때 어머니의 젖을 먹기 위해 고개를 들어야 했기 때문이라고 짐작합니다. 반대로 고개를 옆으로 돌려야 그만 먹을 수 있기 때문에 고개를 젓는 것이 부정의 표현으로 쓰이게 됐을거라 추정합니다.

반면 타고나지 않았지만 사회적으로 습득하는 보디랭귀지도 있습니다. 예를 들어 인사를 할 때 멀리서 손바닥을 보여주며 손을 흔든다거나 악수를 하는 행동은 모두 무기가 없다는 뜻에서 시작해 지금의 의미로 쓰이고 있습니다. 이런 행동은 사회적으로 형성되어 습득하는 것입니다. 이처럼 보디랭귀지는 태어날 때부터 본능적으로 터득하거나 속한 사회에 적응하면서 자연스럽게 습득되며, 이 과정은 대부분 언어 학습보다 먼저 이루어집니다.

대화는 생각을 표현하고 전달하는 과정입니다. 이 과정에서 보디랭귀지는 말을 하기 전에 생각과 동시에 드러나는 경우가 많으며, 언어보다 더 많은 정보를 전달합니다. 이러한 특성 때문에 거짓말을 잘하는 사람은 언어보다 보디랭귀지로 전달하는 정보를 왜곡시키는 데 능숙한 사람이라고 볼 수 있습니다.

하지만 거짓으로 꾸며진 보디랭귀지는 오래가지 못합니다.

그렇게 거짓된 모습이 벗겨지면 상대가 괴리감을 느끼고 신뢰를 떨어뜨립니다. 보디랭귀지가 상대에게 전달될 때는 평균적으로 보이는 보디랭귀지의 모습이 아니라, 순간적으로 본 보디랭귀지의 인상이 각인되어 전달됩니다.

예를 들어 계속 비열하게 웃고 있는 사람을 보면 그냥 이상한 표정을 짓는 사람이라고 생각하겠지만, 평범한 모습이었다가 순간적으로 비열한 웃음이 지나갔다는 느낌이 든다면 비열한 생각을 숨기고 있는 사람이라는 생각이 드는 것입니다. 이러한 이유 때문에 보디랭귀지는 꾸며내기도 힘들고, 잘못된 보디랭귀지로 표현해서 쌓이는 오해나 왜곡된 인상을 바꾸기도 어렵습니다.

참고로 이러한 보디랭귀지의 부조화는 남성보다 여성이 더잘 인식하는 편입니다. 음성을 소거하고 영상으로 내용을 파악하는 실험을 했더니 남성은 약 42%, 여성은 약 87%의 정확도를 보였다는 실험 결과도 있습니다. MRI를 통해 뇌를 관찰해보면 더 명확한 차이를 알 수 있습니다. 상대의 행동을 평가하는 대뇌피질부가 남성은 5개 정도인데 반해 여성은 15개 정도로 더 많습니다. 여자의 육감이라는 말이 근거 없는말이 아니지요. '여성의 육감'은 보디랭귀지를 캐치하는 뛰어난 능력을 뜻합니다.

보디랭귀지는 선천적이고 사회적인 요소여서 의식적으로 제어하기가 쉽지 않지만, 미리 알고 있으면 효율적으로 활용하여 관계 형성에 큰 도움을 얻을 수 있습니다.

말보다 효과적인 '몸으로 듣기'

대화에서 보디랭귀지가 지닌 가장 큰 역할은 몸으로 하는 경청이라는 점입니다. 이것은 대단히 간단한 방법으로도 해낼 수 있습니다. 시선, 고개, 미소, 이 세 가지만 기억하면 됩니다. 이 세 가지 동작은 자신의 경청 태도를 보여줄 수 있을 뿐 아니라 관계 형성을 위해서도 가장 중요합니다.

먼저 시선에 대해 말씀드리겠습니다. 시선을 마주쳐야 할 때는 말할 때와 들을 때, 그리고 말을 하려고 할 때입니다. 대화 중에는 시선을 마주치는 것이 기본입니다. 시선을 마주치면 마음을 보여주고 상대의 마음을 들여다보는 것과 유사한 효과를 얻을 수 있습니다. 진실함을 표현하려면 상대와 똑바로 시선을 마주쳐야 합니다. 하지만 부담이나 불안으로 인해 이를 지키기가 쉽지 않습니다. 시선을 너무 자주 마주치면 상대에게 부담을 줄 수 있고, 그렇다고 시선을 자꾸 다른 곳으

로 돌리면 상대는 여러분이 초조해한다거나 흥미가 없다고
느낄 수 있습니다. 그러면 어떻게 해야 할까요? 시선을 마주
칠 때와 시선을 돌릴 때 모두 요령이 필요합니다. 먼저 시선을
마주치는 요령은 무엇인지 보겠습니다.

시선을 마주칠 때 어떤 한 점을 뚫어져라 봐야 한다고 생
각하면 실천하기 힘듭니다. 상대의 두 눈 사이를 보거나 두
눈과 눈 주변을 번갈아가면서 시선을 마주치면 됩니다. 다만
눈 주변을 따라 시선을 옮기는 속도가 너무 빠르면 불안해보
일 수 있기 때문에 한 문장을 말하는 동안에는 한 번 이상 시
선을 옮기지 않도록 하는 것이 좋습니다.

눈 주변을 따라 이동하는 시선 처리를 가로축에 따른 방법
이라 한다면, 세로축을 따라 이동하는 시선 처리도 있습니다.
세로축으로 이동하는 시선 처리 방법에는 두 눈과 이마와 같
은 눈 위쪽이나, 코나 입과 같은 눈 아래쪽을 번갈아 바라보
는 방법이 있습니다. 이 두 가지 행동은 전혀 다른 효과가 있
습니다.

효과의 차이를 이해하기 위해 먼저 복종과 사교, 유혹에
대해 알아야 합니다. 이 세 가지는 전혀 달라 보이지만 보디랭
귀지 측면에서 봤을 때는 출발점이 비슷합니다. 유인원은 사
교를 원하거나 유혹을 할 때 복종할 의사를 내보이는 몸짓을

합니다. 인간도 친해지기 위해서 인사를 하고 손을 흔드는데, 인사는 원래 몸을 굽혀 상대에게 복종하겠다는 의미에서 출발했습니다. 손을 흔드는 것은 백기를 흔드는 동작처럼 손에 아무것도 없으며 공격 의사도 없다는 뜻을 표현하기 위한 행동이었습니다. 복종을 상하 관계에서 이루어진다고 생각해 자존심이 상한다며 부정적으로 볼 필요는 없습니다. 복종의 몸짓은 상대를 안심시키며 관계를 이어가고 싶다는 표현일 뿐입니다. 따라서 복종의 몸짓의 의미는 대체로 사교나 유혹이라고 볼 수 있습니다. 이와 같은 내용을 이해했으리라 생각하고, 다시 시선의 방향에 대해 설명하겠습니다.

위의 내용의 연장선에서 시선의 방향을 아래로 향하는 것은 복종의 표현이며 이는 곧 유혹을 뜻합니다. 실제로 이성과의 자리에서 눈을 마주치고 있다가 0.1초 정도 아주 짧은 시간 동안 코를 보고 다시 시선을 마주치기를 시도해보시기 바랍니다. 반대로 이마와 같은 위쪽을 바라보며 시선의 틈을 메운다면 공격적인 느낌을 줍니다. 너의 위에 서겠다는 뜻으로 비치기 때문입니다. 이런 시선 처리가 필요한 순간도 있습니다. 하지만 좋아하는 이성이나 직장 상사와 눈을 마주치다가 이마 쪽에 시선이 머문다면 그들은 불편함을 느낄 것입니다.

시선 처리를 잘하는 사람도 항상 눈 주변에서 시선을 머물게 하기는 힘듭니다. 이는 상대에게 부담감을 줄 수 있습니다. 따라서 요령껏 시선을 다른 곳으로 돌릴 필요가 있습니다. 하지만 그냥 시선을 다른 곳으로 돌리면 대화에서 이탈하는 것처럼 보일 수 있으니, 시선을 돌릴 때는 그럴 듯한 이유가 있어야 합니다. 시선을 돌리는 명분을 보여주어 대화에 계속 집중하고 있음을 표현해야 합니다. 이를 위해 상대의 생각을 곱씹는다거나 그것을 토대로 무언가를 떠올리고 있다는 모습을 보여주고, 시선을 돌리는 순간에 상대의 말에 긍정적으로 대답하면서 고개를 끄덕이면 상대의 말에 집중하며 깊이 생각하고 있음을 표현할 수 있습니다.

시선을 돌리는 다른 방법으로 물건을 이용할 수 있습니다. 대화의 소재로 쓰고 있는 물건으로 시선을 옮기는 방법입니다. 예를 들어 함께 식사하며 이야기를 나누고 있다면 그 음식을 소재로 사용하며 음식으로 시선을 옮길 수 있습니다. 다른 예로 날씨가 춥다고 이야기하면서 따뜻한 컵을 손에 쥐며 바라볼 수도 있습니다. 이처럼 직접적인 소재가 아니어도 명분이 될 만한 소재라면 무엇이든 가능합니다.

시선을 옮김과 동시에 대화 소재로 사용하는 것도 좋은 방법입니다. 칭찬을 곁들여 상대의 물건을 바라보면 더 좋은 효과를 낼 수 있습니다.

아예 대화 소재와 관련이 없어도 행동과 관련된 물건을 바라보며 시선을 처리할 수도 있습니다. 예를 들어 면접장에 들어서서 면접관들의 눈을 바라보며 입장하여 자리에 앉을 때, 의자를 당기거나 뭔가를 정리하며 그쪽으로 시선을 잠시 두는 것이 좋습니다. 계속해서 면접관을 바라보면 가식적이나 공격적으로 보일 수도 있기 때문입니다. 물론 아무 이유 없이 다른 곳을 계속 쳐다보는 일은 피해야겠지요.

반드시 기억해야 하는 보디랭귀지 중 두 번째는 바로 고개 끄덕이기입니다. 고개를 끄덕이는 보디랭귀지는 모유를 먹기 위해 고개를 움직이거나, 복종의 의미로 허리를 굽혀 절하는 모습이 유래가 됐다고 알려져 있습니다. 반대로 고개를 젓는 행동은 앞에서도 이야기했듯이 모유를 거절하기 위한 행동에서부터 시작되었다고 합니다. 고개를 끄덕이면 공격할 의사가 없고 상대에게 협력할 의사가 있다는 뜻입니다. 먼저 협력의 의사를 표현함으로써 상대가 자연스럽게 협력과 동의를 하게 만드는 가장 효과적인 보디랭귀지입니다. 언제든 자연스럽게 나올 수 있도록 버릇이 될 정도로 연습해야 합니다.

고개를 천천히 끄덕이는 것은 상대의 말에 관심이 있는 것을 표현하는 데 적절하지만, 반대로 너무 빠르게 끄덕이면 상대의 말을 빨리 끊고 이제 자신이 말을 하고자 하는 의도로 비칠 수 있기 때문에 고개를 끄덕이는 속도도 상황에 따라 조절할 수 있어야 합니다.

가장 기본적이고 중요한 마지막 세 번째 보디랭귀지는 미소입니다. 미소가 필요한 순간은 반가울 때, 칭찬할 때, 칭찬을 받을 때, 부탁할 때, 부탁받을 때, 처음 만났을 때, 귀에 거슬리는 말을 할 때, 비판을 들었을 때……. 매 순간이라고 생각하면 됩니다.

미소는 선천적인 보디랭귀지입니다. 유인원은 미소를 주로 복종의 의미로 썼습니다. 이 또한 고개를 끄덕이는 것과 같은 사회적 의미를 지니며, 상대에게 자신을 먼저 드러내고 상대가 마음을 열기를 기다리고 환영하는 행동입니다. 또한 미소는 상대에 대한 호감, 친근감, 기대감 등을 표현하며, 상대의 가치를 인정하는 태도입니다. 만약 상대가 먼저 미소를 보였다면 쑥스럽다는 이유로 상대의 미소에서 시선을 피하거나 우물쭈물하지 말고 같이 미소를 보내면 됩니다.

미소 짓기를 어려워하는 사람들이 간혹 있는데 이런 분들은 안면 근육을 스트레칭해준 뒤 거울을 보며 연습해두면 도움이 됩니다. 함께 이런 연습을 할 수 있는 동료가 있다면 어색한 부분을 서로 이야기해 주면서 미소를 교정해주어도 좋습니다. 만약 입만 미소를 짓고 있어서 거짓처럼 보이거나 입꼬리 중 한쪽만 올라가서 비웃음처럼 보인다면 눈과 입이 고르게 미소 지을 수 있도록 연습합니다.

미소를 가벼운 행동이라고 낮춰 보는 사람은 대개 타인이 먼저 다가와 마음을 열어야 자존심을 지킬 수 있다고 착각하기도 합니다. 미소를 지으며 관계를 시작하는 것은 결코 자신을 낮추는 일이 아닙니다. 자신을 낮추는 일은 낮은 자존감으로 인해 열등감이나 피해의식을 계속 표현한다거나, 공격적이며 폐쇄적인 태도를 보이는 것입니다. 먼저 마음을 열고 다가가야 진정으로 자신을 높일 수 있습니다.

많은 사람이 상대를 간파하기 위해 보디랭귀지를 배우려고 합니다. 그로 인해 이를 배운 사람들이 오히려 공격적이고 폐쇄적인 모습을 나타내는 경우가 있습니다. 보디랭귀지에 대해 모르는 것만도 못한 태도입니다. 상대를 간파하고 싶다는 욕망은 두려움에서 비롯됩니다. 상대를 곧 동료가 될 대상이 아니라 미지의 존재 혹은 적이라고 생각하기 때문에 마음 열기를 두려워하는 것입니다. 하지만 보디랭귀지를 배우는 이유는 그를 통해 관계를 형성하고 서로를 잘 이해하고자 함입니다. 이것을 반드시 기억하고 혹시라도 마음속 두려움이 내는 목소리를 과감히 무시하며 미소로 상대를 대해야 합니다.

시선 마주치기, 고개 끄덕이기, 미소 짓기의 세 가지 보디랭귀지를 구사할 때 기억해두어야 할 것은 세 가지 행동이 개별적으로 이루어지지 않는다는 점입니다. 순간순간 꺼내 쓰는 필살기도 아닙니다. 이것은 마치 옷과 같습니다. 언어와 동시에 대부분의 상황에서 계속 사용해야 합니다. 시선을 마주치면서 고개를 끄덕이고 그 와중에 미소를 잃지 않아야 하는 것이지요. 이 외에도 많은 보디랭귀지가 있지만 상대의 마음을 열기 위해서는 이 세 가지가 가장 중요합니다. 항상 염두에 두고 훈련한다면 많은 사람이 마음을 열고 다가오는 모습을 볼 수 있을 것입니다.

보디랭귀지를 읽을 때 주의할 점

서툰 외국어로 외국인과 음성으로만 대화를 나누기는 매우 힘듭니다. 하지만 직접 마주 보고 몸짓과 함께 대화를 나누다 보면 더 쉽게 많은 정보를 주고받을 수 있습니다. 보디랭귀지는 생각보다 많은 정보를 담고 있습니다. 실은 너무 많고 다양한 정보가 짧은 시간에 스쳐 지나가기 때문에 오랫동안 훈련을 하지 않으면 보디랭귀지로 상대를 완벽하게 읽기는 거의 불가능에 가까울 정도입니다. 많은 사람들이 상대를 읽었다고 착각하며 자신의 두려움을 잠재우려고 하지만, 앞에서도 계속 이야기했듯이 보디랭귀지는 초능력처럼 순식간에 상대를 간파하는 기술이 아니라는 사실을 염두에 두어야 합니다. 이와 관련해서 보디랭귀지를 이해하기 위해 주의해야 할 점 세 가지를 알아둘 필요가 있습니다.

첫 번째, 부분적인 몸짓이 아니라 전체적인 모습을 봐야 합니다. 한 부분의 몸짓에만 집중하다가 순간적으로 스치는 상대의 여러 가지 정보를 놓치는 경우가 많습니다. 상대가 쏟아내는 수많은 정보를 캐치하기 위해 상대의 몸짓을 하나하나 분석하다 보면 상당히 잘못된 해석을 할 수 있습니다. 이것은 마치 운전할 때 한 곳만 집중해서 바라보면 안 되는 이유와 비슷합니다. 도로 위에서는 어느 방향에서 돌발 상황이 생길지 모르므로, 최대한 시야를 넓혀서 전체를 바라봐야 합니다.

두 번째, 상황을 같이 고려해야 합니다. 상대의 행동으로 모든 것을 판단하려 하면 안 됩니다. 예를 들어 상대가 어깨를 움츠리고 팔짱을 끼고 있다고 해서 상대가 마음을 닫고 있다고 판단할 수 없습니다. 과식을 해서 배가 나와 보이지 않을까 하는 걱정에 가리려는 마음일 수도 있고 단순히 추워서 그러는 것일 수도 있습니다.

세 번째, 말과 함께 살펴야 합니다. 예를 들어, 상대가 자신을 숨기는 몸짓이 나왔을 때 어떤 말을 했는지 살피면 좀 더 상대의 생각을 쉽게 알 수 있습니다. 그리고 만약 말과 전혀 불일치하는 몸짓이 나온다면 말을 무시하고 몸짓에 진실성을 두는 것이 더 현명합니다.

이 세 가지는 자신이 보디랭귀지를 활용할 때도 기억해두어야 합니다. 다음은 자신만의 표현으로 위의 세 가지 요소를 바꾸는 방법입니다. 첫째, 보디랭귀지는 전체적인 메시지로 전달이 되기 때문에 부위별로 하나하나 세밀하게 신경 쓰기보다 전체적으로 표현해야 합니다. 둘째, 상황에 맞는 보디랭귀지를 써야 합니다. 누가 봐도 추워서 덜덜 떨고 있는데 열린 자세를 보이겠다고 과도하게 몸을 펴면 어색해 보일 수밖에 없습니다. 셋째, 말과 불일치하는 보디랭귀지를 보이면 신뢰를 잃을 수 있습니다.

이처럼 보디랭귀지는 생각의 전달을 돕는 부호화의 한 부분으로 이해하고 어떻게 하면 자신의 전달력을 높이고 상대를 잘 이해할까 하는 생각으로 접근해야 합니다. 이를 돕기 위해 메시지를 담고 있는 몇 가지 보디랭귀지를 간단하게 알려드리겠습니다.

먼저 손에 관한 보디랭귀지입니다. 손바닥은 손의 안쪽으로, 자신의 내면을 상징합니다. 따라서 손바닥을 보여주면 상대에게 열린 마음을 갖고 있다는 뜻이며, 신뢰감을 높일 수 있습니다. 손바닥을 자주 보이면 실제로 거짓말의 빈도가 낮아진다는 실험도 있습니다. 하지만 손바닥을 과하게 숨기거나 일부러 보여주려다가 하고 있는 말이나 다른 부분의 보디랭귀지와 나타내는 바가 다르면 상대에게 신뢰감을 잃을 수 있습니다.

손등은 손의 바깥 부분으로, 외적인 힘과 관련이 있습니다. 타인과 손을 잡을 때도 손등이 위로 가는 사람이 지배 위치에 있을 가능성이 큽니다. 또한 손등이 위로 향한 상태로 손을 뻗어 지칭하면 공격적이거나 권위적으로 비칠 수 있습니다. 그래서 서비스 직종의 종사자가 무언가를 지칭할 때는 손바닥을 위로 하여 가리키는 것이지요. 또한 손등을 위로 하였어도 턱을 괴면 관심의 표현이 될 수 있습니다.

두 손을 맞잡는 악수를 할 때는 한 가지만 기억하세요. 악수는 과도하지 않은 범위 내에서 상대와 동일하게 하면 됩니다. 이는 힘을 어떻게 주느냐, 어떤 각도로 손을 맞잡느냐, 언제 손을 내미느냐 모두에 대한 대답입니다. 손을 잡을 때는 상대가 너무 힘이 없거나 힘이 센 경우를 제외하고 그냥 상대의 힘에 맞추어 잡습니다. 약간 꽉 잡는 정도가 가장 좋지만 다양한 상대가 있기 때문에 융통성 있게 상대에게 맞춰주면 됩니다. 각도는 어느 쪽으로도 기울어지지 않게 맞춥니다. 만약 기울어지면 손등이 위로 가는 사람이 권력을 나타냅니다. 상대가 손을 내밀면 최대한 빨리 맞잡고, 반대로 자신이 손을 내밀 경우 상대가 악수를 할 준비가 되어 있는지 확인하고 손을 내밀면 됩니다.

자신의 손바닥을 비비는 행동은 기대감을 표현하는 동시에 상대에게 기대감을 갖게 하는 효과가 있습니다. 단, 너무 느리게 손바닥을 비비면 비열한 느낌을 줄 수 있습니다. 반면에 한 손으로 손가락을 비비는 행동은 돈을 표현할 때 주로 쓰이는데, 좋지 않은 인상을 줄 수 있기 때문에 하지 않는 편이 좋습니다.

팔짱 끼기가 닫힌 자세임은 잘 알고 있을 것입니다. 자신의 불안이나 부정적인 심리로 인해 방어적인 태도를 취하는 것인데, 이는 상대에게 불신을 심어줍니다. '의식하지 못하더라도 저렇게 불안해하는 것을 보니 뭔가 잘못한 게 있나 보다.' 하는 생각이 듭니다. 그러니 팔짱은 가능하면 끼지 않는 것이 좋습니다. 팔짱을 끼지 말라고 하면 팔이나 소매를 만지거나 다른 물건을 보는 등의 산만한 행동을 하는 경우가 있는데 이 또한 신뢰를 깎는 행동입니다. 반면에 팔꿈치를 밖으로 향하게 하면 힘을 과시하는 모습으로 보이기 때문에 팔짱을 풀더라도 과도하게 열린 자세는 피하도록 합니다.

양손을 깍지 끼는 것은 불안의 표출일 수 있지만, 사실 불안보다는 부정에 더 가까운 상태를 나타냅니다. 반면에 양손 끝을 맞대고 세우는 것은 자신감의 표출입니다. 특히 엄지손가락은 자신감과 권위를 상징하기 때문에 양손을 깍지 꼈더라도 엄지를 마주 세웠다면 공격적이거나 자신감 넘치는 모습이라고 할 수 있습니다.

손으로 목덜미를 만지면 난처하다는 표현입니다. 이것은 부정적인 상황에 처해 있거나 해결책이 없다는 의미를 내포하기 때문에 피해야 하는 동작입니다.

다리도 많은 정보를 줍니다. 다리를 꼬면 팔짱을 낄 때와 비슷하게 닫힌 마음을 나타냅니다. 단, 다리를 반만 꼬는 것, 즉 발목을 무릎에 얹은 자세는 자신감과 느긋함의 표현입니다. 또한 몸과 발이 가리키는 방향이 마음을 쏟는 방향이라고 많이 알려져 있지만 이것은 의식적으로 통제하기 쉬우니 너무 확신해서는 안 됩니다.

마지막으로 머리입니다. 머리를 이용한 보디랭귀지에서 중요한 점은 턱을 어떻게 보이느냐인데, 이는 턱이 힘을 상징하기 때문입니다. 턱을 강조해서 머리를 똑바로 들면 우월함, 공격 등을 표현하고, 반대로 머리를 숙이면 불만이 있지만 좌절하거나 숨기는 것, 혹은 낙담한 것을 표현합니다. 머리를 옆으로 기울이는 경우에는 무언가를 의지한다는 뜻이기 때문에 복종을 의미하고, 이는 자연스럽게 유혹이나 동의를 표현하는 행동이 됩니다.

여기까지 중요한 보디랭귀지의 의미를 간략하게 정리했습니다. 이는 자신이 보디랭귀지를 통해 메시지를 전달할 때도 필요한 내용입니다. 예를 들어 별로 잘못한 일이 없는데도 목덜미를 만지는 모습을 자주 보인다면 상대에게 뭔가 잘못하는 일이 많은 사람으로 기억될 수 있습니다. 협상 자리에서 머리를 기울이고 있다면 주도권을 빼앗길 수도 있습니다.

이런 것처럼 보디랭귀지는 소통 수단으로 활용하기 위해 기억해두어야 합니다. 상대를 읽는 것은 먼저 자신의 관찰력과 통찰력을 높이고 충분한 대화를 나눈 뒤에야 보디랭귀지와 함께 파악이 가능합니다. 하지만 당장 노력해야 할 것은 자신의 보디랭귀지를 필요에 따라 제어하고 부정적이거나 불필요한 보디랭귀지를 줄이는 것입니다.

심리적 거리를 좁히는 '흉내 내기'

사람 사이의 신뢰 형성은 세포 단위에서부터 시작한다는 말이 있습니다. 딱히 나한테 잘해주는 것도 없는데 뭔가 친근하게 느껴지는 사람이 있고 그 반대의 경우도 있지요. 사람은 기본적으로 면역 체계가 다르고 외모가 유사한 사람에게 끌린다는 실험 결과도 있으니, 세포 단위에서 시작한다는 말도 완전히 틀린 말은 아닌 듯합니다. 이와 달리 상대가 인식하지 못하는 새에 신뢰를 얻을 수 있는 방법이 있습니다. 바로 '흉내 내기'입니다.

상대에게 호감을 얻기 위해 상대의 행동을 흉내 내라는 조언은 많이 들어보았을 것입니다. 하지만 언제, 어디까지 따라 해야 할지 막막합니다. 또한 어설프거나 과도한 흉내는 역효과를 가져오기 때문에 제대로 알고 시도해야 합니다.

흉내 내기는 크게 청각과 시각의 두 가지 감각을 자주하는 방법으로 할 수 있습니다. 먼저 청각적인 부분에서는 상대가 말하는 목소리의 크기와 빠르기를 기준으로 삼아 목소리 톤과 속도를 맞추면 됩니다. 너무 빠르게 말하면 상대가 부담이나 압박을 느끼고, 반대로 너무 느리게 말하면 무기력감이나 지루함을 느끼기 때문에 말의 속도는 최대한 상대와 비슷하게 유지하도록 노력해야 합니다. 목소리의 크기는 사람마다 차이가 있어 조절하기가 어려울뿐더러 빠르기에 비해 영향력도 적습니다. 다만 과하게 차이가 날 경우 상대가 대화에 몰입하기 힘드므로 적절하게 조절하면 좋습니다.

시각적인 부분에서는 자세와 표정을 흉내 내는 방법이 있습니다. 상대의 자세를 흉내 내면 상대가 생각을 받아들이기 쉬워집니다. 다만 상대가 너무 거만하거나 닫힌 자세를 유지한다면 반대로 열린 자세를 먼저 취해 상대가 자신을 따라 하도록 유도합니다. 상대와 비슷한 자세를 유지하다가 원하는 자세로 고치면 상대가 무의식적으로 고친 자세를 흉내 냅니다. 100% 성공하는 방법은 아니며 여러 번의 시도가 필요합니다. 또한 상사와 같은 윗사람에게는 자세를 흉내 내는 모습이 도전한다는 암시를 줄 수도 있으므로 조심해야 합니다.

표정은 본심이 드러나기 쉬워서, 의식적으로 제어하기가 상당히 어렵습니다. 하지만 그만큼 상대와 같은 표정을 보여 준다면 효과가 크겠지요. 또한 일반적인 사람이라면 무의식적으로 상대의 표정을 따라 하는 경향이 있는데, 이를 이용하여 상대의 표정을 따라 한 후 원하는 표정으로 먼저 바꾸면 상대가 따라 하게 됩니다. 상대를 흉내 내는 데서 그치지 않고 흉내를 낸 후 상대를 원하는 방향으로 이끌 수도 있습니다.

예를 들어 처음부터 미소 짓기보다 상대와 비슷한 표정에서 상황에 어울리는 말을 하며 미소를 짓는다면 상대는 자신도 모르게 따라서 미소 지을 것입니다. 하지만 상대가 화를 내고 있거나 부정적인 감정을 표출하고 있는 상황이라면 흉내 내기로는 해결하기 어렵습니다.

다른 부분에서도 흉내 내기를 활용할 수 있는데 바로 자신과 상대의 거리입니다. 사람은 상대에 따라 편안하게 느끼는 거리가 있습니다. 연인이나 부모님과 같은 아주 가까운 사이는 15~45cm, 친구나 파티에서 만난 상대와의 사이는 46~122cm, 낯선 사람이나 외판원과의 사이는 122~360cm, 마지막으로 강연자와 청중 사이는 360cm 이상 떨어져 있어야 편안함을 느낄 수 있습니다. 다만 여기서 청중이 동성이거나 친근한 그룹이라면 150cm 정도의 거리도 편안하게 느낍니다. 이것은 문화적, 사회적 환경에 따라 조금씩 차이가 있습니다.

상대에게 편안함을 주기 위해서는 상대 또는 청중과 적당한 거리 유지가 필요하다는 사실을 이해해야 합니다. 혼자 탄 엘리베이터가 꽉 찼을 때를 떠올려보면 쉽게 알 수 있습니다. 낯선 사람이 45cm 안으로 들어온다면 사람들의 마음은 어떨까요? 낯선 이가 가득한 공간에서 사람들은 무표정하게 가면으로 자신을 은폐합니다. 섣불리 거리를 좁히면 상대는 방어하려는 마음이 생깁니다. 따라서 관계에 맞는 거리를 유지해주어야 합니다.

하지만 흉내 내기를 이용하여 이 거리를 좁힐 수 있습니다. 거리를 조종하는 이 기술은 3단계로 이루어져 있습니다.

1단계, 먼저 상대와 편안한 거리를 유지합니다. 이 단계에서는 상대에게 편안함을 줌과 동시에 상호 신뢰를 쌓아야 합니다. 앞의 말하기 기술들을 이용하여 먼저 친밀감을 쌓습니다.

2단계, 명분이 있는 거리 넓히기를 시도합니다. 예를 들어 상대의 말에 고개를 끄덕이며 생각을 하기 위해 잠시 등받이 의자에 기대는 식입니다. 이때 상대에게 거부감을 주지 않는 선에서 거리를 넓히고 계속 이야기가 오가는 상황을 만드는 것이 중요합니다.

3단계, 거리를 다시 좁히는 상대의 동작을 흉내 냅니다. 앞의 단계가 제대로 이루어졌다면 상대가 친근함을 느꼈던 거리를 유지하기 위해 앞쪽으로 몸을 숙이거나 턱을 괴는 등의 행동을 합니다. 이때 몇 초의 시간을 둔 후 상대의 동작을 자연스럽게 흉내 내면 거리를 좁힐 수 있습니다.

이 방법으로 상대와 거리를 좁히면 상대는 무의식적으로 자신의 주도 하에 거리를 좁혔다는 착각을 합니다. 따라서 상대가 가까워진 거리에 불편함을 느낄 확률이 크게 줄어듭니다. 한 번에 성공하지 못하면 시간을 두고 또 시도하면 됩니다. 또한 성공했어도 좁혀진 거리를 유지할 수 있도록 신경 써야 합니다. 물론 가장 중요한 것은 1단계에서 말씀드렸던 상호 신뢰입니다. 단순히 거리 줄이기 기술만으로 상대의 마음을 얻을 수는 없습니다. 앞서 배운 칭찬이나 질문 등 다양한 기술을 함께 활용해야 합니다.

이 기술을 응용하면 상대와 거리를 좁힐 수 있을 뿐만 아니라 닫힌 자세를 열린 자세로 만들 수도 있습니다. 닫힌 자세의 상대에게 대화 기술로 상호 신뢰를 쌓은 다음 대화를 하며 잠시 상대와 동일하게 닫힌 자세를 취하고, 그 뒤에 열린 자세로 바꾸면 상대도 여러분의 행동을 따라 열린 자세로 바꿀 것입니다. 물론 자세를 바꾼다고 해서 상대가 무조건 따라 하지는 않으니 상대와 대화를 우선 고려하고 흉내 내기를 이용한 조종하기는 마지막 최후의 방법으로 사용하기 바랍니다.

참고로 여성이 남성에 비해 네 배 더 흉내 내기를 많이 한다는 연구 결과가 있습니다. 하지만 이것은 어디까지나 흉내 내기 활용 방법을 모르는 일반 사람의 경우입니다. 이제 여러분은 흉내 내기를 전략적으로 활용할 수 있을 것입니다. 처음에는 어렵게 생각하지 말고 실패하더라도 조금씩 시도해보기 바랍니다. 자연스럽게 하려면 자신에게 맞는 타이밍과 태도를 익혀야 하기 때문에 욕심내지 말고 조금씩 늘려가는 것이 포인트입니다. 한 번 경험해보면 그 후로는 자신감이 붙어 함께 소통의 기술이 대폭 향상될 것입니다.

자세에서 권력이 느껴진다

보디랭귀지를 통해 표현되는 것 중에 가장 극단적인 것은 권력과 복종이라 할 수 있습니다. 이 중 복종의 보디랭귀지는 유인원 사회에서 유혹을 의미한다고 앞서 이야기했습니다. 복종의 보디랭귀지는 상대에게 공격 의사가 없음을 드러냄으로써 상대와 친구가 되고자 하는 마음을 표현합니다. 심리적 또는 육체적 복종이 아니라 단지 표현으로서의 복종은 상당히 강력한 무기가 됩니다. 흉내 내기에서 배웠듯 사람은 누구나 쉽게 상대에게 동화되므로, 경우에 따라 복종의 보디랭귀지는 상대의 마음을 여는 가장 쉬운 방법입니다. 하지만 아이러니하게도 유혹을 위해서는 권력도 함께 표현해야 합니다. 먼저 권력을 표현하는 보디랭귀지에 대해 알아보고, 유혹과 연관 지어 정리하겠습니다.

권력을 표현하는 신호는 표정, 동작, 행동으로 구분할 수 있습니다. 먼저 표정은 다른 사람에 비해 적게 웃는 것입니다. 무표정과는 다릅니다. 웃음의 횟수가 적고 웃을 때도 다른 사람에 비해 덜 표현합니다. 동작은 상대를 더 많이 응시하고 다른 사람에 비해 큰 목소리로 말하는 것입니다. 행동은 사람들의 말에 자주 끼어들고 다른 사람을 많이 터치하는 것입니다.

권력의 표현만 강하게 사용하면 대하기 어렵고 불편한 사람이 되고, 반대로 복종의 표현만 계속 사용하면 대하기 쉽고 자존감이 낮은 사람으로 비칠 수 있습니다. 그래서 권력과 복종의 보디랭귀지를 적절히 섞어서 사용해야 합니다. 특히 유혹하고자 한다면 복종의 보디랭귀지를 보이면서 목소리를 크게 내고 더 많이 응시하는 식으로 균형을 맞춰주어야 합니다. 다만 상대의 말에 끼어들거나 터치하는 행동은 상황에 따라 비호감으로 낙인이 찍힐 수 있기 때문에, 사용하지 않거나 조심스럽게 사용해야 합니다.

발성과 발음을 순식간에 개선하는 노하우

말을 할 때 사람의 호감을 살 수 있는 가장 중요한 요소는 무엇일까요? 많은 사람이 목소리나 발음을 꼽지만 표현의 기술이 일정한 수준을 넘어서면 크게 중요하지 않습니다. 의사소통에 영향을 미치는 요소 중 비언어적 요소가 93%나 된다고 하는 메라비안의 법칙도 와전된 것이라 말씀드렸습니다. 목소리나 발음이 평범해도 센스 있는 태도로 상대의 마음을 사로잡을 수 있습니다.

하지만 분명 좋은 목소리나 발음이 대화에 좋은 영향을 미치는 것은 사실입니다. 이번 장에서는 스피치 학원이나 아나운서가 훈련하는 어려운 목소리 개선법이 아니라, 짧은 시간에 단점을 커버하여 좋은 목소리처럼 들리도록 하는 방법을 알려드리겠습니다.

목소리는 호흡, 발성, 발음, 공명으로 이루어진다고 합니다. 이들을 모두 개선하면 좋은 목소리가 나오겠지만 쉬운 일이 아닙니다. 호흡은 숨을 쉬는 것이고 발성은 호흡 사이에 성대를 이용해 소리가 나가는 것입니다.

호흡은 연습할수록 길어지는데 어떤 사람은 폐활량을 키우는 운동이나 훈련을 하라고 조언합니다. 하지만 긴 호흡은 분량이 많은 내레이션을 읽거나 대사가 많은 연기를 할 때나 필요합니다. 실생활에서 폐활량을 키워야 할 정도로 긴 호흡을 필요로 하는 경우는 거의 없습니다. 만약 있다면 대단한 수다쟁이일 것입니다.

호흡에서 폐활량보다 중요한 것은 '얼마나 호흡을 효율적으로 활용하느냐'입니다. 발성도 마찬가지입니다. 자신의 한계에 맞추어 어떻게 효율적으로 표현할 것인가를 생각하면 됩니다. 이를 위해 필요한 것이 퍼즈$_{pause}$와 강조입니다. 이 두 가지만 잘 활용하면 짧은 시간에 호흡과 발성을 크게 개선할 수 있습니다.

퍼즈는 잠시 이야기를 멈추는 동작이며, 긴 퍼즈와 짧은 퍼즈로 나뉩니다. 긴 퍼즈는 문단이나 문장이 바뀔 때 내용을 강조할 필요가 있는 부분에서 1초 정도 쉴 때 씁니다. 짧은 퍼즈는 문장이 바뀌거나 강조할 단어의 앞에서 0.2~0.5초 정도 잠깐 쉬는 것이지요. 강조는 핵심적인 단어나 내용이 전환되는 연결어 등을 강하게 읽는 것을 말합니다. 강조할 때 말하는 속도를 약간 늦추고 톤을 낮추면 더욱 효과적입니다.

퍼즈와 강조는 중요하지만 어떻게 사용해야 하는지에 대한 정답은 없습니다. 자신의 호흡에 따라, 무엇을 강조하고 싶은가에 따라, 청중의 집중도에 따라 다르게 사용합니다. 예를 들어 청중이 충분히 집중한 상태이고 자신의 호흡도 충분하며 딱히 강조할 내용이 없으면 퍼즈를 적게 쓰거나 아예 사용하지 않아도 됩니다. 강조 또한 반드시 해야만 하는 단어가 있는 것은 아닙니다. 이러한 퍼즈와 강조는 직접 연습 하며 몸에 익혀야 합니다.

연습하는 방법은 다음과 같습니다. 긴 퍼즈는 'VV', 짧은 퍼즈는 'V', 강조는 'O', 이 세 가지 도형을 기억해두어야 합니다. 이제 낙서를 해도 되는 책이나 프린트를 준비합니다. 어떤 것이라도 좋지만, 처음에는 문장이 짧고 명확한 동화로 시작하여, 나중에는 논설이나 시나리오 등 긴 문장으로 점차 난이도를 높여가는 편이 좋습니다.

준비가 되었으면 읽을 내용에 세 가지 기호를 마킹합니다. 어떤 부분에 긴 퍼즈를 줄지, 어떤 부분은 짧게 읽을지 등 계속 수정하면서 마킹을 해야 하기 때문에 연필과 지우개를 이용하는 것이 좋습니다. 소리 내어 읽어가면서 마킹하며 자연스러운 흐름을 찾습니다. 한 페이지 정도 분량을 다 체크했다면 처음부터 끝까지 기호에 신경 쓰며 소리 내서 읽어봅니다.

이 작업을 반복해서 하다 보면 평소에 말을 할 때도 퍼즈와 강조를 자유롭게 쓸 수 있게 됩니다. 이 훈련을 통해 현재 자신의 호흡과 발성을 어떻게 효율적으로 활용할 수 있는지 자연스럽고 빠르게 체득하게 됩니다.

다음으로 발음에 대해 알아보겠습니다. 발음 또한 대화를 주고받을 때 내용을 정확히 전달해야 한다는 면에서 중요합니다. 발음을 개선하기 위한 간단한 팁을 드리겠습니다. 발음의 가장 기본적인 훈련으로 아주 잘 알려진 방법입니다. 얼굴 근육을 최대한 많이 쓰면서 "아, 에, 이, 오, 우"라고 말하는 훈련은 평소 꾸준히 하면 도움이 됩니다. 말하기 직전에 긴장을 푸는 데도 효과가 있습니다.

처음에는 "쥐 잡아 먹은 거"를 천천히 발음하다가 점점 빠르게 여러 번에 걸쳐 소리 내어 말하는 훈련도 발음을 명확하게 만드는 데 도움을 줍니다. 하지만 만약 단기간에 변화를 원한다면 특별히 신경 써서 단어와 문장 끝에 힘을 주어 말해봅니다. 간단할 것 같지만 막상 해보면 생각만큼 쉽지 않습니다. 하지만 확실히 효과가 있습니다. 목소리를 훈련할 때는 반드시 녹음을 해서 들어보아야 합니다. 애초에 자신이 생각하는 목소리와 남이 듣는 목소리가 많이 다르고, 자신의 버릇을 스스로 알지 못하는 경우가 많기 때문입니다. 참고로 남들이 듣는 목소리는 녹음된 목소리입니다. 처음에는 어색하더라도 녹음한 자신의 목소리를 들으면서 꾸준히 훈련하면, 분명히 좋은 목소리를 얻을 수 있을 것입니다.

3부

차분하게
그러나 또렷하게

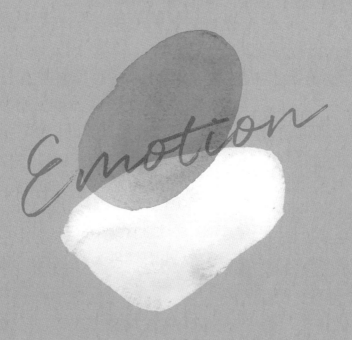

Emotion

부드러운 설득을 위한
'순서와 구조'

설득은 경계심과의 싸움

다른 사람을 설득하는 일은 상당히 어렵습니다. 반대로 다른 사람이 나를 설득하려 든다면 그것도 불편합니다. 마찬가지로 여러분이 다른 사람을 설득하려 할 때 그들의 마음속에도 불편함이 있습니다. 여기서 이 불편함의 정체는 대체 무엇일까요? 바로 경계심입니다. 설득은 바로 경계심과의 싸움입니다. 경계심을 무너뜨릴 수만 있다면 설득의 반은 성공한 것이나 다름없습니다.

경계심을 해소하는 방법은 원래 아는 사람이냐 아니냐에

따라 나뉩니다. 물론 아는 사람의 경계심을 낮추는 것은 모르는 사람의 경우보다는 쉬울 것입니다. 우선 밝고 행복한 암시로 시작해야 합니다. 바로 설득을 시작해야 하는 경우가 아니라면 긍정적인 표현의 일상적인 이야기를 건네보세요. 예를 들어 비가 올 때는 "아, 눅눅하네요."라는 표현보다 "오늘 운치 있는데요." 혹은 "가물었는데, 단비 맞으니 좋네요."라는 식의 표현으로 말을 건네는 것이 좋습니다. 경계심이 전혀 없는 상대라면 반대로 어둡거나 부족한 모습으로 상대의 호기심을 불러일으키는 방법이 더 유리할 때도 있지만, 일반적으로 그런 행동은 상대의 경계심을 높일 수 있으니 주의해야 합니다. 또 상대가 직접 질문하도록 만들거나 대화의 시작을 상대가 하도록 하는 것도 중요합니다.

모르는 사람의 경계심을 낮추려면 먼저 긴장을 풀고 말을 건네는 것이 중요합니다. 긴장은 전염되고 경계심을 높이기 때문입니다. 이때도 상대가 대화를 시작하도록 하면 유리한데, 특히 상대의 말을 많이 들어주어야 합니다. 말을 많이 하면 자신을 오픈하게 되고 자연히 경계심이 낮아지기 때문입니다. 반면에 말을 짧게 하면서 자신의 약한 모습을 살짝 드러내는 것도 요령입니다. 다만 신뢰를 잃을 분야이면 안 되고, 설득과는 관계없는 분야여야 합니다.

상대의 경계심을 어느 정도 해소했다면 상대가 이성적인 유형인지 감성적인 유형인지 파악해야 합니다. 기본적으로 설득은 감성에 호소하는 측면이 강한 행동입니다. 인간은 감정의 동물이기 때문입니다. 하지만 이성이 많이 발달한 유형의 사람들은 설득보다 이해를 원합니다. 이해는 이성에 호소하는 것입니다. 앞서 확인했듯 논리적이고 두괄식으로 간결하게 말하는 성향이라면 이성적인 사람이라고 판단하면 됩니다. 이들에게 감성에 호소한다면 오히려 신뢰를 잃게 됩니다. 이성적인 사람은 해답을 찾기를 원하는데, 감성에 호소하게 되면 답을 찾을 수 없고 본론으로 들어가는 것을 방해하는 시간 낭비일 뿐이라고 생각하기 때문입니다.

이성적인 유형과 반대로 설득하기 쉬운 성향을 지닌 감성적인 유형의 사람은 세 가지로 더 세분화할 수 있습니다.

첫째, 자존심이 강한 유형입니다. 이 유형의 사람은 자존심을 강하게 내세우기 때문에 설득하기도 전에 포기하는 경우가 많지만, 상대의 자존심만 잘 유지해주면 설득하기 어렵지 않습니다. 자존심을 강하게 드러내는 유형은 자신의 내면에 감춘 부족함을 들키지 않으려는 심리가 있기 때문에, 그 부분을 인정하고 감싸는 배려를 해준다면 쉽게 경계심을 허물기 때문입니다.

둘째, 안전 욕구가 강한 유형입니다. 이 유형은 자신에게 가해지는 위험에 민감합니다. 또한 책임 소재가 어디에 있는지, 얼마나 손해 보는지에 신경을 많이 씁니다. 따라서 이 유형은 안전하다는 것만 확인시켜주면 쉽게 설득할 수 있습니다. 안전 욕구가 강해서 망설인다는 것은 반대로 안전만 확보되면 거칠 것이 없다는 뜻도 됩니다. 이들의 마음속에 있는 공포를 제거해주면 됩니다.

또 다른 방법으로는 부정적 암시를 통해 공포를 심어주면 됩니다. 예를 들어 부모님들을 상대로 학원 영업을 할 때 "이미 다른 학생들은 다 하고 있다."고 하면서 아이를 학원에 보내지 않으면 뒤처지거나 친구 무리에서 벗어나게 될 수 있다는 식으로 설득하는 것입니다.

셋째, 명분을 중요하게 생각하는 유형입니다. 이 유형은 합리적인 판단이나 실리보다 명분을 중요하게 생각합니다. 명분은 정의나 명예 혹은 매너 등으로 폭넓게 해석할 수 있습니다. 이런 경우 상대에게 필요한 것은 명분이고 여러분에게 필요한 것은 실리이니 설득하기 쉽습니다. 명분이 중요한 경우가 있지만 명분의 가치보다 명분 자체를 항상 중요하게 생각하는 유형은 상대의 이상적 가치와 대의를 존중해주어 쉽게 설득시킬 수 있습니다.

이들은 언뜻 보면 설득하기가 오히려 까다롭게 느껴집니다. 하지만 이들이 설득되기 쉬운 이유는 확실한 욕구와 약점을 드러내기 때문입니다. 설득은 이처럼 상대의 욕구를 존중하고 충족시켜주는 것이 가장 수월한 방법입니다.

반대 의견이 있다고 좌절하거나 포기하면 안 됩니다. 반대 의견은 자연스러운 것입니다. 사람은 누구나 자기방어의 본능이 있기 때문입니다. 설득의 목적이 상대를 굴복시키는 데 있지 않다는 사실을 기억해야 합니다. 이런 반대 의견에 대처하기 위해 상대의 욕구를 충족시켜주고 여러분의 이야기에 따르도록 만들어야 합니다. 강한 압력을 넣거나 좌절할 필요는 없습니다. 설득은 원래 상대의 반대 의견에서 출발하는 것이니까요.

동기 유발의 다섯 단계

이제 본격적으로 설득하는 방법을 배워봅시다. 설득의 단계를 설명할 때 가장 많이 인용하는 두 가지 이론이 있습니다.

먼저 미국의 퍼듀대학교Purdue University 교수였던 앨런 먼로Alan Monroe의 동기유발 순서Monroe's Motivated Sequence 이론은 다른 사람이 어떤 행동을 하도록 만드는 적절한 방법을 설명합니다. 이는 설득의 프로세스와 일치하며, 다음과 같은 다섯 단계로 이루어져 있습니다.

첫째, 주의 단계입니다. 이 단계에서는 상세한 이야기나 충격적인 예시, 인용 등 여러 자료를 통해 상대의 주의를 이끌어내고 경청하도록 만듭니다. 대화를 나누며 상대가 무엇을 원하는지 정보를 수집해야 하는 단계이기도 합니다.

둘째, 필요 단계입니다. 현재 상황의 문제를 제기하고 설명하며 변화의 필요성을 느끼게 만드는 단계로, 이때 상대의 집중을 더 끌어올려야 합니다. 그러려면 제기한 문제가 상대에게 영향을 미칠 수 있는 항목이어야 합니다.

셋째, 만족 단계입니다. 문제의 해결책을 제시하고 설명하여 상대가 만족감을 느끼거나, 반대로 그 해결책을 얻기 위해 욕망하게 만드는 단계입니다. 그러려면 해결책이나 장점이 상대를 위한 것이어야 합니다. 아무리 열심히 만들었고 저렴하게 판다고 해도 상대에게 필요 없는 기능만 잔뜩 있으면 아무도 구매할 욕구가 생기지 않습니다.

넷째, 시각화 단계입니다. 이 단계에서는 상대가 해결된 상황을 상상하게 만들어 자신의 욕망이나 만족감을 시각화하도록 돕는 단계입니다. 다음 단계로 넘어가기 위해 필수로 거쳐야 하는 단계입니다.

다섯째, 행동 단계입니다. 상대의 욕망과 시각화에 따라 실천하고 행동하도록 만드는 설득의 최종 단계입니다.

먼로의 동기유발 순서는 설득이 이루어지는 과정과 유사합니다. 이처럼 상대를 설득하기 위해서는 상대의 욕망을 이끌어내고 행동하게 만드는 동안 순차적으로 상대를 몰입시켜야 합니다. 단순히 설득만 하는 다른 방법보다 실질적인 변화를 이끌어낼 수 있다는 점에서 강력한 도구입니다. 따라서 각 단계별로 상대 심리 변화를 읽으면서 진행해야 합니다.

제가 지하철에서 먼로의 동기유발 순서대로 말하는 사람을 보았습니다. 그가 판매를 위해 말한 문장을 예시로 보겠습니다.

주 의 제가 오늘 무슨 물건을 들고 왔나 보세요.

필 요 바로 팽이입니다. 돌리면 빛이 나고 살짝 돌려도 멈추지를 않아요.

만 족 어른에게는 추억을, 아이에게는 재미를! 여러분 가정에 화목과 행복을 드릴 겁니다.

시각화 어때요? 보기만 해도 즐겁지 않나요?

행 동 단돈 1,000원에 모십니다.

여러분도 분명 판매원이 이런 순서로 물건을 소개하는 모습을 본 기억이 있을 것입니다. 그분들이 먼로의 이론을 접하지는 않았더라도 오랜 경험을 통해 짧은 시간에 다수의 상대에게 구매 욕구를 심어줄 수 있는 효율적인 순서를 체득했을 겁니다.

실제로 먼로의 동기유발 단계는 위의 예시처럼 각 단계가 하나의 문장으로만 끝나지는 않습니다. 위의 예시는 상황의 특수성과 판매자의 충분한 경험 때문에 가능한 것입니다. 단계라는 말처럼 충분히 상대의 심리 변화를 읽고 유도하며 차근차근 진행해야 하는 기술입니다. 상대의 현 상황을 이해해야 제대로 활용할 수 있기 때문에 상대의 변화를 잘 관찰하는 사람이 이 방법으로 설득하는 데 유리합니다.

우리가 주변에서 쉽게 볼 수 있는 설득의 전문가 그룹 중에는 처음 보는 사람의 마음을 사로잡아야 하는 레크리에이션 강사와 감정에 대단히 솔직한 대상을 몰입시켜야 하는 유치원 교사가 있습니다. 그들이 쓰는 패턴을 보겠습니다.

주 의 우리 어머님들 반갑습니다. 저에게 집중해주세요. 간단한 게임을 할 거예요.

필 요 제 말씀만 잘 들어도 선물 받아 가실 수 있는 시간이에요.

만 족 그것도 우리 어머님들께서 정말 좋아하시는 생활용품!

시각화 다 드릴 수는 없고요. 아까 말씀드렸듯이 잘 참여하시는 분께만 이 선물을 드리겠습니다.

행 동 시작해볼까요? 박수 게임 시작!

주 의 선생님이 오늘 정말 재미있는 것을 가져왔어.

필 요 카트라고 하는 건데 너희가 쉽게 운전할 수 있는 자동차 같은 거야.

만 족 선생님 말씀을 잘 듣는 친구부터 타볼 거야.

시각화 카트를 보렴. 빨리 운전해보고 싶지?

행 동 그럼 설명 잘 듣고 착하게 앉아 있었던 친구 먼저 해볼까?

두 가지 패턴 모두 익숙하지요? 하지만 항상 효과적입니다. 만약 첫 번째 예문에서 단순하게 박수를 치자고 말했다면 사람들의 전폭적인 호응을 얻기가 쉽지 않았을 것입니다. 두 번째 예문도 마찬가지로 아이들을 효과적으로 통솔할 수 있도록 해주었습니다. 이런 패턴은 여러 명을 상대해야 하기 때문

에 남이 하면 따라 하는 대중 심리를 이용합니다. 그래서 위의 예문이 대부분 큰 효과를 발휘합니다. 하지만 한 사람을 상대로 설득할 경우에는 상대가 어떤 생각의 변화를 겪을지 미리 알기 어렵기 때문에 차근차근 상대의 심리 변화에 따라 다음 단계로 넘어가면서 진행해야 합니다.

영업이나 판매에 유용한 FABE 이론

다음으로 소개할 이론은 네 단계로 이루어진 FABE입니다. 영업이나 판매와 같은 설득에도 매우 유용합니다. FABE는 속성 또는 기능을 뜻하는 단어 'Feature', 장점을 뜻하는 단어 'Advantage', 혜택 또는 이익을 뜻하는 단어 'Benefit', 근거를 뜻하는 단어 'Evidence'의 앞 글자를 따서 만든 용어입니다.

첫째 단계에서는 상대에게 설득하고자 하는 것의 요소를 설명합니다. 제품이라면 기능을, 사람이라면 기본 인적 사항을 소개하는 식입니다. 만약 이성에게 자신을 소개한다면 "저는 학생입니다."라는 말처럼 가장 기본적인 요소를 설명하는 단계입니다. 따라서 최대한 객관적이고 사실에 근거한 내용을 전달해야 합니다. 과장하거나 거짓을 말하면 뒤에서 어떤 말을 해도 신뢰를 얻기 힘듭니다.

이 단계에서 상대를 몰입시키기 위해서는 모든 기능을 이해하고 있어야 합니다. 이것은 설득이나 판매, 영업에서 기본입니다. 다만 모든 것을 전달하려고 해서는 안 됩니다. 많은 것을 이해하고 기억하고 있으면 이를 전달하고 싶겠지만, 그것은 자신의 입장일 뿐입니다. 상대가 이해하는 수준에서 원하는 내용만 전달하여 상대가 지루해하지 않도록 하는 것이 중요합니다.

둘째 단계에서는 장점을 보여줍니다. 앞서 설명한 기능이 어떻게 좋은지, 사람이라면 어떤 훌륭한 면이 있는지 설명하는 것입니다. 위의 예시를 이어가자면 "저는 공부를 잘합니다."처럼 남들과 차별화되는 부분을 어필하여 비교 우위를 말하는 단계입니다. 따라서 경쟁 관계의 물건이나 사람에 대해서도 객관적인 시각을 가지고 있어야 설득하는 말이 더욱 힘을 얻을 수 있으며, 부족한 부분을 굳이 언급하지 않고 장점을 집중적으로 부각하는 전략을 구사해야 합니다. 만약 이미 상대가 알고 있는 단점이 있다면 미리 오픈하여 신뢰를 높이는 방법도 있지만, 이럴 경우에는 확실한 장점으로 마무리해야 합니다.

셋째 단계에서는 혜택을 설명합니다. 앞의 장점이 상대에게 어떤 이득을 주는지 설명하는 것입니다. 상대 입장에서 생각하고 혜택을 제시해야 합니다. 위의 공부를 잘한다는 장점을 상대가 얻을 수 있는 혜택으로 이어간다면 "저는 그만큼 성실하기 때문에 당신에게 충실할 것입니다."라고 말할 수 있습니다. 혜택은 상대 기준에서 얻을 수 있는 이점이므로 내용이 주관적이고, 상대에게 필요한 것이 무엇인지 잘 이해하고 있어야 합니다.

만약 상대가 바라는 명확한 혜택을 이해하고 있다면 굳이 앞의 단계를 거치지 않고, 바로 혜택부터 제시해도 괜찮습니다. 물론 상대가 기능이나 장점에 대한 이해가 부족한 경우 혜택만으로는 설득하기 어렵기 때문에 앞의 단계를 거치는 것이 안전한 전략입니다.

넷째 단계에서는 근거를 제시합니다. 근거를 통해 설득력을 높이는 단계입니다. 개인의 경험, 통계나 이론, 권위적인 사람의 말 등 다양한 요소를 근거로 제시할 수 있습니다. 분석적인 상대라면 통계나 이론이, 감성적인 사람이라면 권위적인 사람의 말이나 개인의 경험이 효과적입니다. 하지만 어떤 경우에서든 근거를 제시하는 것이 제시하지 않는 것보다 낫습니다.

여러분의 이해를 돕기 위해 먼로의 동기유발 단계의 팽이 판매 예시를 FABE에 맞춰 수정해보았습니다.

기 능 이 팽이는 돌리면 빛이 나요. 살짝 돌려도 계속 돕니다.

장 점 다른 팽이보다 저렴하고 예뻐서 사람들이 아주 좋아합니다.

혜 택 이거 하나 집에 가져다 두시면 온 집안에 웃음꽃이 피어날 겁니다. 얼마나 즐겁습니까? 어르신은 옛날 추억 생각나고, 아이는 이거 보면서 신기해하고, 다들 둘러앉아서 같이 얘기도 나누고…….

근 거 어때요? 여러분도 이거 보시면서 즐겁지 않나요?

FABE는 설득의 하수, 중수, 고수의 차이를 보여줍니다. 하수는 기능을 설명하기 바쁘고 그 수준에서 끝납니다. 소개팅에 나가서 스펙만 늘어놓는 사람으로 비유할 수 있겠습니다. 중수는 다른 것과 차별화되는 장점을 이야기합니다. 다른 사람들보다 나은 점을 어필하는 것입니다. 고수는 더 나아가 상대가 얻을 이익을 말합니다. 예를 들어 자신과 함께했을 때 얻을 즐거움과 같은 다양한 혜택을 말합니다. 자신을 기준으

로 한 기능이 아니라 상대를 기준으로 한 이점을 강조해야 합니다. 예를 들면 특수 합금이라고 소재를 말해주는 것보다 오래 쓸 수 있고 건강에 좋은 재질이라고 설명해주어야 합니다.

시계를 예로 들어보겠습니다.

기 능 이 시계는 시간을 자동으로 다시 맞추는 기능이 있어요.

장 점 오랫동안 사용하지 않아도 다시 맞출 필요가 없습니다.

혜 택 시계 때문에 회의에 늦을 걱정이 없어집니다.

근 거 저는 이 시계를 산 후로 지난 5년간 단 한 번도 시간을 맞춰본 적이 없어요.

이 두 가지 설득의 단계를 보면 차이는 있지만 공통점이 있습니다. 상대 입장에서 관심을 가질 수 있도록 유도한다는 것입니다. 설득도 이 도구만 알면 앞에서 배웠던 말하기 원리를 그대로 적용할 수 있습니다. 설득이 전혀 새로운 대화법이라고 생각하거나 두려워하지 말고 상대와 상호 신뢰를 쌓고 관계를 형성하는 기술을 설득 도구의 틀 안에서 활용하면 됩니다.

지고도 이기는 설득의 기술

여러분이 원하는 것을 얻기 위해서는 설득하는 방법을 반드시 익혀야 합니다. 영업이나 판매, 교육 등 많은 상황에서 활용할 수 있는 기술이기 때문입니다. 이번에는 '설득의 달인이 될 수 있다'까지는 아니어도 설득을 더 잘할 수 있도록 하는 설득의 네 가지 요령을 알려드리겠습니다.

첫째, 상대에게 초점을 맞추어 설득합니다. 그러기 위해서는 우선 상대방의 지식 수준을 파악하고 여기에 맞춰 대화해야 합니다. 그리고 상대의 요구가 무엇인지, 정말 필요한 것이 무엇인지, 무엇을 두려워하고 있는지에 대해 알아냅니다. 이성을 유혹하는 과정과 상당히 비슷합니다. 상대의 관심을 중점으로 두고 자신 혹은 자신이 속한 그룹의 관심은 잠시 뒷전으로 보냅니다. 이때 정보 수집을 위해 상호 신뢰 구축은 필수입니다. 혹시 상대의 무관심이나 반대로 힘든 상황이 오더라도 인내하고 긍정적인 분위기로 유도해야 합니다.

상대에게 초점을 맞출 때에는 비위를 맞춰 아부하는 전략과 반대 의견을 제시하는 상반된 두 가지 전략이 있습니다. 아부 전략이라고 해서 아부로 일관하는 것이 아니라 공감을 보이는 전략입니다. 맞장구만 잘 쳐도 반 이상은 성공입니다.

이것은 다음 요령인 카타르시스와도 일맥상통합니다. 반대 전략 또한 무조건 반대가 아니라 가끔 '글쎄요'와 같은 식으로 부정적인 뉘앙스의 태도를 통해 상대의 호기심을 자극하는 방법입니다. 단, 자극한 후 다시 상대의 자존심을 높이는 말을 해야 합니다.

둘째, 상대가 카타르시스를 느끼도록 만들어줘야 합니다. 카타르시스란 마음속에 억압된 감정을 외부로 표출해서 해소한다는 뜻을 지닌 단어인데, 상대가 대화 중에 이를 느낄 수 있도록 유도해야 합니다. 그러려면 상대를 먼저 말하게 하고 더 말해달라고 부탁해야 합니다. 상대가 자기 자랑을 하면 실컷 하도록 적극적 경청을 활용하여 계속 들어줍니다. 상대방의 자존심이 높거나, 경청하며 높여줄 때 설득하기가 훨씬 더 쉽습니다. 이를 위해서는 체면을 세워주고 인정하는 방법이 가장 효과적입니다. 상대방의 주장을 인정해주십시오. 이기려고 하면 설득은 100% 실패합니다. 지고도 이기는 것이 설득입니다.

"맞습니다. 당연히 ○○사(상대 회사) 제품이 제일 좋죠. 잘 알고 계시네요. 아시다시피 저희 제품이 좋은 이유는 쉽게 사용할 수 있고 또 가성비가 좋기 때문에 많은 분이 상황에 맞게 선택해주시더라고요."

이렇게 경청과 칭찬, 인정을 통해 상대를 아이와 같이 만들 수 있습니다. 이때 가상 주도권은 상대에게 있지만, 실제 주도권은 여러분이 가지게 됩니다. 중간에 식사 여부를 묻거나 하는 일상 질문을 통해 패턴 깨기를 시도하며 상대의 경계심을 허물고, 설득하기 쉬운 상태로 만들어두면 나중에 진행할 설득이 큰 성공 확률을 갖습니다.

셋째, 상대에게 믿음을 주어야 합니다. 상대에게 믿음을 주는 것은 설득의 가치를 높이는 작업입니다. 믿음을 주지 못하고 상대 위주로 대화만 진행했다면 실없는 사람 혹은 성격만 좋은 사람 정도로 기억될 것입니다. 믿음을 주기 위해서 여러분이 할 수 있는 방법은 크게 네 가지가 있습니다.

첫째, 사실 증명입니다. 이것은 통계나 신문 기사, 이론과 같이 증명된 사실로 여러분의 설득을 뒷받침하는 방법입니다. 단순히 생각을 말하는 것보다 경험을 토대로 말하는 것이, 그보다 증명된 사실을 근거로 하는 것이 큰 신뢰를 줄 수 있습니다.

"올해 통계청에서 발표한 국민생활지표에 따르면……."
"메라비안의 법칙에 따르면……."

이런 식으로 출처나 이론의 이름을 언급하며 통계나 이론을 제시하면 가장 강력한 논리가 구축됩니다. 다시 통계로 반박해야 하는 만큼 반박이 힘들고 신뢰를 얻을 수 있는 방법입니다. 다만 감성적인 사람에게는 반발심이나 지루함을 유발할 수 있기 때문에 상대의 심리를 고려하여 사용해야 합니다.

둘째, 여론 이용입니다. 이것은 부드럽게 이야기해도 협박과 비슷한 심리적 압박을 줄 수 있는 강력한 방법입니다. 다른 사람은 이미 다 하고 있거나 갖고 있다고 하면서 마치 상대만 무리에서 벗어났다는 암시를 주어 설득력을 얻을 수 있습니다.

"이번 달까지 우리 과 애들이 다 동의서에 서명하기로 했어. 네 의견은 어때?"

"요즘 학생들 다 이렇게 공부하는데, 알고 계셨죠?"

위와 같이 상대를 압박합니다. 사실 증명에 비해 신뢰성은 약하지만 심리적으로는 가장 강한 영향을 미칠 수 있는 방법입니다. 상대에게 충격을 주어 계속 고민하게 만드는 효과가 있습니다. 다만 합리적인 반박에 약하다는 단점이 있습니다. 예를 들어 위의 예시에 "요즘 학생들의 48%가 다른 방법으로 공부한다는 통계가 있던데요?"라고 반박했다면 여론을 이용한 설득의 논리가 여지없이 무너집니다.

셋째, 사회적으로 존경받는 인물의 힘을 빌립니다. 상대가 느끼기에 유명하고 권위 있는 사람의 의견이나 증명이 있다면 설득에 큰 힘이 됩니다.

"아인슈타인은 인생은 자전거와 같다고 했습니다. 균형을 잡으려면 움직여야 한다는 말입니다. 지금의 새로운 도전이 오히려 균형을 잡는 방법입니다."
"이번 수능에서 만점을 받은 학생이 이렇게 공부했다던데요."

권위를 따르면 여론을 따를 때와 비슷하게 심리적 안정감을 줍니다. 실은 설득하려는 내용과 권위가 있는 사람 사이에 큰 관계성이 없더라도 유명 인사의 권위로 설득하는 내용 또한 가치 있다는 착각을 유도합니다. 다만 이 방법 또한 통계나 이론을 이용해 반박이 가능합니다.

넷째, 여러분 스스로 권위를 갖는 것입니다. 한 분야에서 박사 학위를 받았다든가, 자격증이나 오랜 경험이 있다는 식으로 여러분의 권위를 보여주면 됩니다.

믿음을 주기 위해서는 말하는 태도도 중요합니다. 부드럽고 정확하며 간단명료하게 말해야 합니다. 모호하고 알아듣기 힘들거나 이야기가 불필요하게 길어지면 상대는 이내 집중력을 잃고, 설득되기는커녕 자리를 피하고 싶어질 것입니다. 신뢰감을 줄 수 있는 다른 태도는 대답하기 전에 잠깐 생각하는 것입니다. 정말로 생각을 한다기보다 상대가 느끼기에 생각하는 시간이라 여겨지는 간격을 주어야 한다는 말입니다. 특히 상대가 반대 입장이 강하다면 반드시 필요합니다. 다만 어떤 상황이든지 이 침묵이 길어지면 오히려 상대가 다른 생각을 하게 되는 역효과가 납니다. 2초 이내의 침묵이 적당합니다.

넷째, 계속 관계를 유지할 사람임을 잊어선 안 됩니다. 한 번만 보고 말 상대가 아니므로 관계가 유지되는 한 기회는 언제든 다시 찾아옵니다. 설득에 실패했어도 관계를 유지한다면 반전의 기회가 있습니다. 겸손하게 한발 물러설 줄 알아야 합니다. 그렇게 되면 오히려 상대가 격려를 하거나, 미안한 마음이 생겨 다른 설득에 흔쾌히 응하기도 합니다. 좋은 관계로 여운을 남겨두도록 합시다.

여기까지 설득의 요령에 대해 알아보았습니다. 이성을 대할 때, 회사에서 살아남기 위해, 판매 실적을 높이기 위해, 친구들과의 관계를 개선하기 위해서 등 설득은 여러분이 어떤 곳에 중점을 두고 말하기를 배우느냐에 따라 다르게 다가왔을 것입니다. 만약 설득을 배우며 한 가지 상황만 계속 떠올랐다면 그 상황을 시작으로 앞으로 다양한 기회에 어떻게 설득의 방법이 활용되는지 이해한 후에 상황을 넓혀 응용해보도록 합니다.

누군가 나를 비판하면
어떻게 반응해야 할까

적이 될지, 편이 될지 결정하는 순간

대화를 하다 보면 의도치 않게 비판을 받는 경우가 많습니다. 비판을 받는 이유는 다양합니다. 오해에서 비롯됐을 수도 있고, 불가항력의 일이었을 수도 있습니다. 그러니 비판을 받는 상황을 제거할 수는 없습니다. 하지만 비판 후 대응에 따라 평생의 적이 생기거나 나쁜 평판을 듣게 될 수도 있고, 오히려 좋은 평판을 얻게 되거나 그동안 비판해온 사람을 친구로 만들 수도 있습니다.

비판은 갈등이 생긴 상태에서 상대를 무력화시키기 위한

이기적인 이유로 사용되기도 하고, 갈등 상황을 통해 상대에게 긍정적인 변화를 주기 위한 이타적인 이유로 사용되기도 합니다. 하지만 비판을 수용하는 입장에서 이러한 의도를 구분하기가 어렵고, 수용하는 태도에 따라 비판하는 사람의 의도가 바뀌기도 합니다.

비판을 듣고 화를 내면 하수

비판을 받았을 때 여러분은 그동안 어떻게 반응했습니까? 비판의 종류와 상대와의 관계, 현재 자신이 처한 상황 등 반응에 영향을 미치는 요소는 많습니다. 그중에서 비판을 받았을 때 사람들이 보이는 좋지 않은 반응을 크게 네 가지로 구분하여 살펴보겠습니다.

첫째, 변명하는 반응을 보이는 것입니다. 어린아이에게 지적했을 때 보이는 반응과도 같은 것으로, 주로 상하관계일 때 많이 볼 수 있습니다. 물론 비판에 대한 설명이나 해명을 하는데 상대가 이를 변명으로 받아들인다면 억울할 수도 있습니다. 하지만 대화는 상대에게 생각을 전달하기 위한 과정입니다. 상대가 나의 생각을 변명으로 받아들인다면 설명을 들을 준비가 되지 않은 상대에게 잘못 전달했기 때문입니다. 그러니 혹시라도 나의 해명을 상대가 변명으로 생각한다며 스스로에게 변명하는 일은 없어야겠습니다. 해명과 변명은 같은 말 같지만 다르게 전달됩니다. 같은 문장을 말했으니 책임이 상대에게 있다고 말할 수 있을까요? 앞서 보디랭귀지에 대해 배운 바와 같이 언어와 억양 또는 태도가 불일치한다고 느껴질 때 의미 전달에 있어 언어가 직접적으로 차지하는 비율은 대단히 낮습니다. 해명하는 말을 했다는 것만으로 상황이 해결되기를 바란다면 대단히 무책임한 일입니다.

둘째, 무시하는 반응을 보이는 것입니다. 친밀함이 없는 관계에서 일어날 것 같지만 실제로 친밀도가 높아야 하는 장기적 관계에서 많이 일어나는 반응입니다. 부부 또는 부모와 자식 간에는 상대의 비판에 대해 단순히 반복되는 잔소리 정도로 치부해버리는 경우가 있습니다. 이렇게 비판을 무시하면 상황에 따라 상대가 비판을 멈추는 경우도 있지만, 이런 상황이 반복된다면 관계에서 가장 중요한 상호 신뢰가 무너집니다. 분명 처음에는 이타적이고 긍정적인 변화를 위해 비판했겠지만 무시가 반복되다 보면 (듣는 사람에게 비판인) 나의 조언은 어차피 무시될 거라고 생각하게 됩니다. 불신을 확신하는 것입니다. 결과적으로 단지 나빠진 감정을 표현하고자 비판을 하는 상황에 이르게 되는 것이지요.

'나는 잘해보려고 그러는 건데 어차피 넌 나의 조언(비판)은 무시할 테지. 하지만 아무 말도 하지 않기에는 억울해.'

오랫동안 쌓아온 관계가 무시로 인해 틀어졌을 때 사람은 누구나 잘못의 원인이나 더 잘못한 사람을 찾으려 하기 마련입니다. 하지만 그럴 필요가 없습니다. 누가 더 잘못해서 누가 먼저 시작했는지 따지기보다, 감정적 소모가 반복되는 이 상황에서 한시라도 빨리 벗어나려면 어떻게 해야 하는지 생각하고, 발전적인 비판과 변화를 고민해야 합니다.

셋째, 똑같이 되갚아주는 반응을 보이는 것입니다. 말다툼할 때 대단히 강력한 기술 중 하나이며 흔히 볼 수 있는 반응입니다.

"그러는 너는 잘났냐?"

이런 반사 반응은 상대의 비판을 무력화시키고 말문을 막는 데 탁월하지만 좋은 방법은 아닙니다. 우리는 이런 대화법을 하는 사람을 불편해합니다. 나아가 논리적이지 못하며 책임감이 없는 사람으로 여깁니다. 만약 긍정적인 변화를 위해서 비판을 시도한 사람이었다면 위의 대답에 큰 상처를 받겠지요. 이처럼 반사는 내 편을 적으로 만드는 방법입니다. 도망가면 쫓아가고 싶은 심리가 있듯이 방어하면 공격하고 싶어집니다. 반사는 강력한 방어 기술이기 때문에 오히려 상대를 공격적으로 만드는 효과가 있습니다.

넷째, 화를 내는 반응을 보이는 것입니다. 가장 좋지 않은 방법이기 때문에 절대 금물입니다. 이것은 말하는 이유를 망각한 행동입니다. 말을 잘하려는 이유는 자신을 기술적으로 드러내고 상대와 좋은 관계를 형성하기 위해서입니다. 화를 내는 방법으로 자신을 드러내면 다음과 같은 내용을 상대에게 전달하는 것입니다.

'논리적으로 생각하는 것이 힘들다.'
'관계를 보는 눈이 없다.'
'감정을 조절할 능력이 없다.'

결국 대화를 할 마음이 없다는 이야기입니다. 만약 분노로 상대를 잠재우는 데 성공했다 하더라도 더 이상 제대로 된 관계는 유지될 수가 없습니다. 강하고 세기 때문에 대화를 하고 싶지 않은 것이 아닙니다. 논리력, 통찰력, 자제력 등의 능력이 없다고 생각하기 때문에 대화를 단절하는 것입니다. 이는 우는 것으로 승리를 쟁취하는 아기와 다를 바 없습니다. 아기에게는 절대적인 지지를 주는 부모가 있지만 어른은 스스로 노력하지 않으면 주변 사람의 마음을 얻을 수 없습니다. 화를 내면 지금껏 쌓아온 노력이 한순간에 무너지게 됩니다.

비판을 수용하는 올바른 방법

호의를 가지고 조언을 해주는 것, 어떤 덫을 놓아 싸움을 일으키려고 하는 것, 단지 자신의 분노를 쏟아내려고 하는 것 등 같은 비판에도 여러 가지 의도가 있습니다. 비판을 들으면 누구나 억울한 기분과 공격당하는 느낌을 받기 때문에 시야가 좁아져서 상대의 의도를 명확히 알기 어렵습니다. 앞에서 이야기했듯이 단지 해명했을 뿐인데 변명한다는 반응에 억울했던 경험이 있을 것입니다. 이런 상황이 벌어지는 이유는 상대를 살피지 않았기 때문입니다.

좋지 않은 이유로 관계가 어긋나면 누구나 후회합니다. 그리고 후회를 덮고 자신의 실수를 합리화하기 위해 원래부터 그렇게 될 '운명'이었다거나, 나의 말을 이해할 능력이 안 되는 사람이라고 비하하거나, 스스로 솔직했을 뿐이라며 위안합니다. 하지만 비판을 시작한 순간의 부정적 의도도 여러분이 어떻게 대응하느냐에 따라 바꿀 수 있습니다. 그렇다면 비판에 대응하는 올바른 자세는 무엇일까요?

우선 비판에 대응하는 목적은 해명을 잘하기 위해서가 아니라 상대의 비판을 긍정적으로 변화시키기 위해서입니다. 그러므로 우리는 비판을 하는 상대의 말 중 긍정적인 부분을 확인하고 올바른 내용을 수용해야 합니다. 상황을 긍정적으로 변화시키며 비판을 수용하는 대화의 기술은 '확인'과 '동의'의 두 단계로 이루어져 있습니다.

먼저 확인 단계에서는 상대의 비판을 확인하면서 자신을 추스르고 상대를 살핍니다. 이때 상대에게 구체적으로 물어봐야 합니다. 상대의 비판 중에 빠져 있는 육하원칙을 물어보는 것이 요령입니다. 질문의 태도는 "거기 휴지 좀 줄래?"처럼 일상적이고 감정을 싣지 않은 어조로 해야 상대에게 제대로 전달할 수 있습니다. 또한 이때 엷은 미소나 고개 끄덕이기와 같은 수용의 태도를 보여주면 더욱 효과적입니다. 손가락으로 상대를 지칭하는 공격적인 보디랭귀지는 금물입니다. 손바닥을 많이 보이는 것이 좋습니다.

운전 중인 상황을 예로 들어보겠습니다.

"아, 왜 항상 운전을 그렇게 하는 거야?"

조수석에 앉은 친구가 이와 같이 비판했을 때 어떤 대응을 해야 할까요? 사소한 실수였다면 그냥 사과하고 넘어가는 것도 좋은 선택입니다. 하지만 확인을 위해서는 비판을 좀 더 명확하게 만들어야 합니다. 다음과 같이 질문하여 자세한 내용을 확인합니다.

"내가 운전을 어떻게 한 것 때문에 그래?"
"혹시 방금 차가 흔들린 것 때문에 그러는 거야?"

상대의 말을 수용했음을 알려주는 말을 하면서 확인하는 질문을 하면 다음과 같은 세 가지 효과가 있습니다. 첫째, 상대의 감정이 차분해지고 스스로를 돌아보게 됩니다. 둘째, 확인 질문을 듣고 비합리적인 부분은 없었는지 생각해 보게 됩니다. 셋째, 비난을 배제하고 객관적인 비판을 합니다.

확인 단계에서 상대의 비판에 대응하는 두 가지 반응을 예로 들어보겠습니다. 하나는 "알았어. 네 말대로 할게."라고 말로만 수긍하는 경우입니다. 이 경우는 오히려 상대의 말을 끊고 무시하려는 것으로 비칠 수 있습니다. 반대로 고개를 끄덕이고 손바닥을 보인다거나 하는 오픈된 자세로 "구체적으로 어떤 걸 말하는 거지?"라고 묻는 경우입니다. 이 경우에 상대는 무의식적으로 자신의 말이 수용되었다는 생각을 하게 됩니다. 이렇듯 반응할 때 보디랭귀지도 큰 영향을 미친다는 사실을 기억해 활용합니다.

이처럼 수용하고 동의하는 태도는 동의 단계가 아닌 확인 단계에서 보여야 한다는 사실을 꼭 기억하기 바랍니다. 확인 단계에서 상대의 무의식 속에 있는 분노를 누그러뜨리고 객관적인 대답을 들어야 하기 때문입니다. 그러면 다음 동의 단계에서는 무엇을 해야 할까요?

동의 단계에서는 상대의 비판 중에 올바른 의견을 수용하고 동의한 내용을 다시 상대에게 전달합니다. 상대 의견의 모든 내용을 동의하는 것이 아닙니다. 의견 중에서도 사실을 기반으로 하여 받아들일 것을 취사선택합니다. 사실이 아닌 감정이나 과장, 비꼬기 등은 확인 단계에서 정리가 되었을 것입니다. 만약 그러한 부분이 남아있다면 당연히 수용해서는 안 됩니다. 이 단계에서는 혹시 자신이 감정적으로 반발하고 있어서 수용하지 못하는 것은 아닌지 스스로 점검해야 합니다.

만약 확인할 내용이 없고 부정할 수 없는 명확한 비판을 받았다면 바로 동의 단계로 넘어가면 됩니다. 상대의 비판을 수용한다고 지는 것은 아닙니다. 비판을 두려워하지 말고 사실에 동의하면 됩니다. 그리고 올바른 의견을 수용하며 비판에 대응하면 됩니다. 다만 사실을 확인하는 단계를 거치지 않은 채 무조건적인 수용을 한다면 자신의 가치를 낮추는 것과 다름없습니다. 몇 가지 예시를 보겠습니다.

"당신은 왜 항상 그런 식이야?"

이런 방식의 불명확한 비판은 수용하는 태도로 확인 절차를 거쳐 명확한 비판의 사실을 확인해야 합니다. 명확한 사실이 없다면 상대의 기분이 왜 안 좋은지 확인하고 그에 대한 이야기를 나누는 방향으로 대화를 이끕니다.

"운전 정말 못하네!"
"아, 그러게. 운전 조금만 더 잘했어도 운전병도 하고 그랬을 건데, 아무래도 나이가 드니까 동체시력이 떨어지나 봐."

위의 대화처럼 방금 운전을 실수했다는 명확한 사실이 있다면 굳이 확인 단계를 거칠 필요가 없습니다.

"왜 그렇게 항상 늦는 거야!"
"내가 자주 늦어서 그렇게 느꼈을 수도 있겠지만, 이번 달에 늦은 건 오늘이 처음이야."

미안하다고 말할 때는 확실히 사과를 표현해야 합니다. 사과할 때는 시선을 마주치되 약간 아래를 보고 고개를 끄덕이는 복종의 보디랭귀지를 보이며, 해명할 때는 고개를 천천히 끄덕이되 시선은 확실히 마주치는 것이 좋습니다. 여기서 상대는 비판보다도 기다린 것에 대한 불만을 토로하고 있을 가능성이 크기 때문에 수용의 태도와 사과를 확실히 건네야 합니다.

"대학생이 학점이 좋아야지. 어서 리포트 써."
"대학생이면 공부를 열심히 하는 게 맞지. 하지만 리포트는 아직 여유가 있어서 다음 주 기한에 맞춰 쓰려고 해."

이 경우 상대의 의도는 좋았지만, 리포트를 당장 써야만 학점이 좋아진다고 근거를 들고 있습니다. 이 부분은 사실이 아니기 때문에 수용하지 않아도 됩니다.

"당장 이 펀드에 가입해. 내가 얻은 정보에 의하면 정말 대박이래."
"좋은 정보 주어서 고마워. 하지만 내가 생각하기에는 리스크가 너무 커."

이 문장은 비판은 아니지만 듣기에 따라서 펀드에 당장 가입하지 않으면 잘못을 하는 것처럼 느껴질 수 있습니다. 그리고 상대의 말에 근거가 없기 때문에 사실이라고 판단하기도 힘듭니다. 물론 상대의 비판 중에는 확인하지 않아도 되는, 과장되거나 틀린 이야기가 있을 수 있습니다. 그건 상대가 감정적으로 배고픈 상태이거나 원래 정서적으로 부족한 사람이기 때문에 발생하는 일입니다. 감정적 스트로크를 원하기 때문입니다. 앞에서도 설명했듯이 스트로크는 감정적 교류를 뜻합니다. 이런 심리 상태를 가지고 상대를 무조건 비난하며 다니는 사람은 오히려 어루만져줘야 하는 대상입니다.
　물론 상대가 비판이 아닌 무차별적 비난을 퍼부어 견디기 힘들다면, 대응이나 관계 자체를 포기하는 일도 생각해봐야 합니다.

싫은 소리 없이
상대를 달라지게 하는 표현

"거절할 수 없는 제안을 하지"

그리스의 철학자 아리스토텔레스는 '인간은 사회적 동물'이라는 아주 유명한 말을 남겼습니다. 그의 말처럼 인간은 끊임없는 상호작용 속에 서로 도움을 주고받으며 살아갑니다. 혼자 힘으로 할 수 없는 일도 누군가 도움에 의해 이룰 수 있고, 반대로 여러분이 누군가를 도와 그의 성취를 이루는 데 일조할 수도 있습니다. 개개인마다 장단점이 있기 때문에 자신의 장점을 활용하여 타인을 돕고, 자신의 단점을 극복하기 위해 타인에게 부탁을 하기도 합니다. 그래서 두 명이서 둘 이

상의 힘을 냅니다. (물론 아주 잘못된 만남의 경우 둘 이하가 되기도 합니다.)

개개인은 완벽하지 않기 때문에 삶을 효율적으로 살아가기 위해서는 남을 도울 수 있을 때 최대한 돕고 남에게 도움을 받을 때 감사한 마음을 가져야 합니다. 남을 도와줄 때에는 받을 것을 생각하지 말고 할 수 있는 것을 하면 됩니다. 반대로 할 수 없을 때에는 처음부터 거절해야 합니다. 도움을 주는 목적은 관계를 잘 만들어 나가기 위해서지 무작정 받기 위해서가 아닙니다. 도운 만큼 돌려받는 것은 긍정적인 관계로 발전하는 것에 비하면 작은 이익입니다.

또한 도움을 줄 때나 거절할 때는 모두 동일한 기준의 어조로 이야기하는 것이 좋습니다. 도움을 줄 때 과하게 생색을 낸다거나 거절할 때 과하게 미안해할 필요는 없습니다. 자신이 도움을 받는 것은 당연하고, 자신이 남을 돕는 것은 대단히 중요하고 어려운 일인 것처럼 생각하는 이중적인 잣대를 가진 상대의 부탁은 굳이 계속 들어줄 필요가 없습니다. 예를 들어 다른 사람이 자신에게 도움을 요청하는 것은 귀찮아하면서, 자신이 다른 사람에게 도움을 요청할 때 거절당하면 분노하거나 거절한 상대를 나쁜 사람으로 여기는 태도를 보이는 사람입니다.

대부분의 사람은 자신의 가치를 떨어뜨리는 일만 아니라면 어렵지 않게 다른 사람을 돕습니다. 반면 남에게 도움을 요청하는 것은 상대적으로 어렵게 느낍니다. 상대가 거절하지는 않을지, 자신이 무례하게 비치지는 않을지 등 자신만의 생각으로 고민하고, 또는 원래 나는 부탁을 못 한다고 단정지어버립니다.

하지만 부탁의 수락 여부는 상대가 알아서 할 일입니다. 우리는 최대한 예의를 갖추고 도움이 필요한 것에 대해 전하며, 도움을 받았을 때 확실하게 감사를 표하면 됩니다. 도움을 요청할 때 우리가 할 수 있는 일은 상대가 승낙할 확률을 높이는 것입니다. 이 부탁의 기술은 세 가지로 나누어볼 수 있습니다.

첫째, 단계적으로 부탁하기입니다. 영어로는 'Foot in the Door Technic'이라고 합니다. 문틈 사이로 발을 밀어넣고 발이 이미 들어갔으니 들여보내달라고 부탁하는 장면을 떠올리면 됩니다. 우리는 이 기술을 일상에서도 흔하게 사용하고 있습니다.

"나갈 때 음식물 쓰레기 좀 버리렴."
"올 때 메×나!"

이런 부탁이 일종의 단계적 부탁입니다. 덤의 효과를 파고 드는 방법입니다. 상대가 다른 일을 하는 김에 같이 해달라고 요구하거나, 상대방이 받아들일 수밖에 없는 요구를 한 뒤 조금 더 큰 요구를 하는 것입니다.

"음료수 좀 사다 줘." → "파일 좀 사다 줄래? 나가는 김에 음료수도 좀⋯⋯."

똑같은 부탁을 해도 그냥 음료수를 사달라고 할 때보다 가는 김에 음료수를 사달라고 할 때 받아들일 확률이 더 큽니다. 미끼 상품도 이와 같은 원리입니다. 싼 가격의 상품을 팔면서 "이것도 좀 봐줘." 하는 식이죠.

둘째, 양보로 부탁하기입니다. 영어로는 'Door in the Face Technic'이라고 합니다. 상대방이 문을 열었을 때 갑자기 얼굴을 들이미는 장면을 떠올리면 됩니다. 이때 상대가 얼굴을 부담스러워하면 얼굴을 들이밀었던 사람이 이렇게 말하는 겁니다.

"그러면 그냥 방 안에 조용히 앉아 있는 것도 안 되나요?"

292

큰 요구를 거절당한 후에 작다고 느껴지는 요구 사항을 제시하는 방법입니다. 이때 큰 요구가 거절당한 뒤 실망하는 태도가 필요합니다. 하지만 처음의 요구가 말도 안 되게 무례한 내용이라면 관계가 흔들릴 수 있기 때문에 너무 과도하지 않은 요구로 시도해야 합니다. 이는 정치나 거래, 판매 등 많은 상황에서 협상 전문가가 즐겨 쓰는 방법입니다. 내부에서 실제 마지노선을 정해놓고 협상에서는 더 과격한 제안을 가지고 테이블로 나오는 것이죠.

셋째, 지적인 능력에 부탁하기입니다. 이것은 상대의 가치를 높여주며 부탁을 하는 방법입니다. 단순한 일이니 해달라는 식으로 부탁하는 것이 아니라 당신의 지적인 능력이 필요하다는 식으로 부탁하는 방법입니다.

"이것 좀 해줘." → "이것을 해보려는데 어떻게 하는 게 효율적일지 잘 모르겠어. 어떻게 해야 될까?"

이와 같이 그냥 무언가를 해달라고 하기보다 어떻게 하면 좋을지 조언을 구하는 식으로 부탁하면 더 받아들일 확률이 높아질 것입니다. 상대의 지적인 능력과 같은 '가치 있는 것'이 필요하다고 하면서 부탁하면 상대의 협력을 100% 끌어올 수 있습니다.

여기까지 부탁의 기술에 대해 알아보았습니다. 하지만 부탁에서 더 중요한 것은 부탁하기 전의 관계 형성과 평소 신뢰감을 주는 이미지 구축입니다. 이들에 비해 부탁하는 순간의 말하기 기술은 사소합니다. 항상 기술보다 진심을 우선으로 하여 관계를 형성해두면, 작은 실수에도 진심을 전하며 도움을 주고받을 수 있습니다. 이것을 꼭 기억해두기 바랍니다.

핵심은 '감정을 담지 말고'

간혹 부탁해야 하는 입장인데 반대로 비난을 하는 사람들이 있습니다. 물론 누구나 가끔 다른 사람을 비난하고 싶을 때도 있고, 정중하게 부탁했는데도 거절당했다면 화가 날 수도 있습니다. 하지만 상대의 입장에서 생각해보면 불필요한 것이 대부분입니다. 비난하고자 하는 욕구의 원인이 상대의 객관적인 잘못이나 내가 받은 피해 때문이라면 무언가 행동을 해야겠지만(물론 객관적으로 잘못을 따질 때 객관성의 기준을 어디에 맞출 것인지에 대해서는 좀 더 냉정하게 생각해봐야겠습니다.) 그렇지 않은 경우라면 굳이 상대를 비난할 필요까지는 없습니다. 비난은 파괴적인 행동입니다. 보통 사람들은 비난을 받으면 도 피하거나 분노합니다. 이럴 때 수긍하는 척하며 빨리 상황을 마무리지으려고 하는데 도피만으로는 상대가 바뀌지 않습니다. 그렇기 때문에 상대에게 비난이 아닌 변화를 요청해야 합니다.

이제부터 상대의 변화를 요구하는 방법을 알려드리겠습니다. 이것은 비난과 달리 상대가 변화해야 할 필요성을 구체적으로 설명하여 변화를 요구하고 이끌어내기 때문에 관계를 원만하게 유지하는 데 도움이 됩니다. 변화를 요구하는 방법은 네 단계의 순서로 이루어져 있습니다.

첫째, 문제 제기의 단계입니다. 먼저 상대의 말이나 행동에 어떤 문제가 있는지 명확하게 이야기합니다. 이때 감정을 드러내지 않아야 합니다. 문제 제기를 감정적으로 해버리면 상대의 마음에 방어벽이 커져서 내용을 제대로 전달할 수가 없습니다.

둘째, 문제의 파급력을 설명하는 단계입니다. 상대의 문제 행동에 따라 벌어진, 혹은 벌어질 일이 무엇인지 얘기하고 그 결과 느끼는 감정에 대해 표현합니다. 이때 감정을 표현하는 것이지 감정적으로 대응하라는 뜻이 아닙니다. 또한 상대의 감정을 단정 지어 이야기해서도 안 됩니다. 사실에 입각해서 차분하게 이야기해야 변화를 요구하는 다음 단계로 진행할 수 있습니다.

셋째, 변화 요구의 단계입니다. 문제를 제기한 후 변화를 요구하기 전 잠시 시간을 갖습니다. 상대에게 문제와 파급에 대해 생각할 시간과 여유를 주는 것입니다. 이전 단계에서 감정적으로 설명했다면 상대는 침묵의 시간 동안 도망가거나 싸울 궁리를 하고, 객관적으로 설명했다면 여러분이 원하는 방향으로 생각하고 있을 것입니다. 그 다음 단정적으로 변화를 요구합니다. 이때는 보디랭귀지가 중요합니다. 이 단계에서 만큼은 미소나 고개 끄덕이기를 해서는 안 됩니다. 강하고 당당한 자세로 상대에게 요구해야 합니다.

넷째, 확인하는 단계입니다. 상대가 변화 요구에 응했는지 확인합니다. 변화를 요구하는 것은 이기고 지는 싸움이 아닙니다. 상대의 수긍에 승리감을 느낄 필요도 없고 상대가 잘못 이해하고 있다고 해서 패배감을 느낄 필요도 없습니다. 상대에게 차분하게 다시 이야기하면 됩니다. 혹시라도 억울함을 토로하거나 분노하는 상대에게는 객관적인 사실을 다시 이야기하고 싸우고자 하는 것이 아님을 언급하면 됩니다. 만약 그래도 싸우려 드는 상대라면 다음 기회에 다시 이야기하도록 합니다.

변화를 요구하는 네 단계에서 가장 중요한 것은 감정을 표현하더라도 감정적이지 않고 객관적인 태도를 유지하는 것입니다. 이것은 실은 간단한 일입니다. 평소 감정을 싣지 않은 부탁을 할 때와 같은 톤으로 말을 하면 됩니다. 예를 들어 다음 문장을 한번 읽어보시기 바랍니다.

"거기 휴지 좀 줄래요?"

간단하지요? 앞의 문장을 읽은 톤 그대로 다음 문장을 읽어보시기 바랍니다.

"네가 어젯밤에 나와 만나기로 해놓고 연락 한번 없이 야근을 해버렸지. 그래서 나는 어제 다른 일정을 잡지 못하고 시간을 보냈어. 내가 얼마나 화가 났었는지 몰라. 이제 그런 일이 있을 때는 미리 얘기해줘. 알았지?"

"문제가 좀 있는데, 매번 밤늦게 시끄럽게 들어오는 바람에 내가 잠을 설쳐. 아침마다 너무 피곤해. 이제 늦게 들어올 때는 조금 신경 써서 조용히 들어와. 알겠지?"

어떻습니까? 감정을 싣게 되면 앞의 예시를 읽었던 톤 그대로 유지하기가 쉽지 않습니다. 만약 쉽다고 느꼈다면 녹음해서 다시 들어보시기 바랍니다. 그래도 그 톤이 유지된다면 이제 실제 상황에서 그렇게 하면 됩니다. 만약 변화를 요구할 때 격앙되고 말이 빨라지거나, 반대로 차분해지고 말이 너무 느려지는 변화가 있다면 자신도 모르게 감정을 담았기 때문입니다. 다시 차분하게 "거기 휴지 좀 줄래요?"라고 말하면서 자신의 원래 기준대로 말을 해야 합니다.

사람마다 원래 말이 빠르고 격앙된 사람도 있고, 반대인 사람도 있습니다. 따라서 어조에 정답은 없습니다. 답은 각자 말투에 따라 달라집니다. 상대에게 평소 기준에서 벗어난 어투로 이야기하면 상대는 무의식적으로 변화를 감지하고 감정 변화에 민감하게 반응합니다. 자신의 평소 텐션을 유지하는 것이 객관적인 태도라고 생각하시면 됩니다.

부탁을 들어주는 것은 상대의 역할입니다. 변화를 요구하는 것도 일종의 부탁이므로, 부탁을 할 때와 마찬가지로 상대와의 신뢰 상태가 중요합니다. 또한 상대의 잘못은 여러분의 주관적인 판단에 의한 것일 수 있으므로, 상대의 잘못을 지적하고 변화를 요구하는 것을 당연한 일로 여겨서는 안 됩니다. 상대와 다름을 인정하고 넓은 시야로 상대를 대하며, 부

탁을 할 때나 받을 때 상대의 입장을 고려하면서 긍정적이고
합리적으로 판단한다면 어떤 사람과도 좋은 관계를 유지할
수 있을 것입니다.

기분 상하지 않게
거절하고 사과하려면

정중하지만 확실하게 거절하기

우리는 자신의 생각을 쉽게 표현할 수 없는 상황에 부딪히고는 합니다. 시간이 지나면 그때 말하지 못한 것을 후회하게되지요. 이번에는 이런 후회를 줄일 수 있도록 거절과 사과를해야 하는 상황에서 바로 사용할 수 있는 말하기 방법을 알아보겠습니다.

상대가 어려운 부탁을 했을 때 어쩌다 보니 거절하지 못하고 들어 주지도 못해서 고민했던 경험이 있습니까? 시간이 지나고 나면 '그때 거절을 했어야 했는데……' 하며 후회하면서도 왜 정작 그 순간에는 거절하지 못했을까요? 물론 상대의 부탁이 자신에게 피해를 주거나, 많은 시간과 노력이 들어가거나, 아예 불가능한 일이 아니라면 수용해 주는 것이 좋습니다. 서로가 부탁을 주고받으며 관계가 돈독해지기 때문입니다. 하지만 거절하지 못한 것이 후회로 남았다면, 이는 부탁을 수용하기보다 거절하는 편이 더 합리적이라고 판단했기 때문입니다.

그럼에도 불구하고 합리적으로 거절을 하지 못하는 이유는 크게 세 가지가 있습니다. 원래 거절을 잘 못하는 성격이거나, 상대와의 친분이 있거나 과거 도움을 받았던 경험이 있어서, 상대가 거절을 못하도록 유도하는 기술을 사용했기 때문입니다. 이제부터 이런 원인을 이겨내고 적절한 거절을 하기 위한 심리부터 어떤 태도로, 어떤 언어를 사용해야 하는지 알아보겠습니다.

첫째, 거절은 상대에게 죄를 짓는 것이 아니라 오히려 당연한 일이라고 생각해야 합니다. 상대에게 부탁을 받지 않았다면 거절을 할지 말지 결정해야 하는 상황은 일어나지 않았을 것입니다. 오히려 부탁을 받은 입장에서 승낙하면 변화가 일어납니다. 말하기를 할 때는 상대에게 말하고자 하는 내용을 제대로 전달하는 것이 중요하다고 강조해왔지만, 거절할 때는 말하는 사람의 생각과 마음가짐이 더욱 중요합니다. 거절을 수용하지 않는 부탁이라면 애초에 그것은 부탁이 아닙니다. 여러분에게는 당연하게 거절할 수 있는 권리가 있습니다. 거절할 때 죄인처럼 굴면 상대도 그렇게 느낍니다.

거절이란 모든 사람에게 쉽지 않은 일입니다. 왜냐하면 타인과 반대되는 입장을 취하는 갈등의 일종이기 때문입니다. 하지만 처음부터 어려운 일을 잘해내는 사람은 없듯이, 반대로 아예 거절을 못 하는 사람 또한 존재하지 않습니다. 누구나 처음에는 거절하는 것이 힘들지만 합리적으로 생각해서 자신감 있게 시도하고, 이를 반복하다 보면 언젠가는 잘하게 됩니다.

비슷한 상황에서 상대가 여러분의 부탁을 수용한 경험이 있기 때문에 거절하기가 어렵다면, 왜 거절할 수밖에 없는지 명확한 이유를 전하면 됩니다. 심리적으로 안타까움을 가질 수는 있지만 미안한 마음을 갖지 않아도 괜찮습니다.

둘째, 거절하는 태도는 당당하면서도 닫힌 모습의 보디랭귀지를 취하면 효과적입니다. 자세히 살펴보면 미소는 줄이고 입을 굳게 다문 상태에서 등은 곧게 펴고 가슴은 약간 내미는 자세를 취하면 당당함을 어필하면서 상대와 자연스럽게 거리가 생겨 거절할 때 효과적입니다. 닫힌 모습의 보디랭귀지 중에서도 팔짱을 끼거나 다리를 꼬는 등의 행동은 상대에 따라 무례해 보일 수 있으니, 손을 겹쳐서 손등을 보여주는 닫힌 자세를 취합니다. 다만 상대의 부탁을 들을 때에는 고개를 끄덕이며 시선을 마주쳐줍니다. 상대의 의견을 충분히 전달받았다는 메시지를 전하기 위해서입니다. 그래야 충분히 듣고 신중하게 생각했다는 인상을 주어 거절에 대한 진정성을 인정받을 수 있습니다.

셋째, 거절할 때는 정중하지만 한 번에 확실하게 말해야 합니다. 미안한 마음에 어중간하게 거절한 채 상대의 이야기를 계속 들어주면 상대에게 기대 심리가 생기게 되고, 그러다 보면 나중에 확실히 거절했을 때 상대는 배신감마저 느낄 수 있습니다. 그래서 거절은 한 번에 해야 하며, 이를 위해 정중하지만 최대한 명확하게 이야기해야 합니다.

"제안은 고맙지만 내가 그날은 선약이 있어."
"나도 정말 하고 싶지만 내가 올해는 짜둔 일정을 쫓아가기에도 빠듯해서 할 수가 없어."
"안타깝지만 내가 지금 빌려줄 수 있는 돈이 없어."

이처럼 특별한 이유가 없다면 미안해하지 말고 명확하게

거절해야 합니다. 물론 상대의 말을 충분히 들어주고, 어떤 부탁인지 이해해주어야 합니다. 그래야 제대로 거절할 수 있습니다.

'거절했더라도 적이 아니다'

이렇게 명확하게 거절의 의사를 전한 후에도 상대가 거절을 못하도록 유도하는 말을 한다면, 다음의 세 가지 전략을 활용할 수 있습니다.

첫째, 상대를 높이는 전략입니다. 상대의 권위를 세워주고 자신감을 높여주는 말을 하면, 상대가 거절은 당했지만 심리적 만족감을 얻게 되어 거절의 서운함이 상쇄되는 효과를 얻을 수 있습니다. 또한 경어를 쓰는 높임을 통해 상대와 거리감을 형성하여 무리한 부탁을 했음을 깨닫게 할 수도 있습니다. 다만 친한 사이에서는 경어를 사용한다고 해도 딱히 거리감이 느껴지지 않고, 오히려 장난으로 여겨질 수도 있으니 상대와의 관계를 고려하여 사용해야 합니다.

"당신의 실력이야 제가 이전부터 잘 알고 있습니다. 이렇게

저한테 부탁을 해주시니 정말 감사하지만 앞서 말씀드린 것처럼 제가 정말 여력이 안 되네요."

"너처럼 능력 좋은 친구가 직접 하는 게 훨씬 나을 거야. 방금 말했다시피 이미 나는 내 일에 치이고 있어."

"철수 씨가 하신 말씀은 잘 알겠지만 제가 앞서 말씀드린 대로 이번에 도움을 드리는 것은 상황이 여의치 않습니다. 제가 다음에 꼭 도움을 드릴 수 있으면 좋겠네요."

둘째, 타인의 핑계를 대거나 대의명분을 내세워 거절의 설득력을 갖추는 전략입니다. 막연하게 타인을 핑계로 대는 것은 비겁한 일입니다. 따라서 거짓을 말하거나 단순히 타인에게 떠넘기는 식으로 거절하면 좋은 관계를 유지하기가 어렵습니다. 또한 처음에 명확하게 거절하지 않고 이런 식으로 다른 이를 내세우면 상대의 부탁을 거절하기가 더 힘들어집니다. 반드시 명확하게 거절한 후 상대가 이유를 묻거나 계속해서 부탁할 때 이 전략을 사용하시기 바랍니다.

"직원 중에 집안 형편이 어려운 친구가 있어서 가불을 해주느라 지금 현금이 없어."

"그것은 내 역량 밖의 일이야. 회사 방침에도 맞지 않고."

셋째, 대화를 자주 중단시키고 화제를 바꾸는 식으로 상대를 흔드는 전략입니다. 이 전략은 상대가 집중하지 못하게 만드는 것이 목적입니다. 다만 심각한 사안이거나 친밀하지 않은 사람인 경우에는 사용하지 않는 것이 좋습니다.

"그런데 그런 부탁을 하다니 요즘 경기가 확실히 안 좋구나. 나도 요즘 힘든데……. 오늘은 우리 가성비 좋은 점심을 먹을까?"

여기까지 거절하는 기술에 대해 알아보았습니다. 그럼 반대로 상대가 거절했을 때에는 어떻게 대응해야 할까요?

'상대가 거절했다고 적이 아니다.'

여러분이 거절당했을 때는 이 문장을 기억해야 합니다. 상대도 당연히 거절할 수 있다고 생각하고, 차분하게 열린 보디랭귀지를 하며 대응해야 합니다. 상대가 한 거절에 맞장구를 치면서 머릿속으로 상대가 말한 거절의 원인을 분석해야 합니다. 거절을 하며 사용한 언어를 분석하고 거절의 이유로 명확하게 제시하지 않았던 부분을 공략하기 위해서입니다. 다만 이때 거절하면 안 되는 이유를 강조해서 강요하듯 설명하면 안 됩니다. 부탁을 할 수 있었던 것도 좋은 관계가 형성되어 있었기 때문입니다. 따라서 좋은 관계를 깨지 않고 잘 유지하는 것을 가장 큰 목표로 해야 합니다.

사과는 최대한 빨리, 진심을 담아

미안한 마음이 있어도 차마 그 말을 입 밖으로 내지 못해 상대의 오해를 받으며 관계가 틀어져 후회한 경험을 가진 사람이 많습니다. 잘못을 안 했다면 가장 좋겠지만, 인간은 완벽한 존재가 아니기 때문에 실수를 저지르고 사과해야 하는 일이 생깁니다. 그럴 때 제대로 사과하지 못한다면 누구도 그런 사람과 관계를 이어가고 싶지 않을 것입니다. 그러면 사과는 어떻게 해야 할까요? 사과의 말하기 기술은 세 단계로 이루어집니다.

첫째, 인정하기 단계입니다. 사과할 때는 상대 입장에서 하는 것이 가장 중요합니다. 반대로 가장 나쁜 사과 방법은 '나는 사과했으니 이제 잘못이 없다'는 식의 태도로 일관하는 것입니다. 누구라도 사과를 한다면 그 이유는 잘못을 했기 때문일 것입니다. 따라서 사과할 때는 명확히 자신의 잘못을 이해하고 인정하며 시작해야 합니다. 이 단계에서 명확하게 잘못을 정의하고 인정하지 않으면 뒤의 단계를 진행할수록 오히려 비겁하다는 인상을 줄 수 있습니다. 이 단계에서는 시선을 마주하되 평소보다 약간 아래를 향하는 것이 좋습니다. 고개를 끄덕일 때는 조금 천천히 하며 횟수를 줄이도록 합니다.

둘째, 약속하기 단계입니다. 이 단계에서는 다시는 그렇게 하지 않겠다고 약속합니다. 전 단계보다 더 오래 시선을 마주보고 단호하게 말하는 것이 요령입니다.

셋째, 보상하기 단계입니다. 당장은 아니더라도 잘못한 것에 대해 어떻게 보상할지 언급하는 단계입니다. 최대한 상대의 입장에서 생각해야 합니다. 단순히 이거 해줄 테니 화를 풀라는 식으로 말해서는 절대로 안 됩니다. 어떻게 해야 상대에게 충분한 사과가 될 수 있을지 모르겠으면 직접 물어봐도 좋습니다.

이런 식으로 세 단계를 통해 사과를 할 수 있습니다.

"내가 이번에 또 약속을 어기고 지각해서 미안해. 앞으로 약속을 어기는 일은 없을 거야. 이번에 약속을 어긴 것에 대해서 내가 정말 좋은 레스토랑에서 밥을 사는 것으로 사

과를 할게."

사과를 할 때 하지 말아야 할 말로는 "기분 풀어."나 "용서
해줘."와 같이 상대의 감정을 자신이 직접적으로 바꾸려는 태
도의 말입니다. 충분히 사과한 후에는 이런 말이 효과가 있을
지 모르지만, 사과의 뜻이 전달되지 않은 상황에서는 무례하
게 느껴질 수 있습니다.

마지막으로 사과를 언제 해야 하는지 생각해보겠습니다.
잘못을 저지른 바로 즉시 해야 할까요? 아니면 상대의 기분이
풀리고 나서 해야 할까요? 상황에 따라 차이는 있지만 대체
로 잘못을 저지른 즉시 하는 것이 좋습니다. 다만 상대가 감
정적으로 화를 내서 대화가 힘들거나 당장 얘기하는 것 자체
를 거부한다면 시간을 두고 상대의 감정적인 흥분이 가라앉
은 뒤에 진심으로 사과해야 합니다.

이성 앞에서
뚝딱이가 되는 당신에게

이성과의 대화는 무엇이 다른가

혹시 평소 말을 잘한다고 생각을 해도 이성 앞에서는 대화가 잘 이루어지지 않거나 상대가 자신의 가치를 몰라주는 경우가 많다고 생각하지는 않습니까? 그 이유는 긴장 탓도 있지만 이성을 대하는 화법이 기본적인 화법과 약간의 차이가 있기 때문입니다. 이번 장에서는 이성을 대하는 화법에 대해 알아보겠습니다.

호감을 주는 데 성공하기 위해서 가장 중요한 것은 자신감입니다. 자신감이 충분하다면 태도나 언행에 묻어나오게 되어 있습니다. 자연스럽게 밝은 표정과 반듯한 자세로 솔직하게 상대를 대하기 때문에 많은 신뢰를 얻습니다. 자신감이 있기 때문에 말을 하고 싶어 안달하지 않습니다. 경청의 자세로 매너가 있고, 세련된 행동으로 다른 사람을 배려하여 편안함을 느끼게 해줄 것입니다. 이러한 자세는 이성의 호감을 얻는 데도 큰 효과를 발휘합니다.

인간관계가 어려운 이유는 정답을 찾기가 어렵기 때문입니다. 사람마다 다른 유형에 취향이 다르고, 같은 말이나 행동에도 다른 반응을 보이기 때문에 어떻게 대해야 할지 감이 잡히지 않을 때가 있습니다. 특히 이성을 만났을 때 어려움은 극대화됩니다. 자신과 성별도 다르기 때문에 파악하기가 더 어려워서입니다.

하지만 이성을 대할 때 유형을 파악하는 일은 매우 중요합니다. 어렵지만 상대의 유형을 간파할 수만 있다면 상대가 원하는 분위기와 태도로 빠르게 래포를 형성할 수 있습니다. 상대의 유형을 파악하면 이성을 대할 때뿐만 아니라 여러 관계를 성공적으로 이끄는 데도 도움이 됩니다. 다음의 다섯 가지 기준을 잘 기억해두었다가 이성을 만나거나 관계를 형성하고 싶은 상대를 만났을 때 빠르게 상대를 파악하기 바랍니다.

첫째, 상대가 중요시하는 것이 매너인지 유머인지 확인해야 합니다. 우리가 예의 바른 모습으로 상대를 대해야 하는 이유 중 하나는 상대가 어떤 유형의 사람인지 알 수 없기 때문입니다. 상대가 매너를 중요하게 생각한다면 좀 덜 웃겨도 정중하게 대해야겠지요. 반대로 매너보다는 즐거움 혹은 유머를 원하는 사람도 있습니다. 물론 가장 좋은 것은 매너를 지키며 유머를 구사하는 것이지만, 그것도 누군가에게는 매너를 챙기느라 유머가 재미없다고 느낄 수도 있고, 유머를 시도하는 것 자체가 무례하다고 느낄 수도 있습니다.

상대의 성향을 이미 파악했다면 문제가 없지만, 만약 잘 모르겠을 때에는 우선 매너를 지키며 상대의 반응을 살펴야 합니다. 만약 자신이 유머에 능숙한데 상대가 유머를 먼저 구사한다면 그에 맞춰 유머를 시도하며 천천히 가벼운 분위기로 만들어가면 되고, 상대가 지루해할 때에는 친근한 유머를 조금씩 구사해보면서 상대가 원하는 수준을 맞춰가도록 합니다.

유머를 구사했다가 효과가 없을 때에는 빠르게 다음 주제로 전환하면서 이야기를 이어갑니다. 유머가 실패했을 때 유머를 설명하거나 사과하는 식으로 붙들고 있으면, 재미없는 유머를 구사했다는 사실만 상대에게 확실하게 각인시키게 됩니다. 유머에 자신이 없다면 상대가 가벼운 대화를 편하게 할 수 있도록 친근하게 대하는 것만으로도 충분합니다. 억지로 유머를 구사하려고 하면 역효과가 날 수 있습니다.

둘째, 마음을 여는 시간이 즉흥적인지 순차적인지 알아봐야 합니다. 상대가 즉흥적인 사람이라면 분위기에 더 크게 좌우되기 때문에 생각지 못한 때 이미 마음을 열었을 수도 있습니다. 이럴 때 함께 그 분위기를 맞추어 관계를 형성해 나가지 않으면 지루하거나 소극적인 사람이라는 평가와 함께 관계가 다시 멀어집니다. 반대로 단계적인 사람에게 무리하게 다가간다면 열리려던 마음도 다시 닫혀버립니다. 순차적인 사람은 상대에게 호감을 느껴도 본인이 생각하는 절차에서 크게 벗어나려고 하지 않기 때문에 상대의 페이스에 맞춰 다가가는 게 관계를 발전시키는 지름길입니다. 만약 상대의 유형이 파악되지 않을 때는 상대를 순차적인 사람으로 가정하되, 즉흥적인 사람이 즐겁게 생각할 만한 관계의 모습이나 일정을 간접적으로 이야기하며 상대의 반응을 살피도록 합시다.

셋째, 대응 방식이 보상적인지 자주적인지 알아야 합니다. 보상적 대응 방식을 가진 유형의 사람은 상대의 태도가 관계 형성에 가장 중요한 요소입니다. 반면에 자주적 대응 방식을 가진 유형의 사람은 자신의 생각이 관계 형성에서 가장 중요합니다. 보상적 대응 방식의 사람에게는 물질적인 것이든 심리적인 것이든 무언가를 먼저 주지 않으면 그들의 마음은 쉽게 열리지 않습니다. 반면에 무언가를 주었을 때 그들은 갚으려는 마음이 있기 때문에 오히려 관계를 형성하기가 수월합니다. 한편 자주적 대응 방식을 가진 사람들은 아무것도 주지 않아도 관계가 형성되는 경우가 많지만 반대로 무언가를 주어도 딱히 돌아오는 것이 없을 수 있습니다. 그렇기 때문에 가끔은 무례하게 느껴지기도 합니다.

상대가 보상적이든 자주적이든, 너그럽게 상대를 이해하고 편견 없이 대하며 상대가 원하는 것을 주도록 애쓰면 진심은 전해지기 마련입니다. 그런데 간혹 자신은 보상적이고 상대는 자주적이길 바라는 사람이 있습니다. 그런 사람은 특별한 이유가 있지 않는 한 가까이하지 않는 편이 좋지만, 관계를 형성해야 한다면 보상적인 대응 방식을 가졌다고 생각하고 대하면 됩니다.

넷째, 이성 관계의 목적이 무엇인지 알아야 합니다. 과시하고 싶든, 결혼을 위한 본인의 의지이든, 관계 형성을 위해서이든, 외로움을 극복하기 위해서이든 사람마다 이성 관계의 목적은 다릅니다. 그리고 상대의 목적은 대화의 흐름이나 상황을 통해 알 수 있습니다. 직접적으로 물어보는 방법이 있지만, 상황에 따라 대답을 그대로 믿으면 안 됩니다. 상대와 상호 신뢰를 충분히 쌓고 상대가 마음을 열었을 때 직접적으로 질문을 하거나, 아니면 정보를 수집해서 스스로 추측해야 합니다. 상대도 자신의 진짜 속마음을 모를 수 있고, 친하지 않은 상대에게 굳이 드러내지 않을 수도 있기 때문입니다.

다섯째, 어떤 감각이 가장 발달했는지 알아봐야 합니다. 같은 공간에 있어도 사람마다 다른 것을 우선적으로 인식합니다. 이는 그 사람의 어떤 감각이 더욱 발달했느냐에 따라 달라집니다. 상대가 시각, 청각, 촉각 중 어떤 감각이 예민한지 파악하면, 상대에 맞는 전략을 세울 수 있습니다.

함께 식사하고 있는 레스토랑에 대해 상대에게 어떠냐고 물었을 때, 시각적인 사람은 인테리어 등 눈에 보이는 것을 주로 이야기합니다. 청각적인 사람은 조용하다거나 음악이 좋다는 식으로 들리는 것에 대해 이야기하고, 촉각적인 사람은 편하다거나 역에서 가깝다는 식으로 접하거나 움직이는 것에 대해 이야기합니다.

또한 감각에 따라 쓰는 용어도 차이가 나기 때문에 대화를 하다 보면 구분할 수 있습니다. 예를 들어 시각적인 사람은 '눈에 선하다, 선명하다, 보여주다, 마음속에 그려지다' 등 보는 것에 관련된 단어를 많이 사용합니다. 청각적인 사람은 '불러일으키다, 들려주다, 쩌렁쩌렁하다' 등 듣는 것에 관련된 단어를 많이 사용합니다. 마지막으로 촉각적인 사람은 '손에

잡히다, 편안하다, 손을 대다, 느껴지다' 등 잡는 것과 관련된 용어를 많이 사용합니다.

상대가 어떤 감각이 발달했는지를 알고 상대에게 편한 방식으로 대화를 이끌어나가면 대화 진행이 수월합니다. 시각 우위인 사람에게는 "~처럼 보여."라는 식으로 시각적인 어미를 사용해주고, 말할 때도 최대한 묘사를 많이 하여 상대가 머릿속에서 그림을 그릴 수 있도록 도와주는 것이 좋습니다. 또한 이런 유형은 머릿속에 이미지가 그려지면 그 이미지에만 집중한 나머지 말이 빨라지거나 말을 건너뛰는 경향이 있습니다. 이럴 때는 불쾌하게 생각하지 말고 차근차근 다시 물어보거나 상대의 건너뛴 말을 다시 경청하면 됩니다.

청각 우위인 사람에게는 "~처럼 들려."라는 식의 청각적 어미를 사용하는 것이 좋습니다. 청각 우위인 사람은 설명을 말로 듣고 배우는 것을 잘하기 때문에 논리적인 설명을 좋아하는 경향이 있습니다. 또한 권위적인 목소리나 명령에도 약한 편입니다. 이런 유형에게는 논리적인 태도로 접근하는 편이 유리합니다. 그리고 음악 자체를 즐기려는 생각이 없다면 대화에 집중하기 힘든 시끄러운 공간은 피하는 것이 좋습니다.

촉각 우위인 사람에게는 "~처럼 느껴져."라는 식의 촉각적 어미가 좋습니다. 느낌을 중요하게 생각하기 때문에 말 자체는 느린 경향이 있습니다. 이런 유형에게는 편안함을 유지해주어야 합니다. 대답이 늦거나 심지어 없어도 불쾌해하거나 재촉해서는 안 됩니다. 감촉이나 느낌에 흥미가 있기 때문에 그런 측면에서 좋은 곳을 선정해서 만나는 것이 좋습니다.

서서히 다가가는 말하기 기술

이성의 호감을 얻으려는 목적의 말하기에서는 기본적으로 앞의 다섯 가지 항목 외에도 고려해야 할 말하기의 단계가 있습니다. 이를 세 단계로 나누어 말씀드리겠습니다.

첫째는 수준 확인의 단계입니다. 이성과의 대화에서는 얼마나 상대방의 수준에 맞는 대화를 하느냐가 중요합니다. 첫 단계에서는 그 수준을 확인해야 합니다. 한 문장에 몇 가지 단어를 넣은 후 반응을 확인하는 식으로 상대의 수준과 흥미 분야를 가늠합니다. 또한 질문에 대한 대답을 듣고도 상대의 수준을 확인할 수 있습니다. 예를 들어 "여기 인테리어는 비디오아트 같네요."라고 말해서 상대의 반응에 따라 예술가에 대한 이야기로 화제를 전환할 수도 있고, 뮤직비디오를 찍을 만한 곳이라는 식으로 이야기를 전환할 수도 있습니다. 다른 예로 좋아 하는 영화의 인상 깊었던 장면을 물어본 후 상대가 인상 깊었던 장면의 묘사와 이유를 듣고 상대의 수준을 확인할 수도 있습니다.

이런 식의 대화를 몇 번 시도하면서 상대가 어떤 분야에 흥미가 있는지, 같은 분야라면 어떤 키워드에 반응하는지 살펴서 상대가 원하는 대화의 방향과 수준을 확인해야 합니다. 단, 상대가 반응하는 것과 흥미도가 너무 동떨어져 있거나 수준이 맞지 않는다고 느껴진다면, 아직 서로 알지 못하거나 실제로 흥미나 수준의 차이가 크기 때문입니다. 어느 쪽이든 인내가 필요한 상황입니다. 이럴 때는 다른 분야로 주제를 바꾸어봅니다. 영화 이야기로 수준이 맞지 않거나 상대를 파악 하기 어려웠다면, 운동이나 책과 같은 다른 분야의 이야기를 꺼내보는 방법입니다. 이때 상대가 직접 분야를 선택하고 이야기를 꺼낼 수 있도록 해야 합니다. 또한 개인적인 이야기를 소재로 삼아 먼저 마음을 열고 다가가는 태도를 보이면 더욱 도움이 됩니다. 다만 자신의 이야기가 너무 길어지면 상대는 듣기만 하는 상황이 되어 오히려 마음을 닫을 수 있기 때문에 상대의 개인적인 이야기를 유도하면서 대화를 이어 나가야 합니다.

이렇게 해도 여전히 상대와 대화 수준이 맞지 않다는 판단이 섰다면 다음부터는 훈련이라는 생각으로 임해야 합니다. 소개팅 같은 일대일 자리에서는 끝까지 서로에게 최선을 다해야 합니다. 이런 상황은 사람을 대하는 최적의 말하기 훈련 장소이기도 합니다. 상대와 계속해서 관계를 이어나가기는 힘들겠지만, 불편하고 힘이 들더라도 그 상황을 이겨내고 상대를 위한 대화의 시간이 제대로 이루어진다면 이는 곧 발전의 기회가 됩니다. 물론 파티와 같이 사람이 많은 자리에서는 서로를 위해 예의 있게 자리를 마무리하고 다른 사람과의 대화 기회를 노리는 편이 낫습니다.

또한 대화의 수준은 서서히 높이는 것이 좋습니다. 처음부터 너무 어려운 이야기나 가벼운 이야기로 시작하면 상대가 금방 지루해하거나 흥미를 잃습니다. 객관적으로 평범하다고 생각하는 수준을 유지하려면 사람을 많이 만나보고 새로운 주제에 대해 항상 열린 자세를 취해야 합니다. 평범한 수준은 시대에 따라, 상대의 연령과 성별 등에 따라 수시로 변하기 때문입니다.

둘째는 먼저 솔직하게 오픈하는 단계입니다. 말하고자 하는 것을 솔직하게, 기술적으로 전달하는 것이 포인트입니다. 이것은 절대 모든 것을 다 이야기해야 한다는 말이 아닙니다. 전 단계에서 확인한 상대의 수준에 맞는 솔직함을 보여야 한다는 뜻입니다. 만약 상대가 인생의 성공이나 스스로 자기 발전을 위해 애쓰는 사람일 경우 처음부터 독특한 경험을 이야기할 필요는 없습니다. 일탈의 경험이나 생소한 해프닝 등을 이야기하면 재미는 있겠지만 상대를 불편하게 만들거나 다른 세계의 사람으로 느껴지게 할 수 있습니다. 반대로 상대가 자유롭고 싶은 열망이 있거나 즐겁게 살고 싶은 사람일 경우 좋은 성적을 받았다거나 자기 계발을 위해 얼마나 노력하고 있는지 등 열심히 사는 삶의 모습을 이야기하면 그다지 매력적으로 보이지 않겠지요.

이처럼 상대의 수준에 맞추어 전달하기 위해서는 상대의 기준에서 나 자신을 바라볼 수 있어야 합니다. 상대의 수준을 파악하는 것이 첫 번째 단계였다면 이제는 입장을 바꿔서 자신의 수준을 내보이는 단계입니다. 내가 상대라면 나의 어떤 모습이 매력적일지 또는 어떻게 해야 최소한 불편하게 느끼지 않을지 고민해보고 오픈할 내용의 우선순위를 결정합니다. 상대가 희망하는 것부터 상대와 공통적인 것까지 하나씩 순서대로 솔직하게 오픈해나가면 됩니다.

셋째는 '노' → '예스' 단계입니다. 상대의 '예스'를 이끌어내는 방법인데, 이를 위해서는 여러분의 머릿속에 있는 생각을 그대로 말하지 않아야 합니다. 그러면 상대가 반론할 가능성이 있기 때문입니다. 상대가 반론할 여지가 없는 말로 상대에게 말해야 하는데, 이를 위해서는 상대의 생각을 상상해야 합니다. 상대가 나를 똑똑하지만 깐깐할 것 같다고 보고 있을 거라 상상해봅시다.

"제가 좀 깐깐해 보이죠?"

앞의 말처럼 먼저 이야기하면 상대 입장에서는 같은 생각을 하고 있다는 동질감을 느끼며 마음을 더 쉽게 열 수 있는 계기가 됩니다. 상대의 생각을 상상하기 위해서는 상호 신뢰를 쌓기 위해 앞서 배운 기술들을 최대한 활용합니다. 상대의 생각을 상상했다면 그 다음으로 상대가 바라는 것과 일치하는 부탁을 합니다. 예를 들어 카페에서 음료를 거의 다 마시고 상대가 약간의 지루함을 느낀다고 생각되어 분위기 전환을 하려고 할 때 먼저 "그럼 이제 맛있는 거 먹으러 갈까요?"라고 물어보는 식입니다. 이렇게 하면 앞서 상대가 생각하는 방향으로 이야기를 이끌어왔다면 상대가 거절할 확률이 많이 줄어듭니다. 거기에 상대가 바라는 것과 유사한 내용의 부탁을 하면 거절당하지 않을 수 있습니다.

상대가 바라는 것을 알아내라

어떻게 상대가 바라는 것을 부탁할 수 있을까요? 지금부터 그 다섯 가지 요령에 대해 말씀드리겠습니다.

첫째, 우선 상대가 좋아하는 것을 파악해야 합니다. 그렇다고 이를 위해 직접적으로 물어보면 안 됩니다. 직접적인 질문은 오히려 방어막을 형성하여 상대의 마음이 닫힐 수 있습니다. 질문, 칭찬, 경청의 기술과 정보 수집 방법을 활용해서 상대가 어떤 생각을 하는지 힌트를 꾸준히 쌓아야 합니다. 상대의 생각을 알 수 없을 때는 부탁 등 거절할 위험 요소가 있는 대화로 넘어가지 말고 상호 간에 신뢰가 형성되고 정보의 확신이 들 때까지 기다리면서 준비해야 합니다.

둘째, 상대가 스스로 원하도록 유도해야 합니다. 마크 트웨인Mark Twain의 소설 《톰 소여의 모험》에 등장한 유명한 내용을 예로 들면, 친구들에게 담벼락에 페인트칠을 시키기 위해 "힘든 페인트칠 좀 도와줘."라고 말하지 않고, 즐겁게 페인트칠을 하며 오히려 "페인트칠해보는 데 500원!"이라고 말하는 것처럼 말입니다. 데이트를 신청하면서 "저랑 식사 한번 해주세요."라고 직접적으로 말하는 대신 다음과 같이 상대가 바라는 것을 질문하면서 상대가 스스로 원하도록 만들어야 합니다.

"혹시 새로 생긴 그 레스토랑 가보셨나요? ○○ 씨가 좋아하는 파스타 중에 정말 새로운 레시피가 있다던데. 한번 소개해드릴까요?"

자신이 상대와 만나기를 간절히 원한다고 해서, 상대도 그런 마음이란 보장은 당연히 없습니다. 그럴 때 자신의 간절함이 성공 요인이 될까요? 아닙니다. 성공 요인은 상대에게 부담을 주지 않고 나아가 상대가 원하도록 만드는 데 있습니다.

셋째, 상대에게 선택의 자유를 주어야 합니다. 이것은 상대가 스스로 선택했다는 착각을 하도록 만드는 기술입니다. "주말에 한가하세요?"보다 "평일과 주말 중에 언제 더 여유로우세요?"라는 질문이 상대가 느끼기에 선택할 여지가 많습니다. 따라서 거절보다 선택할 확률이 더 커지지요.

"혹시 다음에 쉬는 날 만나면 좋아하시는 파스타집을 가볼까요? 아니면 제가 이번에 찾은 괜찮은 냉면집에 가볼까요?"

지금 이 문장에는 여러 가지 기술이 혼합되어 있습니다. 다음에 쉬는 날 만나게 될 것이라는 암시를 주고, 파스타를 좋아하는 정보를 미리 수집하여 활용했습니다. 또 상대가 원하는 것을 선택하도록 제시했습니다. 사실 이런 기술은 이성과의 만남 이외에도 다양하게 활용할 수 있습니다.

넷째, 인정받고 싶은 욕망을 채워줘야 합니다. 이 기술은 여성이 남성을 대할 때 더 효과적입니다. 사람은 누구나 성숙하지 못한 부분이 있습니다. 그런 부분을 채우기 위해 인정받고 싶은 마음이 생겨납니다. 말하기에 익숙해지고 상대의 생각을 알려고 애쓰다 보면 상대의 욕망을 알게 됩니다. 욕망은 사람의 마음을 이끌어 하지 않아도 될 일을 하게 만들기도 합니다. 만약 상대의 욕망을 알게 되었다면 관계의 우위를 점했다고 판단해도 됩니다. 상대의 욕망을 알게 되면 상대에게 그것을 주거나 줄 수 있다는 가능성을 보여주며 상대의 마음을 얻을 수 있습니다.

상대의 욕망을 상대의 본질이자 전부라고 생각해 단점이라 여기기도 하지만 욕망은 상대의 약한 부분일 뿐입니다. 예를 들어 경제적인 부분을 중점적으로 보는 사람이라면, 돈을 밝히는 사람이라고 판단하기보다 그 상대에게는 경제적으로 윤택해지고 싶은 욕망이 있다고 보는 것입니다. 그래야 상대의 마음을 열고 원하는 방향으로 이끌 수 있습니다. 욕망은 곧 스스로 부족하다고 느끼는 부분입니다. 그 때문에 자존감이 낮아지고 오히려 자신감이 있는 것처럼 포장하는 경우가 많습니다. 그런 포장 때문에 쉽게 마음을 열지 못하는 사람들이 많습니다. 그들은 특히 약한 사람들입니다.

특히 상대가 어떤 부분을 인정받고자 욕망하는지 아는 것은 상당히 효과적인 기술입니다. 상대가 원하는 부분을 인정해주는 것만으로도 상대는 자존감이 높아져 마음을 열게 됩니다. 혹자는 상대의 욕망을 인정해주면 상대를 자신보다 우위에 세우는 것이라고 오해하기도 하지만 그 반대입니다. 사람은 자신을 인정해준 사람에게 의지하게 됩니다. 상대가 어떤 부분을 인정받고 싶어하는지 잘 모르겠을 때는 그냥 말을 잘 들어주고 반응해주기만 해도 충분합니다. 그것만으로도 상대는 인정받았다고 생각하기 때문입니다.

다섯째, '우리'라는 입장으로 의견을 전달해야 합니다. 이것은 평소 사소한 말버릇의 차이일 수 있지만 쌓였을 때 큰 차이가 될 수 있습니다. "~합시다." 또는 "같이 ~하러 갈래요?"라는 식으로 말하는 방법입니다. 다만 이 방법은 상호 신뢰가 전혀 없는 상태에서 구사하면 역효과가 발생할 수 있으니 주의해야 합니다. 앞의 단계를 거치며 상대의 마음이 충분히 열렸을 때 이런 식의 문장을 많이 구사하면 상대는 더 큰 교감을 갖게 됩니다.

여기까지 이성에게 호감을 얻는 말하기에 대해 알아보았습니다. 이와 같은 방법으로 대화를 이어가면 상대는 서로 같은 생각을 한다고 여기고 여러분을 편하게 느끼며 마음을 열 것입니다. 마지막으로 상대가 마음을 연 이후에도 자주 감사를 표하고 감사한 마음으로 상대를 대하면 충분히 여러분이 원하는 관계를 만들어 나갈 수 있을 것입니다.

Emotion

말하는 습관을 바꿔줄
구체적 훈련법

저는 이 책을 통해 여러분께 본질적인 도움을 드리고자 합니다. 당장의 임기응변이 아닌 이후 여러분의 삶이 더 나아질 수 있도록, 제대로 말을 잘하는 사람이 될 수 있도록 말입니다. 대한민국 최고의 진행자인 유재석 씨에게는 세 가지 특징이 있습니다. 유연성, 배려, 끈기입니다. 유연성을 위해서는 우선 자신을 이해하고 폭넓은 사고를 해야 합니다. 배려는 상대를 알려고 노력해야 얻을 수 있는 능력입니다. 끈기는 남을 흉내 내는 것이 아니라 자신에게 맞는 능력이 생기도록 끊임없이 훈련하는 자세입니다. 이 책은 여러분이 이런 능력을 얻고 키울 수 있도록 길을 제시했습니다. 그냥 쭉 읽어도 좋지만, 훈런하며 읽는다면 훨씬 더 큰 효과를 볼 수 있습니다.

말하기를 훈련하는 방법은 아주 많습니다. 또한 훈련하다 보면 자신만의 방법을 터득하게 됩니다. 혼자 훈련하면 자신에게 부족한 부분을 집중적으로 개선할 수 있어 좋긴 하지만, 자신을 객관적으로 바라보기 힘들고 자신의 수준을 가늠하기가 어렵다는 단점이 있습니다. 따라서 다른 사람과 함께 훈련하면 더욱 많은 도움이 됩니다. 물론 자신에게 부족한 부분을 집중적으로 훈련하기가 힘들기는 하지만, 객관적으로 자신을 이해하고 상대를 파악하는 훈련을 함께할 수 있다는 장점이 있습니다. 말하기 훈련을 함께할 사람이 다음과 같은 장점을 갖추고 있다면 서로에게 더욱 큰 도움이 될 것입니다.

첫째, 열정적이어야 합니다. 열정은 쉽게 퍼지기 때문에 함께 훈련하는 사람에게 좋은 영향을 미칩니다. 반대로 무기력함은 더욱 빠르게 전염되며, 무기력한 사람을 신경 쓰다 보면 제대로 훈련하기가 어려워지는 경우가 많습니다.

둘째, 자기 역할에 충실한 사람이어야 합니다. 함께 훈련하는 입장에서 계속 가르치려 들거나 말하기를 즐겨서 자신의 말을 멈추지 않는 사람과 훈련하면, 스트레스 해소나 인간관계에는 도움이 될지 몰라도 자신의 발전에는 큰 도움이 되지 않습니다.

셋째, 자신과 다른 말하기 유형을 가진 사람이 좋습니다. 다른 사람의 말하는 방법을 통해 자신의 약점을 보완할 수 있습니다. 자신과 비슷한 유형의 사람과 함께 훈련하면 처음에는 익숙하고 즐겁겠지만 정체기가 찾아올 수 있기 때문에 처음에 불편하더라도 다른 유형의 사람과 함께 하는 것이 효율적입니다.

그러면 이제부터 여러분의 말하기 수준을 높여줄 가장 기본적인 훈련 방법 세 가지를 소개해드리겠습니다.

첫 번째, 언어습관을 고치기 위한 훈련입니다. 말하기 개선을 위해 '되게' '어' '허허' '어떻게 보면' '이제' '그' '일단' '에' '쉽게 말하자면' 등 불필요하지만 버릇이 돼서 많이 쓰는 단어나 문장이 무엇인지, 또 얼마나 자주 쓰는지 확인합니다. 또한 머리 짚기, 목덜미 만지기, 얼굴 만지기 및 산만한 시선 처리와 같은 부정적인 의미를 뜻하는 보디랭귀지도 고쳐야 할 습관에 포함됩니다.

불필요한 단어를 많이 말하는 것은 고치기가 상당히 어렵습니다. 중간에 쉬는 시간을 많이 갖더라도 문장 단위로 생각하면서 훈련에 임해야 합니다. 혼자 연습하는 경우에는 자신이 말한 내용을 녹음한 뒤 편집하는 방법으로 훈련합니다. 이때 짧은 한 문장이 아니고 적어도 3분 이상 말해야 합니다.

주제는 크게 상관없지만 말하기 유형에 따라 처음에는 자신에게 익숙한 말하기로 시작해서 나중에는 취약한 주제까지 시도해보는 것이 좋습니다. 예를 들어 내가 감성이 강한 유형이라면 처음에는 에피소드를 말하는 방법으로 말한 내용을 녹음하고 나중에는 취약한 논리적 말하기 방법을 시도하는 것입니다. 녹음 후에는 음원 파일에서 자신의 불필요한 언어 습관으로 말한 부분을 잘라내고 자신이 원하는 부분만 자연스럽게 편집하여 다시 들어봅니다. (참고로 오디오 편집 프로그램 중 '어도비 오디션 3.0'은 무료로 공개되어 있습니다.)

그룹의 경우 부정적 보강을 이용합니다. 부정적 보강은 잘못된 언어 습관의 재발 확률을 낮추기 위해 반복적으로 지적해주는 방법입니다. 서로 발표를 하면서 안 좋은 언어 습관을 사용할 때마다 듣는 사람이 바로바로 손을 드는 식으로 발표자에게 일러줍니다. 처음에 발표할 때는 듣는 사람이 손을 너무 자주 들어서 당황할 가능성이 높지만 차분하게 생각하면서 발표를 진행하면 손을 드는 횟수가 점점 줄어들 것입니다.

두 번째, 즉흥적인 말하기 훈련입니다. 말하기 체질을 바꾸는 훈련 중 가장 효과가 확실한 방법입니다. 즉흥 말하기를 하는 방법은 다양하지만, 저는 5-1-3 즉흥 말하기로 훈련하기를 추천합니다. 다음과 같이 진행됩니다.

먼저 5분 동안 정해진 주제에 대해 이야기합니다. 5분은 생각보다 상당히 긴 시간이라 있는 이야기 없는 이야기 다 꺼내게 됩니다. 이때 이야기에 최대한 많은 콘텐츠를 담아야 합니다. 앞뒤가 안 맞고 힘들어도 시간을 꽉 채워 말하는 것이 중요합니다. 다음은 타인의 5분 즉흥 말하기를 적고, 1분 내외로 발표할 수 있을 정도의 분량으로 정리하여 직접 발표합니다. 이 과정에서 이야기가 정돈되고 논리적인 구조를 갖춥니다. 이것을 다시 3분 분량으로 늘려 발표합니다. 처음 5분 말하기에 비해 훨씬 정돈되고 군더더기가 없을 것입니다. 또 1분 말하기에 비해 몰입감도 높아집니다.

여럿이 함께 훈련할 때는 타인의 이야기를 이어받아 말을 하는 방식으로 진행하면 됩니다. 처음 사람이 5분간 말을 하면 그 다음 사람은 그 내용을 적어가며 1분대로 만들어 발표하고 그 다음 사람은 거기에 내용을 더해 다시 완벽에 가까운 3분 내용으로 발표합니다. 반대로 혼자 이 훈련을 할 때에는 첫 5분 내용을 녹음하고, 그것을 듣고 적으며 정리한 내용으로 1분 동안 발표합니다. 바로 이어서 3분 발표를 하는데 이때는 적은 것을 보지 않고 최대한 체계적으로 구성하도록 애쓰며 말해야 합니다.

이 훈련은 어떤 말하기 유형의 사람에게도 유용하고 효과적입니다. 또한 수준이 높아질수록 훈련의 난이도가 함께 올라갑니다. 첫 5분의 즉흥 말하기에서 콘텐츠가 잘 정리되어 있을수록 1분 분량으로 정리하기가 어려워지고, 그것을 다시 3분 분량으로 늘리기도 힘들기 때문입니다. 따라서 이 훈련은 수준에 관계없이 꾸준히 하면 큰 도움이 됩니다.

마지막으로 벤치마킹의 기술을 익히는 훈련입니다. 단순히 잘하는 타인을 따라 하는 것이 아니라 타인을 분석하여 말하기 유형을 가늠해 보고 장단점을 분석하는 방법입니다. 그룹이 모여 훈련해도 좋지만, 여의치 않을 때는 평소에 주변 사람을 보면서도 할 수 있습니다. 다만 혼자 진행하기는 힘듭니다. 혼자 있을 때 하려면 영상물을 보며 출연자를 통해 시도할 수 있지만, 대부분의 영상은 연출이나 편집의 과정을 거쳤기 때문에 그의 진짜 말하기 유형이 어떤지 알기 어렵습니다.

타인의 말을 분석할 때는 침묵을 어떻게 벗어나는지, 타인을 어떻게 집중시키는지, 타인의 말을 어떻게 이끌어내는지와 같은 세 가지 항목을 확인하면 됩니다. 상대의 유형을 가늠할 때는 다음의 항목을 참고해보세요.

감성적	↔	분석적
듣는 것	↔	이야기하는 것
말의 속도가 느리다	↔	말의 속도가 빠르다
유머러스하다	↔	진중하다
시각, 청각, 촉각 중 어떤 감각에 해당하는 말을 많이 하는지		

이렇게 상대의 유형을 판단하고 분석하다 보면 상대의 장단점을 알 수 있습니다. 그러면 장점에 집중하여 본인에게 어떻게 적용할 수 있을지 고민해봅니다. 이때 단점에 집중하지 않는 이유는 타인의 단점은 주관적으로 바라보게 되는 경우가 많고 오히려 자신의 부족함 때문에 상대의 단점을 부각해서 볼 수도 있기 때문입니다.

여기까지 간단한 훈련법에 대해 말씀드렸습니다. 제가 많은 분에게 말하기 강의와 훈련을 했던 경험을 통해 가장 쉽고 효율적인 훈련 방법을 정리했습니다. 이 방법을 숙지하고, 책을 보면서 계속 연습한다면 말을 잘하는 체질로 바뀔 수 있습니다. 다만 한순간에 변하려는 욕심은 버려야 합니다. 당장 좋아졌다고 느끼지 못하더라도 절대 포기하지 말고 꾸준히 노력해야 합니다. 그러면 여러분은 분명 원하는 대로 어떤 상황에서도 말을 잘하고 좋은 관계를 형성하 는 사람이 될 수 있을 것입니다.

　마라톤과 같이 길고 힘든 말하기의 여정에 이 책이 한 줄기 빛이 되어 여러분이 결실을 맺는 데 도움이 될 수 있기를 바랍니다.

감정을 소모하지 않는 대화법

초판 1쇄 발행 · 2025년 5월 31일

지은이 · 임철웅
펴낸이 · 김동하

펴낸곳 · 책들의정원
출판신고 · 2015년 1월 14일 제2016-000120호
주　소 · (10881) 경기도 파주시 산남로 5-86
문　의 · (070) 7853-8600
팩　스 · (02) 6020-8601
이메일 · books-garden1@naver.com

ISBN · 979-11-6416-251-2 (03190)